PAUL ZANKER

POMPEJI

KULTURGESCHICHTE DER ANTIKEN WELT

BAND 61

VERLAG PHILIPP VON ZABERN · MAINZ AM RHEIN

PAUL ZANKER

POMPEJI

Stadtbild und Wohngeschmack

VERLAG PHILIPP VON ZABERN · MAINZ AM RHEIN

238 Seiten mit 113 Schwarzweißabbildungen, 16 Farbtafeln mit 22 Abbildungen

Umschlag: Atrium der Casa del Labirinto

Vorsatz vorn: Innenhof der Casa del Fauno

Vorsatz hinten: Detail eines Gartengemäldes im Haus der Venus Marina

Die Deutsche Bibliothek – CIP-Einheitsaufnahme

Zanker, Paul:
Pompeji : Stadtbild und Wohngeschmack / Paul Zanker. –
Mainz am Rhein : von Zabern, 1995
(Kulturgeschichte der antiken Welt ; Bd. 61)
ISBN 3-8053-1685-2
NE: GT

ISBN 3-8053-1685-2

Satz: Typo-Service Mainz
Printed in Germany by Philipp von Zabern
Printed on fade resistant and archival quality paper (PH 7 neutral)

Inhalt

Stadtbild und Wohngeschmack
Zur Einführung

Das Thema Stadt hat Konjunktur, auch in der Klassischen Archäologie. Gleichwohl wäre es derzeit kaum möglich, als Archäologe eine hinreichend differenzierte Geschichte der griechischen und römischen Städte zu schreiben, die modernen Fragestellungen und Interessen einigermaßen gerecht werden könnte, und zwar einfach weil unsere Kenntnisse vom konkreten Aussehen antiker Städte zu begrenzt sind. Das mag angesichts der kaum mehr übersehbaren Fülle von Ruinen und Ausgrabungen übertrieben klingen, entspricht aber völlig den Tatsachen.

Natürlich kennen wir unzählige Tempel, Theater, Thermen, Amphitheater, Basiliken, Circus- und Platzanlagen, gelegentlich sogar Teile des Straßensystems einer Stadt. Wir können die typologische »Entwicklung« einzelner Bautypen beschreiben (was bis zum Überdruß geschehen ist), auch das eine oder andere über ihre Funktionen im Leben sagen (woran immer noch wenig Interesse besteht)[1]. Aber nur in den seltensten Fällen ist es möglich, den räumlichen Gesamtorganismus einer konkreten Stadt zu analysieren und diesen in ein Verhältnis zur Lebenswelt einer bestimmten Gesellschaft und deren spezifischen Bedürfnissen zu setzen.

Die Gründe für diesen Mangel liegen in der Geschichte der Archäologie begründet, in den wechselnden Interessen der Ausgräber und ihres Publikums. Solange man primär nach Kunstwerken suchte und darüber hinaus nur an eindrucksvollen und gut erhaltenen einzelnen Bauten interessiert war, erfuhren Fragen, wie sie uns heute interessieren, kaum Beachtung. Fälle, in denen größere Teile einer Stadt oder doch wenigstens geschlossene Bereiche systematisch freigelegt wurden, waren selbst zur Zeit der großen Flächengrabungen des 19. und frühen 20. Jhs. äußerst selten. Damals aber belasteten die Ausgräber noch nicht die großen Methoden-Skrupel, die solche Flächengrabungen heute gar nicht mehr möglich erscheinen lassen. Denn in den letzten Jahrzehnten haben sich die Grabungstechniken derart verfeinert, daß nur noch Teams von Spezialisten mit dem Anspruch auf Kompetenz auftreten können. Dazu kommen exzessive Forderungen nach möglichst vollständiger Dokumentation, die mit langwierigen Publikationsvorbereitungen und hohen Publikationskosten verbunden sind (mit der traurigen Folge, daß selbst wichtige Grabungen nicht selten über Jahrzehnte hin überhaupt nicht publiziert werden).

Auch in der Klassischen Archäologie, die sich auf dem Gebiet der Ausgrabungstechniken keineswegs durch besondere Progressivität auszeichnet, hat man sich diese Anforderungen so sehr zu eigen gemacht, daß die Freilegung selbst kleiner Ausschnitte einer Wohnstadt wie z. B. am Burgberg von Pergamon oder an den Hanghäusern von Ephesos die Kräfte einer ganzen Generation verschlingt. Dazu kommen die enormen Kosten, nicht nur für die eigentlichen Grabungen, sondern auch danach für die attraktive Gestaltung des Ausgrabungsgeländes. Was in irgendeiner Weise allgemeineres Interesse erregen könnte, muß heutzutage rekonstruiert und für den Besucher angenehm hergerichtet werden. Allenthalben wachsen deshalb in den Ausgrabungsstätten die Kunstruinen in die Höhe.

Die beklagenswerte Quellenlage – vor allem was das Gesamtbild der Städte und hier wieder besonders der Wohnquartiere anlangt – wird sich sehr langsam verbessern, obwohl derzeit von den Ausgräbern durchaus entsprechende Akzente gesetzt werden. Es bleibt also nichts anderes übrig, als das Bekannte unter veränderter Fragestellung neu zu untersuchen. Und dabei kommt den Vesuvstädten dank ihrer »Versiegelung« durch den Vulkanausbruch eine zentrale Bedeutung zu. Vor diesem Hintergrund sind meine beiden hier vorliegenden Untersuchungen zu sehen. Sie entstanden zu verschiedener Zeit und aus unterschiedlichem Anlaß und behandeln nur Teilaspekte der oben skizzierten Problematik. Sie sind zuerst in Fachzeitschriften publiziert worden, aber ich hoffe, daß sie, wie der Verlag meinte, auch für den Liebhaber der Antike, den nachdenklichen Besucher der Vesuvstädte und auch den ganz allgemein an der Geschichte städtischen Lebens und Wohnens Interessierten unterhaltend und anregend sein können. Es geht dabei um die beiden Themenbereiche »Stadtbild« und »Wohngeschmack«. Ich will versuchen, diese noch nicht sehr verbreitete Art der Fragestellung nach Bildräumen und Bildsystemen zu erläutern und dabei die beiden Studien in einen weiteren historischen Rahmen einzufügen.

STADTBILDER

Die erste Studie beschäftigt sich mit den Stadtbildern von Pompeji, wobei die öffentlichen Bauten im Mittelpunkt stehen. Mit diesem Begriff[2] möchte ich das äußere Erscheinungsbild einer Stadt in möglichst umfassender Weise bezeichnen. Es geht mir dabei nicht so sehr um die einzelnen Architekturen als um ihre konkreten Funktionen im Gesamtzusammenhang des öffentlichen Raumes. Nicht architekturgeschichtliche Fragen im engeren Sinne, sondern die Stadt als konkreter Lebensraum steht im Mittelpunkt des Interesses. Der öffentliche Raum wird dabei als eine Bühne verstanden. Es ist die Gesellschaft selbst, die sich diese Bühne ihren Bedürfnissen entsprechend schafft. Denn als Bühne und Lebensraum sind die öffentlichen Bauten, Plätze, Straßen, Monumente ebenso wie die Häuser und Nekropolen zusammen mit ihrem jeweiligen Bildschmuck in ihrer Summe ein wesentliches Element der Selbstverwirklichung der Zeitgenossen.

So verstanden stellen die Stadtbilder aber auch den Handlungsrahmen für das städtische Leben dar und wirken ihrerseits auf die Bewohner ein. Denn sie strahlen ja die in den Bauten und Räumen realisierten Botschaften und Wert-Symbole auch wieder aus.

Pompeji

Pompeji war zum Zeitpunkt seiner Zerstörung schon eine alte Stadt, in der viele Generationen in unterschiedlich strukturierten Gesellschaften gelebt hatten. Wenn man nur das zufällig konservierte Bild der im Jahre 79 n. Chr. verschütteten Stadt betrachtet, wie das meistens geschieht, faßt man lediglich das letzte von mehreren Stadtbildern. Denn seit dem frühen 2. Jh. v. Chr., als die reichen oskischen Patrizier ihre aufwendigen Häuser einem weltläufigen hellenistischen Geschmack entsprechend errichtet hatten, bis zum Zeitpunkt der Verschüttung, als die großen Familien schon weitgehend aus der Stadt abgewandert waren, lassen sich wenigstens vier unterschiedliche Konzepte der Gestaltung des öffentlichen Raums erkennen. Ich meine, man kann diese unterschiedlichen Stadtbilder zumindest in Umrissen rekonstruieren. Dabei soll nach den Interessen gefragt werden, die hinter den einzelnen Bauvorhaben standen. Diese Interessen sollen dann im Rahmen der politischen und gesellschaftlichen Veränderungen, denen die Stadt ausgesetzt war, analysiert werden. Aus dem Konglomerat der zufällig konservierten Stadt des Jahres 79 n. Chr. zeichnen sich die Umrisse von vier verschiedenen Stadtbildern ab, und diesen lassen sich die jeweiligen Lebenswelten von vier verschiedenen Gesellschaften zuordnen.

Pompeji war beileibe kein bedeutendes Zentrum, sondern eine von vielen mittelgroßen Landstädten in Italien. Aber glücklicherweise dürfen die sich hier abzeichnenden Strukturen und Veränderungen des öffentlichen Raumes – zumindest was die spätrepublikanischen und frühkaiserzeitlichen Städte Italiens und der westlichen Provinzen anlangt – durchaus als charakteristisch gelten. Das ließe sich anhand vieler Einzelbefunde in anderen Städten nachweisen. So öffneten sich z. B. die Städte im 1. Jh. v. Chr. auch anderswo nach außen. Allenthalben findet man vor den Toren repräsentative Gräber entlang der Überlandstraßen, allenthalben bauen sich die Reichen Luxusvillen vor der Stadt, überall lösten sich damals die lokalen kulturellen Traditionen der italischen Völker in einer neuen, von Rom bestimmten Einheitskultur auf. Dank der Nähe zu den früh hellenisierten Städten Campaniens zeichnen sich die elementaren Akkulturationsprozesse, die die altrömische Kultur seit dem Ausgreifen der römischen Heere in den griechischen Osten so grundlegend verändert haben, in Pompeji sogar deutlicher ab als anderswo. Dasselbe gilt für die Neugestaltung des öffentlichen Raumes in der Augustuszeit. Wie in Pompeji prägen Kaiserkult und Kaiserverehrung allenthalben die Fora der römischen Städte des Westens. In fast jeder Stadt wurde das Theater erneuert und erweitert. Überall bemühten sich die Honoratiorenfamilien gleicherweise um die Verschönerung des Erscheinungsbildes und um Verbesserungen der Infrastruktur ihrer Städte.

Deshalb lohnt es sich, die einzelnen Vorgänge in Pompeji genau zu registrieren und zu reflektieren. Es gibt keine andere antike Stadt, von der wir ein auch nur annähernd vergleichbar vollständiges Bild hätten (und das, obwohl ja auch Pompeji noch keineswegs ganz ausgegraben ist). Anders als die meisten der großen kaiserzeitlichen Städte in Nordafrika und Kleinasien schließt der in Pompeji erhaltene Ausschnitt aus der Geschichte der römischen Stadt die beiden Perioden mit den wohl tiefgreifendsten urbanistischen Umstrukturierungen ein: den Vereinheitlichungsprozeß in der späten Republik sowie die Umsetzung der ideologischen Vorgaben, die die Etablierung der Monarchie mit sich brachte.

Auch im Rahmen einer umfassenden Darstellung des Wandels der römischen Stadtbilder müßten die hier am Beispiel von Pompeji diskutierten Zusammenhänge deshalb zweifellos einen zentralen Platz einnehmen. Sie würden dabei freilich vor allem im Vergleich mit der klassisch griechischen bzw. hellenistischen Polis auf der einen und den Städten der hohen und späteren Kaiserzeit auf der anderen Seite erheblich an Kontur gewinnen. Wenige Bemerkungen sollen wenigstens eine Vorstellung vom größeren historischen Rahmen vermitteln, in den das für Pompeji rekonstruierte Bild einzugliedern wäre.

Das »demokratische« Erscheinungsbild der klassischen griechischen Polis

Ein Vergleich mit den »Stadtbildern« griechischer Städte der klassischen Zeit könnte zeigen, wie sehr diese im Gegensatz zur römischen Stadt von den Idealen des aktiven Bürgerseins und der politischen Gleichheit (der Vollbürger) geprägt waren. Ob auf der Agora, im Theater (wo die Volksversammlung tagte) oder im Bouleuterion (wo sich der Rat versammelte), nirgendwo findet man in der griechischen Stadt so ausgeprägte hierarchische Strukturen wie allenthalben in der Raumgestaltung der römischen Städte. In den griechischen *Poleis* bildete der öffentliche Raum eine kompakte organische Einheit, in die die Orte der politischen Willensbildung, die gesellschaftlichen Treffpunkte und die städtischen Kulte ebenso integriert waren wie die allen zugängliche Bildungseinrichtung des Gymnasiums.

Bezeichnenderweise liegen nur die Tempel der Mysterienkulte (und später der orientalischen Götter) dezentral. Denn hier ging es um private Nöte und Bedürfnisse.

Der demokratische Gleichheitsgedanke wirkte sich im 4. Jh. v. Chr. sogar bis in die Gestaltung der Häuser hinein aus. Bei Neugründungen wie der kleinen Landstadt Priene in der Nähe von Milet wurden den Bürgern gleich große Grundstücke zugewiesen, auf denen dann auch erstaunlich gleichartige Häuser entstanden. Das bedeutete freilich keineswegs gleichen Besitz. Es war eine *symbolische Form der Raumgestal-*

tung, die den privaten Lebensbereich nachdrücklich dem öffentlichen Raum zuordnete, ihn, wenn man so will, »politisierte«. Daß diese idealen Entwürfe schnell durch die tatsächliche materielle Ungleichheit konterkariert wurden, d. h. daß die Reichen ihre Häuser auf Kosten der Ärmeren schnell vergrößerten, steht auf einem anderen Blatt. Die Entscheidung für solche »demokratischen« Bild- oder Raumsymbole konnte im übrigen sogar unabhängig von der tatsächlichen politischen Verfassung der betreffenden Stadt erfolgen: Die politischen Ideale bürgerlicher Gleichheit wurden auch in anderen Bereichen als ästhetische Formen verinnerlicht, verbreiteten sich als Geschmack und Mentalität. Unabhängig von den konkreten Anlässen und Überlegungen, die zu diesen demokratischen Stadtbildern führten, bleibt es aber bedeutungsvoll für das Selbstverständnis der Bürger, daß sie über Jahrhunderte hin bis in die Kaiserzeit hinein in einem von den demokratischen Idealen geprägten öffentlichen Raum lebten. Man hielt an den alten Stadtbildern ebenso fest wie an den alten Formen der politischen Rituale, die den Bürgern die Ideale der Vorfahren – wie nostalgisch auch immer – vor Augen führten. Das änderte sich erst unter der Monarchie, als die politische Macht entsprechend den Vorgaben aus dem Westen vor allem im Kaiserkult in Szene gesetzt wurde[3].

Die besonderen Strukturen der römischen Städte

Die römischen und romanisierten italischen Städte dagegen spiegeln schon in der Republik eine ganz andersartige politische Struktur wider. Die großen römischen Adelsfamilien wohnten in besonders repräsentativen Häusern nahe oder sogar direkt am Forum Romanum (wie in Pompeji). In den weiträumigen Atrien versammelte sich die Klientel, deren Zahl das Ansehen und die Macht der betreffenden Familie unmittelbar reflektierte. Von den mächtigen Familiensitzen aus wurde in den öffentlichen Raum hineingewirkt, nicht umgekehrt wie in der griechischen Polis. Auch auf den Fora beherrschten die repräsentativen Staatsbauten, die häufig auf Kosten einer der großen Familien ausgeführt worden waren, das Bild in viel stärkerem Maße als auf einer griechischen Agora. Man denke nur an die Basiliken auf dem Forum Romanum, die ausnahmslos den Familiennamen der Erbauer trugen, oder an die enge Zuordnung der großen Tempel der Staatskulte an bestimmte Häuser.

Diese Tempel der politischen Gottheiten beherrschten die Fora der römischen und italischen Städte. In der griechischen Polis war das nicht der Fall. Dort wurden die großen Stadtgötter in eigenen heiligen Bezirken verehrt, die Agora gehörte in erster Linie den Bürgern. In den Tempeln auf dem Forum Romanum dagegen wurde schon früh die Einheit von Religion und Staat beschworen. In den Dioskuren verehrte man die Schlachthelfer, Saturn wachte über die Saaten, und Concordia sollte den inneren Frieden gewähren. Auch die Tatsache, daß der Senat häufig in diesen Tempeln zusammentrat, war bedeutungsvoll. Am augenfälligsten kam das römische Bedürfnis, Religion und Staat als Einheit zu inszenieren, indes in den *capitolia* der Bürgerkolonien zum Ausdruck. Sie wurden offenbar nach einem zentralen Konzept in der Achse der Fora angelegt, und zwar so, daß der Überlandverkehr zu ihren Füßen vorbeizog. Damit waren auch Symbole für die Zugehörigkeit zu Rom und für dessen Herrschaftsanspruch entstanden[4].

Im Gegensatz zur griechischen Polis, in der die Bildungs- und Sportstätten ebenso wie die Theater völlig in den im Alltag erlebbaren kompakten politischen Raum integriert waren, gibt es in den römischen Städten zunächst kaum vergleichbare Einrichtungen. Als sie dann im Zuge der Hellenisierung nach und nach geschaffen werden, konstituieren sie eine eigene Form von »unpolitischem« öffentlichem Raum, separiert vom politischen Zentrum. Bildung und Kultur sind eben nicht selbstverständliche Bestandteile des Gemeinschaftslebens, sondern von den Griechen übernommene Luxusgüter. Das zeigt das Theaterviertel in Pompeji auf paradigmatische Weise. Aber auch im Rom der späten Republik werden bezeichnenderweise alle wichtigen »Kulturbauten« außerhalb der Mauern auf dem Marsfeld errichtet.

Die römischen Städte waren schon früh nach außen hin offener als eine griechische Polis. Anders als diese gehörten sie eben zu einem Imperium. Und dies hatte offenbar ein ganz anderes Verhältnis zum Raum zur Folge. Man sieht es schon daran, daß man die Überlandstraßen durch die Zentren der Städte und möglichst über die Fora führte. Die aufwendigen Grabmäler der konkurrierenden Familien an den Überlandstraßen rechnen ebenso auch mit einem auswärtigen Publikum wie später die meist an den Stadträndern angelegten Amphitheater. Vor einem solchen Hintergrund muß man die Gestaltung bzw. auch Nichtgestaltung des öffentlichen Raumes im 2. und 1. Jh. v. Chr. sehen (vgl. S. 60 ff.).

Das in Pompeji wie anderswo im Westen von der augusteischen Ideologie geprägte Bild des öffentlichen Raumes bedarf keines zusätzlichen Kommentars, denn die Verhältnisse stellen sich, wie schon gesagt, in kaum einer anderen alten römischen oder italischen Stadt deutlicher dar als in Pompeji. Lediglich in Neugründungen (z. B. Nîmes, Aosta, Mérida) wird der Kaisermythos durch zentrale Tempel auf den Fora noch plakativer in Szene gesetzt, erhalten die Theater entsprechend ihrem Stellenwert im kulturellen Erneuerungsprogramm des Augustus eine zentrale Position im Zentrum oder führen Mauern und aufwendige Tore römische Kampfbereitschaft symbolisch vor Augen[5].

Segmentierung der Öffentlichkeit in der kaiserzeitlichen Stadt

Wohl aber möchte ich noch auf die kulturgeschichtlich so bedeutungsvollen Veränderungen hinweisen, denen das ideologisch geprägte Stadtbild der frühen Kaiserzeit im Laufe der nächsten Generationen unterlag. Sie gehen einher mit neuen Formen von »Öffentlichkeit«, wie sie sich nach und nach unter den veränderten Bedingungen der Monarchie entwickelten. Dabei sind die großen Thermenbauten vielleicht am signifikantesten (auch in Pompeji setzte man nach dem großen Erdbeben von 63 n. Chr. mit dem Neubau einer großen Thermenanlage einen markanten neuen Akzent im Stadtbild). Die Bürger waren über Stunden hin in den Bädern zusammen und erfreuten sich des warmen Wassers, der geheizten Luft und der Schwimmbecken. Öffentlichkeit vollzog sich hier unter angenehmen äußeren Bedingungen, bedeutete Freizeit, aufwendige Körperpflege, in den größeren Städten auch Genuß von luxuriös ausgestatteten Räumen und Unterhaltungsmöglichkeiten unterschiedlichster Art. Meist war man dabei mit Leuten aus dem eigenen Quartier zusammen. Die Verteilung der Thermen über die Wohnquartiere hin läßt sich in größeren Städten immer wieder nachweisen. Die Orte der gesellschaftlichen Begegnung verlagerten sich vom Zentrum in die einzelnen Stadtteile.

Die Segmentierung nach Stadtvierteln oder gesellschaftlichen Gruppierungen ist ein charakteristischer Zug der Öffentlichkeit in der hohen Kaiserzeit[6]. In den Stadtbildern des 2. Jhs. n. Chr. zeichnet sich das auch noch in anderen Gebäudetypen ab. Zu nennen wären vor allem die Vereinshäuser und die Heiligtümer für die orientalischen Gottheiten und andere »Sektengruppen«. Je mehr sich das Gemeinschaftsleben in diese segmentierten Räume verlagert und sich in ehemals eher dem Privaten zugeordneten Tätigkeiten und Genüssen (wie den gemeinsamen Mahlzeiten in den Vereinshäusern) manifestiert, desto mehr hat der im traditionellen Sinne politische Raum des Forum als Zentrum bürgerlicher Begegnung an Bedeutung eingebüßt. Seit es zum Zeremonien- und Denkmalplatz für Kaiserkult und Kaiserverehrung geworden war, scheint das tägliche Leben, die unmittelbare Begegnung dort abgestorben zu sein. Das gilt jedenfalls für die Städte Italiens und der westlichen Provinzen des Reiches, in denen am Forum nur noch selten Bauaktivitäten zu verzeichnen sind. Kaiserkult und Verwaltungsakte fanden natürlich weiterhin dort statt, und Ehrenstatuen wurden immer wieder dort aufgestellt, aber die Beteiligung der Bevölkerung an diesen Loyalitätsritualen scheint nicht mehr sehr spontan gewesen zu sein, sonst hätte man den freien Raum der Plätze nicht mit so vielen Statuen gefüllt.

Statt dessen entwickelten sich die neuen Formen einer »segmentierten Öffentlichkeit« in Thermen, Vereinshäusern, Heiligtümern exklusiver Kultgemeinschaften und nicht zuletzt in bestimmten, besonders frequentierten Straßenzügen. Im Stadtbild heben sich die belebtesten Orte und beliebtesten Treffpunkte unter anderem durch Portiken über den Gehsteigen, schöne Brunnenanlagen, gelegentlich auch durch prächtige Latrinen ab. Selbst letztere wurden – so seltsam das für unsere Ohren klingen man – zu Orten städtischer Kommunikation[7]!

Als bürgerlich-politische Gesamtheit aber konnte sich die Bevölkerung jetzt nur noch als Zuschauermasse in der Arena und im Zirkus erfahren. Dies wurden denn auch die einzigen Orte, an denen es noch zu politischen Äußerungen in Form von Applaus oder – geschützt durch die Anonymität – auch von Protest kommen konnte. Dabei saßen die Kaiser oder andere Vertreter der Macht in herausgehobenen Logen – allen sichtbar, aber jedem Zugriff entzogen –, auch dies ein signifikantes Element des kaiserzeitlichen Stadtbildes!

Es ist erstaunlich, daß sich die Ansätze für fast alle diese Veränderungen in Pompeji bereits deutlich abzuzeichnen begannen, als die Stadt verschüttet wurde: ein Beleg für die Sensibilität, mit der die Stadtbilder auf gesellschaftlichen Wandel reagieren.

WOHNGESCHMACK UND KULTURELLES SELBSTVERSTÄNDNIS

Auch die Wohnhäuser sind ein wesentliches Element der Stadtbilder. Sie markieren den Übergang vom öffentlichen zum privaten Raum, und sie bieten den Hausbesitzern die vielfältigsten Möglichkeiten zur Selbstdarstellung und zur Selbstverwirklichung. Was die Wirkung der Häuser anlangt, so muß man hier allerdings zwischen den Blicken der Passanten und den Eindrücken der ins Haus Eingeladenen bzw. der im Hause Wohnenden unterscheiden. Obwohl das »Wohnen« eine so selbstverständliche, alltägliche Erfahrung ist, kann man sich nun aber kaum einen kulturellen Bereich denken, in dem die Unterschiede zwischen dem uns Vertrauten und den Erfahrungen eines Römers größer wären als hier. Das macht den Zugang zum Thema ›Haus und Wohnen‹ schwierig und führt fast zwangsläufig zu falschen Fragen und verfehlten Rückschlüssen.

Eigene und fremde Erfahrungen

Unsere Wohnungen sind private Räume, in denen die Kleinfamilie auf jede Weise von der Öffentlichkeit abgeschirmt lebt. Die ungestörte »privacy« ist ein hoher, sogar gesetzlich geschützter Wert. Für Gäste und soziale Selbstdarstellung ist – von kleinen Gruppen der Gesellschaft abgesehen – nur wenig Raum geblieben. In den meisten Wohnungen unserer Kleinfamilien verkehren in der Regel nur noch Angehörige und Freunde, findet keine Gastlichkeit repräsentativer Art mehr statt. Die Inneneinrichtung der bürgerlichen Wohnung dient – trotz aller »feinen Unterschiede« (Bourdieu) – aufs Ganze gesehen mehr der Realisierung eigener Bedürfnisse (des Selbstverständnisses und des Geschmacks) als gezielter Selbstdarstellung. Zumindest nach außen hin werden inzwischen selbst von den Reichen, die noch »Gäste« in traditioneller Form empfangen, alle auffälligen Zurschaustellungen vermieden, weil dies unpopulär und überdies zu gefährlich wäre. Distinktion kommt bei uns in weniger spektakulären, indirekteren Formen zum Ausdruck, in der Wahl der Wohngebiete etwa oder in den Grundstücksgrößen.

Das römische Haus dagegen war ein Zentrum sozialer Kommunikation und demonstrativer Selbstdarstellung. Als solches lag es im Zentrum der Stadt. Schon die Fassade und der Hauseingang gaben Hinweise auf den Status des Besitzers. Tagsüber, wenn die Tore offenstanden, konnte man dank gezielt inszenierter Blickachsen vom Eingang aus tief ins Innere blicken. Geht man von den Häusern in Pompeji aus, so herrschte selbst in der »Mittelschicht« ein – jedenfalls für unsere Vorstellungen – enormer Raumluxus. Dieser Raumluxus aber wurde ebenso wie die gesamte Ausstattung in den Dienst der Selbstdarstellung des Hausherrn gestellt.

Das wichtigste räumliche Ordnungsprinzip war die klare Unterscheidung zwischen den für den gesellschaftlichen Verkehr bestimmten, repräsentativen Teilen des Hauses und den rein funktionalen Bereichen der Infrastruktur (von der Küche bis zu den Räumen für das Personal). In unseren ›sklavenlosen‹ Haushalten ist das gerade Gegenteil der Fall, wir haben Wohnküchen, Wohnbäder etc. Nur der repräsentative Teil des römischen Hauses diente dem eigentlichen »Wohnen«, nur er war entsprechend ausgestattet. Plinius d. J. nimmt in seinen ausführlichen Villenbeschreibungen denn auch nur diesen Teil wahr[8]. Die Grenzen zwischen beiden Bereichen waren in der Regel durchlässig, aber durch optische und symbolische Signale deutlich gekennzeichnet. So konnte z. B. jeder Gast am plötzlichen Aufhören des aufwendigen Dekors den Übergang zum Bedienungstrakt deutlich erkennen.

Im Gegensatz zur bürgerlichen Wohnkultur der Neuzeit, die von der festen Zuordnung bestimmter Zimmer zu bestimmten Lebensfunktionen und einer entsprechend raumprägenden Möblierung bestimmt wird (Schlaf-, Speise-, Wohn-, Kinderzimmer usw.), wurden zumindest die repräsentativ ausgestatteten Wohn-Räume im römischen Haus vielfältig verwendet. Wo tagsüber das Familienleben stattfand, die Kinder spielten, Klienten und Besucher empfangen wurden, Sklaven und Freigelassene ihre Aufträge erhielten, vermutlich selbst Mieter von Einliegerwohnungen und Läden passierten, wurden gegen Abend die Gäste zur *cena* empfangen.

Es gab sehr viel weniger Möbel als bei uns, und diese waren viel mobiler. Selbst die Ruhelager für die Gastmähler konnten je nach Bedarf leicht von einem Raum zum anderen gebracht werden. Vor allem gab es nicht die vielen Schränke und Regale aller Art, diese Symbole des für das neuzeitliche Wohnen so charakteristischen Bedürfnisses nach Anhäufung und Aufbewahrung. Die Räume konnten deshalb als solche wirken und ganzheitlich dekoriert werden. Die Bilder beherrschten die Zimmer in einer Art und Weise, wie wir sie nur aus barocken Kirchen und Schlössern kennen. Auch die Decken und Fußböden boten sich als große, systematisch gegliederte Bildflächen dar, ganz anders als bei uns, wo die nicht von Möbeln verstellten »leeren« Flächen mehr oder weniger zufällig mit einem Bild »ausgefüllt« werden.

Dieser für die Besucher zugängliche Bereich des Hauses bot also keinerlei »privacy«, offenbar auch keine separierten Räume etwa für Frauen und Kinder oder für die Gäste. In den zentralen »Verteilern«, Atrium und Peristyl, begegnete jeder jedem. Allein schon die Wahrnehmung dieses Verkehrs, der Vielzahl der nebeneinanderliegenden Räume und der je nach Tag und Zeit ganz unterschiedlichen Vorgänge machte das Haus einer großen *familia* zu einem Ort intensiver sozialer Begegnung, den man mit unseren Begriffen von »privat« oder »öffentlich« kaum erfassen kann. Ob es im übrigen über diese repräsentativ ausgestatteten und multifunktional genutzten Räume im Erdgeschoß hinaus in den meist nicht erhaltenen und nur selten im Detail zu rekonstruierenden Obergeschossen intimer genutzte, in unserem Sinne wirklich »private« Räume wie Schlaf- und Kinderzimmer gab, ist bislang unklar. Man sollte es aber wohl annehmen. Eine solche Unsicherheit wirft ein scharfes Licht auf unser mangelhaftes Wissen über die banalen alltäglichen Lebensabläufe und deren konkrete Lokalisierung im römischen Haus.

Das Haus als Ort gesellschaftlicher Selbstdarstellung

Andrew Wallace-Hadrill[9] hat in den letzten Jahren sehr eindrucksvoll die »soziale Struktur« des römischen Hauses beschrieben und dabei gezeigt, wie sehr die gesamte Raumordnung auf die Selbstdarstellung des Hausherrn zugeschnitten war. Das ist alles andere als eine triviale Feststellung, denn diese gesellschaftliche Funktion des Hauses war für die räumliche Disposition der Zimmer und Säle ebenso ausschlaggebend wie für die Auswahl der dekorativen Ausstattung. Zwei Aspekte erweisen sich dabei als besonders charakteristisch: zum einen die nach dem Rang der Besucher differenzierte Verwendung der Räume, zum anderen die Bedeutung des Raum-Luxus und der Raumverschwendung im Sinne von Veblens *conspicuous consumption*[10].

Das Bild der im *atrium* auf den Morgenempfang wartenden Klienten wurde schon in der antiken Literatur als Gradmesser für den sozialen Status des *patronus* beschworen. Wichtigere Besucher empfing man in kleineren Räumen, die meist mehr im Inneren des Hauses lagen. Vertrauliche Gespräche fanden unter vier Augen in abgelegeneren Ruheräumen statt, die auch als Schlafzimmer dienen konnten. Die *amici* kamen zum Gastmahl in Speisesäle, die oft im hinteren Teil des Garten-Peristyls lagen. So zeichnet sich eine soziale Rangfolge ab, die auf die Raumordnung übertragen immer tiefer in das Innere des Hauses führte. Erst vor kurzem konnte nachgewiesen werden, wie sehr die Architekten schon bei der Gestaltung der Peristyle der pompejanischen Häuser des 1. Jhs. v. Chr. darauf zu achten hatten, daß der Gast auf seinem Weg durch das Haus einen möglichst umfassenden Eindruck von dessen Weitläufigkeit und aufwendigem Dekor vermittelt bekam. Das wurde unter anderem dadurch erreicht, daß man die repräsentativsten Empfangsräume in den Peristylhöfen so plazierte, daß der Besucher die Ausstattung des Hauses einschließlich des Gartens möglichst umfassend vorgeführt erhielt, bevor er ans Ziel gelangte[11].

Für den Rang eines Hauses spielte die Vielzahl der zur Verfügung stehenden Räume eine entscheidende Rolle. Der Hausherr sollte die Möglichkeit haben, je nach Art der Besucher, Zahl der Eingeladenen, Tages- oder Jahreszeiten zwischen mehreren Räumen wählen zu können. Diese Möglichkeit zu wählen war ein entscheidendes Statussymbol. Dementsprechend differenzierte man aber auch die dekorative Ausstattung. So wurden Architektur und Raumausstattung direkt in den Dienst der gesellschaftlichen Konkurrenz gestellt, was sich natürlich auch auf die »Formentwicklung«, den Stil der verschiedenen der Raumausstattung dienenden Kunstgattungen, vor allem natürlich der Malerei, auswirken mußte.

Das bisher Gesagte gilt selbstverständlich nur für die Häuser der reichen Führungsschicht. Nur sie brauchten große *atria* für ihre Klientel und entsprechende Speisesäle für ihre *amici* (Vitruv). Aber in einer Konkurrenz-Gesellschaft mit verhältnismäßig großer Mobilität schaffen die Mächtigen mit ihrem Lebensstil und ihren Verhaltensformen Modelle für die weniger Reichen und weniger Mächtigen, jedenfalls wenn sie eine so intensive Selbstdarstellung betreiben wie die römischen Aristokraten. Die repräsentative Ausgestaltung eines Teiles des Hauses war indes kein spezifisch römisches Phänomen. Auch schon in der klassischen griechischen Polis waren die Häuser der Reichen aufwendiger gebaut und besser ausgestattet gewesen als die der weniger Wohlhabenden. Ein Peristyl oder eine Säulenhalle und einen schönen Raum fürs Symposion der Männer konnte man auch im vierten Jahrhundert v. Chr. durchaus erwarten, wenn man bei einem reichen Athener eingeladen war. In den hellenistischen Häusern auf Delos und anderswo findet man bereits einen regelrechten Repräsentationstrakt mit mehreren Empfangsräumen, die nicht selten mit aufwendigen Architekturformen, Fußboden-Mosaiken, Wandstuck, Malereien und Mosaiken ausgestattet waren. Der Repräsentationsstil des römischen Hauses entwickelt sich aus diesen hellenistischen Anregungen, gewann allerdings im verschärften Konkurrenzklima der späten Republik schnell ganz neue Dimensionen[12].

Wohnen und Wertvorstellungen

Mit der »sozialen Struktur« des römischen Hauses, der Anordnung und Gestaltung der Räume zum Zwecke der Selbstdarstellung fassen wir indes nur *einen* wesentlichen Aspekt. Nicht weniger interessant und für das römische Wohnen wohl noch charakteristischer scheint mir die Frage nach den bei diesen ostentativen Rauminszenierungen symbolisch realisierten Wertvorstellungen und dem diesen zugrunde liegenden Selbstverständnis. Warum identifizierte man sich mit bestimmten Architekturformen, Bildern, mythologischen Gestalten? Zu welchen Gedanken, Erinnerungen, Wünschen, Hoffnungen sollten die symbolischen Formen des Dekors anregen? Ich meine all das, was man *inhaltlich* bei der Selbstdarstellung zum Gegenstand des »Diskurses« machte. Denn was man dem Besucher vorführt, hält man sich ja auch selbst vor Augen. Neben dem Blick des konkurrierenden Hausherrn bzw. des vergleichenden Besuchers gibt es ja den Blick derer, die im Hause wohnen und die Tag für Tag in den Räumen und mit den Bildern leben. Auch der Hausherr selbst sah sein Haus nicht nur in bezug zum Besucher, den er beeindrucken wollte; er wollte es auch selbst genießen! Voraussetzung dafür war, daß er sich damit identifizieren konnte.

Hier ist es leichter, auf unsere eigenen Erfahrungen zu rekurrieren. Die Gestaltung der Wohnungen ist heutzutage neben dem ständigen Reden über das Essen einer der beliebtesten Gegenstände gepflegter Unterhaltung geworden. Eine Fülle von Zeitschriften, Büchern, Prospekten gibt uns – differenziert nach Kosten und kulturellem Anspruch – alle möglichen Modelle vom rustikalen Landhausstil bis zum modernistischen Architekten-Image zur Gestaltung an die Hand. Auch fehlt es nicht an psychologischen und soziologischen Analysen und Reflexionen über die Zusammenhänge von Wohngeschmack auf der einen, kollektivem Wertekanon, Selbstdefinition und gesellschaftlichen oder kulturellen Aspirationen (Bestrebungen) auf der anderen Seite. Allein anhand der Angebote der verschiedenen Kaufhäuser könnte ein künftiger Historiker schon viel über unsere Wertvorstellungen und Freizeitträume sagen.

Eine archäologische Aufgabe

Wer nach literarischen Quellen für eine solche Fragestellung im Altertum sucht, könnte nun allerdings leicht den Eindruck gewinnen, man habe sich damals nicht allzuviel Gedanken über dieses Thema gemacht. Denn selbst in der Kaiserzeit, wo man es vielleicht anders erwartet hätte, ist nur selten detaillierter vom Aussehen und von der Gestaltung repräsentativer Räume die Rede[13]. Für den Begriff »Wohnen« scheint es kein lateinisches Wort zu geben. Das bedeutet aber keineswegs, daß das Wohnen damals kein Gegenstand der Unterhaltung gewesen wäre. Nur fand diese offenbar nicht primär im Medium der Literatur statt (die sich wegen ihrer extrem klassizistischen Ausrichtung auf die große Zeit Griechenlands ja sowieso nur selten mit den zeitgenössischen Lebensumständen beschäftigt). Der Dialog spielte sich jedenfalls intensiv in

Gestalt der symbolischen Formen in den Häusern selbst ab. Denn das ständige Nachahmen, Kombinieren und Überbieten in der Herstellung von Räumen und Dekorationen ist ja nichts anderes als ein fortlaufender Diskurs über das Thema anspruchsvollen Wohnens.

Wir haben es bei der Erforschung des »Wohngeschmacks« demnach mit einer genuin archäologischen Aufgabe zu tun, die bisher allerdings noch kaum als solche artikuliert wurde. Dabei müssen freilich neue Strategien entwickelt werden, denn die gegenwärtigen Forschungen beschränken sich in der Regel auf Typologie und Datierung einzelner Kunstgattungen wie Malerei, Terrakotten, Bronzen, Geräte bzw. auf die Grundrisse der Häuser und deren »Entwicklung«. Bei der Frage nach dem Wohngeschmack aber kommt es vor allem auf die Rekonstruktion von Kontexten an. Die grundlegenden Studien zum römischen Haus und seiner Ausstattung stammen aus der zweiten Hälfte des vorigen Jahrhunderts. Damals sind die bewundernswerten Pompeji-Bücher von J. Overbeck und A. Mau[14] entstanden, in denen die Sachkenntnisse über Architektur, Malerei und bewegliche Gegenstände aller Art zum ersten Mal sorgfältig zu einem Bild vom »römischen Haus« zusammengestellt worden sind. Trotz ihrer normativen Ausrichtung bieten diese Bücher zusammen mit den ausführlicheren neueren Grabungspublikationen noch immer einen guten Einstieg für Überlegungen zum »Wohnen«. Allerdings ist es heute nicht mehr mit positivistischen Aufnahmen des gesamten Bestandes eines Hauses getan. Auch das »Wohnen« müßte in ähnlicher Weise wie das Stadtbild nach Epochen untergliedert werden. Auch hier sollte man versuchen, übergreifende Thesen zu Eigenarten des »römischen Hauses und Wohnens« mit Einblicken in prozessuale Abläufe zu verbinden. Hier komme ich zu meinem eigentlichen Thema.

Leider kann die zweite der hier veröffentlichten Studien über »die Villa als Vorbild des späten pompejanischen Wohngeschmacks« nur einen kleinen Ausschnitt aus der auf weiten Strecken erst noch zu erforschenden Geschichte des Wohnens in der Kaiserzeit bieten. Sie ist einem spezifischen Phänomen gewidmet, dem allerdings, wie ich meine, eine für das Verständnis des römischen Wohnens zentrale Bedeutung zukommt. Ausgangspunkt sind die evidenten Zusammenhänge zwischen Architekturformen und Ausstattungselementen vieler pompejanischer Häuser und denjenigen der Luxusvillen der späten Republik.

Die Entstehung eines neuen Wohnstils in Form der Villa

In der *villa urbana* hat die römische Aristokratie seit der Mitte des zweiten Jahrhunderts ein vollkommen neues Konzept von »Wohnen« verwirklicht[15]. Es war so erfolgreich, daß es sich später im ganzen Imperium Romanum durchsetzte, und zwar nicht nur in der Oberschicht, sondern als allgemeiner Wohnstil. Die Architektur und die Bildausstattung aller repräsentativen Räume der Villa wurden in diesem neuen Konzept über ihre praktischen und repräsentativen Funktionen hinaus in den Dienst einer einheitlichen Idee gestellt: Sie sollten in möglichst vielfältiger Form an Griechenland und dessen vorbildliche Kultur erinnern und diese als eine Art von höherer Welt symbolisch vergegenwärtigen.

Das geschah mittels einer Fülle von optischen und atmosphärischen Reizen. Innenhöfe, Gärten, Zimmer und Säle, Brunnen und Wasserläufe erinnerten an griechische Architekturformen und wurden überdies zum Teil auch noch mit griechischen Namen belegt. Wo man in einer der reich ausgestatteten Villen auch hinschaute, überall stieß das Auge auf Bildwerke griechischer Thematik. Da standen ganze Serien von Kopien griechischer Skulpturen in verschiedenen Formaten; auf Wandmalereien und Bodenmosaiken waren griechische Mythen dargestellt, selbst das bewegliche Mobiliar und das Tafelgeschirr war voll von Bildern mit Anspielungen auf klassische Kunst und Kultur. Die Gärten erinnerten an griechische Heiligtümer, Ausblicke in die Landschaft entsprachen den neuen hellenistischen Natur- und Landschaftserfahrungen. Man wollte sich die griechische Kultur als etwas Ganzes und Abgeschlossenes räumlich vergegenwärtigen und sie so symbolisch in Besitz nehmen. Wohnen wurde so zu einer neuartigen Form kultureller Erinnerung.

Im Gegensatz zu den in mancher Hinsicht vergleichbaren Bildersystemen in Renaissance- und Barockpalästen waren diese dichten Bildgeflechte in der römischen *villa* in der Regel aber nicht in Form von überlegt aufeinander abgestimmten, individuellen Programmen organisiert, sondern als lockere, in vieler Hinsicht beliebige Bilderfolgen. Es kam nur darauf an, daß sie griechisch, kunstvoll und assoziationsträchtig waren. Ein gebildeter Mann wie Cicero legte allerdings Wert darauf, daß ein bestimmter Raum nicht mit *unpassendem* Dekor verziert war. In ein den Studien gewidmetes Peristyl paßten keine dionysischen Bilder, wohl aber in einen Speisesaal, wo man sie in den pompejanischen Häusern denn auch häufig findet. Dasselbe gilt für die vielen erotischen Szenen in kleinen Ruheräumen. Nur in diesem sehr allgemeinen Sinne konnten die Bilder auf eine spezifische Raumfunktion bezogen sein und das Haus auch »topographisch« als einen Ort des Lebensgenusses beschreiben, wie man es im übrigen auch schon in hellenistischen Häusern findet.

Historischer Hintergrund für die Genese dieses faszinierenden neuen Wohnens in Räumen kultureller Erinnerung war die begeisterte Übernahme der griechischen Kultur durch einen Teil der römischen Aristokratie seit dem späten 3. Jh. v. Chr. Dazu gehörten nicht nur Bildung und Künste, sondern auch der aufwendige und genußreiche Lebensstil der *tryphe*, wie er vor allem an den hellenistischen Höfen blühte, aber in der Gestalt des Dionysos für die Gesellschaft der griechischen Städte in der ganzen Koine programmatisch war. Da die römischen Griechenfreunde ihr neues Selbstverständnis zunächst in der Öffentlichkeit von Rom nicht ausleben konnten, weil sie dort mit den austeren traditionellen Wertvorstellungen und Lebensformen des *mos maiorum* in Konflikt gerieten – *luxuria* hieß das politische Schlagwort gegen den neuen dionysischen Lebensstil –, schufen sie sich in den Villen auf dem Lande Ausweichmöglichkeiten in Form einer eigenen privaten Welt, in der sie ihre Vorstellungen ungehemmt von politischen Rücksichtnahmen verwirklichen konnten.

Die Villa wurde zur Bühne für einen neuen Lebensstil der Muße *(otium)*. Dazu gehörten bestimmte Rituale, die sich tatsächlich oder auch nur in den Köpfen der Bewohner und Besucher abspielten. Man unterhielt sich im »Gymnasium«, das in der Vorstellung in Athen, in Wirklichkeit im säulenumstandenen Peristylhof lag; erging sich entlang eines *euripus*, der an das genußreiche Leben in Alexandrien erinnerte; führte gelehrte Diskussionen mit Freunden, zum Teil sogar mit griechischen Philosophen, die zur *familia* gehörten und im Hause wohnten; ließ sich durch die Skulpturen im Garten zu Gesprächen über griechische Literatur, Geschichte und Kunst anregen, oder zog sich auch einmal zu philosophischen Betrachtungen in einen entlegenen Raum zurück.

Daß es sich bei alledem um ein römisches Konstrukt griechischen Lebens handelte und es solche Bildungs- und Teilzeitgriechen im klassischen Griechenland gar nicht gegeben hat, steht auf einem anderen Blatt. Natürlich sah die Wirklichkeit auch in den römischen Villen und reichen Stadthäusern oft erheblich anders aus als das Bildungsideal, zu dessen Realisierung die symbolischen Formen der Erinnerungsräume aufforderten. Gleichwohl war mit dieser neuen Form des Wohnens zum erstenmal in der Geschichte ein in sich geschlossener Lebensbereich »Kultur« entstanden, in den man sich in den Ferien und in der Freizeit zurückziehen konnte. Die Welt der *villa* und des *otium* war eine Gegenwelt zur Welt der Geschäfte, der Politik und Gerichtshöfe in der Stadt, ein von der Öffentlichkeit abgetrennter privater Lebensraum.

Mit »privat« ist dabei freilich kein Sichabschließen gegenüber der Gesellschaft gemeint, im Gegenteil. Der neu entstandene private Lebensraum wurde gesellschaftlich aufs intensivste genutzt. Man traf sich mit Freunden, Standesgenossen, Parteigängern, Geschäftsfreunden, Klienten. Vor allem in der Form des (ebenfalls griechisch stilisierten) Gastmahls entstanden neue Formen der Kommunikation. Dabei traten Architektur und Ausstattung in den Dienst der Selbstdarstellung des Villenbesitzers, wurden zu einem wichtigen Instrument im Konkurrieren um Macht, Einfluß und Geld. Besitz und »Betrieb« entsprechend aufwendig ausgestatteter Villen in den wichtigsten Ferienlandschaften (am Golf von Neapel, bei Tusculum oder Terracina) waren in der späten Republik unerläßlich für einen, der zur Führungsschicht gehören wollte. Von Anfang an war so das neue kulturelle Selbstverständnis der römischen Aristokratie auch Gegenstand der Selbstdarstellung im Rahmen des allgemeinen Konkurrierens. Im Wohn- und Lebensstil der Villeggiatur waren zwei elementare Bedürfnisse zu einer kulturellen Einheit verschmolzen.

Die Römer wollten in der *villa* natürlich trotz der Allgegenwart der griechischen Bilderwelt und ihrer eigenen Bildungsrituale nicht zu Griechen werden. Sie haben hier vielmehr ihr kulturelles Selbstverständnis erweitert und neu definiert (und damit eine wesentliche Voraussetzung für ihren Anspruch auf Weltherrschaft geschaffen). Die symbolischen Formen des neuen Wohnens brachten zum Ausdruck, daß die Römer das kulturelle Erbe der Griechen angetreten hatten, daß sie nicht nur erobern und herrschen, sondern auch »leben« konnten. Denn sie hatten sich ja die *paideia* der klassischen Polis und den genußreichen dionysischen Lebensstil *(tryphe)* der hellenistischen Könige gleichermaßen angeeignet. Daß dies zunächst nur im Nebeneinander von zwei Lebensformen, der öffentlichen des *negotium* in Rom und der privaten des *otium* in den Villen, geschah, gibt einen Einblick in die Spannungen dieses kulturell so überaus fruchtbaren Akkulturationsprozesses. Man kann wohl sagen, daß erst dieses in der *villa* definierte, hochgreifende Selbstverständnis den Römern auch in den Augen des griechischen Ostens die Autorität verlieh, die sie allein mit den Waffen nie gewonnen hätten.

Die Villa wird zum Modell für den Wohngeschmack der römischen Kaiserzeit überhaupt

Der neue Wohnstil der Aristokraten wurde nach und nach zum Modell für die ganze Gesellschaft. Aus einer elitären Lebensform entwickelte sich ein allgemeiner Geschmack, mit dem sich auch breitere Schichten identifizieren konnten. Zuerst wurden vermutlich Elemente der Architektur und Ausstattung in die Stadthäuser der Aristokraten in Rom übernommen, von dort breitete sich das neue Wohnen in die Häuser der Honoratioren *(domi nobiles)* in den Landstädten aus, und wohl schon in der zweiten Hälfte des 1. Jhs. v. Chr. war es zum allgemeinen Stil geworden.

Hier setzt meine Untersuchung ein (S. 142 ff.). Sie zeigt an einer Fülle von Einzelheiten, wie die verschiedenen Elemente des neuen Wohnens im Pompeji der frühen Kaiserzeit selbst in mittelgroßen und kleineren Häusern nachgeahmt wurden. Dabei spielte es für die Hausbesitzer offenbar keine Rolle, wenn die beschränkten räumlichen Verhältnisse nur Miniaturformen zuließen und an ein Gesellschaftsleben im Stil der Villenbesitzer nicht zu denken war. Das eigene Leben blieb in den pompejanischen Häusern vermutlich so bescheiden und ungebildet oder gebildet wie zuvor. Aber warum haben die Hausbesitzer dann soviel Geld und Phantasie aufgewandt, um ihren Häusern etwas vom Flair einer Villa zu geben? Warum wollten die Bürger von Pompeji wenigstens in den Wachträumen ihrer Wünsche und Vorstellungen an der Luxuswelt ihrer reichen Zeitgenossen teilhaben?

Die Villen der römischen Aristokraten befanden sich vor den Toren Pompejis. Es läge deshalb nahe, eine direkte Imitation von seiten der unmittelbaren Nachbarn anzunehmen. Ob dies der Fall ist oder ob sich die Villenimitation ebenso wie die Modelle für die Wanddekoration im sog. zweiten bis vierten Stil und die Statuetten für die Gärten von Rom aus verbreitet hat, läßt sich kaum ermitteln. Letzteres ist aber sehr wahrscheinlich. Was sich aber mit Sicherheit sagen läßt, ist, daß es sich bei der Ausbreitung des neuen Wohnstils um ein allgemeines Phänomen handelt, das für das Wohnen im ganzen Imperium Romanum bis in die Spätantike hinein Geltung behält. Diese Aussage gilt jedenfalls für die den symbolischen Formen zugrunde liegenden Wertvorstellungen. Die jeweiligen Realisierungen unterscheiden sich im Laufe der Generationen zum Teil erheblich, aber die symbolische Visualisierung von Kultur, Luxus und Lebensgenuß als einer einheitlichen Vision, die im Wohn-Stil der *villa* zum erstenmal verwirklicht worden war, setzte sich allgemein durch.

Es geht bei diesem Wohnen deshalb um mehr als um einen besonders eklatanten Fall von Status-Imitation. In dieser Hinsicht habe ich das Phänomen in meiner Darstellung von 1978 nicht hinreichend als umfassendes kulturelles Programm beschrieben. Der neue Wohngeschmack wurde zum Symbol und Bekenntnis für ein kulturelles Konzept bzw. Programm und zu den mit diesem Konzept verbundenen Lebensformen.

Wohnen als Ausdruck von gesellschaftlicher Zugehörigkeit und kulturellem Selbstverständnis

Die einzelnen Phasen der Ausbreitung des neuen Wohngeschmacks sind bisher noch nicht als solche beschrieben worden. Man könnte dies jedoch vielleicht anhand der Verbreitung der Wandmalereien des zweiten bis vierten Stils in den Vesuvstädten paradigmatisch darstellen. Andrew Wallace-Hadrill[16] hat in einer statistischen Untersuchung gezeigt, daß Vorhandensein und Qualität von Wandmalerei in pompejanischen Häusern in unmittelbarem Zusammenhang mit Größe und Anzahl der Räume steht. Im Laufe der frühen Kaiserzeit breitet sich die Mode, Zimmer im sog. vierten Stil ausmalen zu lassen, in der gesamten Mittelschicht aus. Nur die ganz kleinen Häuser mit ca. 100 oder weniger Quadratmeter Grundfläche haben in der Regel keine Wandmalereien. Die von mir beschriebenen Villenimitationen fallen in dieselbe Zeit und sind Ausdruck desselben Wohngeschmacks. Mit bemalten Wänden allein verwirklichte ein Hausbesitzer gleichsam ein Minimum des neuen

Wohngeschmacks. Mit Recht stellt Wallace-Hadrill fest, daß es bei diesen rudimentären und oft qualitätlosen Malereien mehr um den Ausdruck kultureller Zugehörigkeit (vor allem der sozialen Aufsteiger through rebirth of imitation) als um Zurschaustellung von Luxus und Reichtum geht. Diese hätte angesichts der tatsächlichen Verhältnisse in den bescheidenen Häusern ja wohl auch eher lächerlich gewirkt. Aber abwertende Ausdrücke wie »Kitsch« und »Banalisierung« werden dem Phänomen nicht gerecht, sehen es zu einseitig aus dem Blickwinkel der Imitation und des kulturellen Defizits.

»Zugehörigkeit« meint mehr. Der Prozeß der Ausbreitung des neuen Wohngeschmacks und seiner Adaption an bescheidene Verhältnisse war auch ein Prozeß der Aneignung und Verinnerlichung von seiten derjenigen, die sich weder Luxus noch distinguierende Bildung leisten konnten. Es war ein Prozeß der Abstraktion, wenn man so will, sogar der Sublimierung. Man kann den Vorgang auf den Wandmalereien selbst gut verfolgen.

Auf anspruchsvollen Wänden zweiten und dritten Stils verweisen die zentralen mythologischen Bilder gelegentlich noch auf die tatsächlichen Pinakotheken reicher Kunstsammler, in denen griechische Originale hingen (z. B. auf einer bekannten Wandmalerei aus der Farnesina). Aber offensichtlich ging es dabei nicht um »Ersatz« für nicht vorhandene Pinakotheken, denn man findet diese Malereien ja auch in den reichsten Häusern. Die Wandbilder schaffen vielmehr ein symbolisches System, wobei Luxusgegenstände, die in manchen Villen realiter vorhanden waren, mit imaginierten Räumen und Dingen kombiniert werden. Die Wandmalereien zweiten Stils evozieren wie die *villa* Räume der Erinnerung, aber sie abstrahieren diese bereits von der Realität des konkreten Raumes und machen sie damit jedem, der sich eine Wandmalerei leisten kann, zugänglich. Damit war ein Abstraktionsprozeß in Gang gekommen, der die symbolischen Formen der Bilder immer unabhängiger von den abgebildeten Gegenständen machte. An den formalen Veränderungen zwischen den Wänden zweiten und vierten Stils (ca. 80 v. Chr. bis 79 n. Chr.) läßt sich dieser Abstraktionsprozeß klar ablesen. An die Stelle der mit Händen greifbaren Architekturen und Luxusgüter auf den spätrepublikanischen Wänden treten auf den Wandsystemen der frühen Kaiserzeit manieristisch verfremdete, in einen merkwürdig irrealen Raum gerückte Architekturen, Dinge und Menschen. Der formalen Entrückung auf den Bildern entspricht, wie wir noch sehen werden, auch ein Abstraktionsprozeß in den Wertvorstellungen. Gerade weil es auf den Wandmalereien bald gar nicht mehr um den konkreten Luxus des Dargestellten, sondern um Symbole für allgemeine Wertvorstellungen ging, leistete auch die bescheidenste Wandmalerei, was allein sie leisten sollte: nämlich dem entsprechenden Zimmer eine Aura von anspruchsvollem Wohnen zu geben und damit kulturelle Zugehörigkeit auszudrücken – und zwar auch unabhängig von allem konkurrierenden Vergleichen.

Am Beispiel der mythologischen Bilder kann man sehen, daß dieses Bedürfnis nach Zugehörigkeit mehr als nur schöne Dekoration war und kaum mehr etwas mit Nachahmung von Villen-Pinakotheken zu tun hatte. Durch die ständige Wiederholung (auch in anderen Bereichen des zeitgenössischen Kulturbetriebes: z. B. im Theater, in der Schule, bei Rezitationen) wurden manche Mythen so geläufig, daß man sie immer unmittelbarer mit eigenen Lebenssituationen zu verbinden begann, indem man sie als Gleichnisse für diese benutzte. Welche Ausmaße dieses Assoziieren mythischer Vergleiche mit der Zeit auch in breiteren Bevölkerungsschichten annahm, zeigt sich an den unzähligen Sarkophagen mit mythologischen Reliefs. Man scheint die Mythen ebenso selbstverständlich als Vergleiche benutzt zu haben wie früher bei uns die biblischen Geschichten. Auch mit einer solchermaßen gebildeten und auch »international« verständlichen Sprache brachte der einfache Mann natürlich nicht anders als mit den Wandmalereien seinen Anspruch auf soziale und kulturelle Zugehörigkeit zum Ausdruck. Gleichzeitig aber scheinen die Mythen ihm jedoch auch Modelle zur persönlichen Lebensbewältigung geboten zu haben, sonst hätte er in ihren Bildern nicht Vergleiche für seine persönliche Trauer, für Trost, Hoffnung und Lebensfreude ausgedrückt. Dies meinte ich, als ich von einem Prozeß der Aneignung und Verinnerlichung bei der Ausbreitung des neuen Wohngeschmacks sprach.

Ähnlich verhält es sich mit dem Paradigma »Luxus und genußreiches Leben«, das seit den Tagen eines Lucullus so untrennbar mit den Vorstellungen von *villa* und anspruchsvollem Wohnen verbunden war. Auch diese »Werte« wurden in den symbolischen Formen des Raumdekors gleichsam »aufgehoben«. Man kann das wörtlich und übertragen verstehen. Die sinnfälligsten Zeichen für luxuriösen Aufwand wie kostbare

Marmorsorten und Metalle, teuere Stoffe und Farben, seltene Edelsteine und Muscheln, aber auch erlesene Speisen, all das war – je nach Aufwand und Vermögen eines Hausbesitzers – realiter oder im Bild in den Wohnräumen vorhanden. Gleichzeitig waren diese Topoi der *luxuria* im Dekor der Räume aber mit den Mythenbildern und anderen hochwertigen Symbolen der klassischen Kultur so eng verbunden, daß sich diese beiden Grundpfeiler der hellenistischen Tradition zumindest in der Welt der symbolischen Formen nur noch als Einheit darstellten. Was einst als verderbliche *luxuria* verschrieen worden war, wurde jetzt im Kontext der symbolischen Formen des Wohnens offenbar als hoher Wert wahrgenommen, muß so etwas wie Fülle und Genuß verkörpert haben. Die Luxus-Verweise im Dekor versicherten dem Betrachter ebenso wie die vielen dionysischen Bilder, daß er in einer glücklichen Welt lebte. Das entsprach ganz den ideologischen Stereotypen der Kaiserkunst von der *felicitas temporum* oder der *aurea aetas*.

In den Wohnräumen bedeuteten solche Bildprogramme auch Aufforderung zur Realisierung des Erinnerten. Das geschah z. B. in den Ritualen der Gastmähler, die jedenfalls dem Anspruch nach ebenfalls Genuß mit Bildung verbanden.

Es liegt nahe anzunehmen, daß ein Zusammenhang besteht zwischen dieser Neutralisierung und Neubewertung des Luxus im Rahmen der symbolischen Formen und seiner tatsächlichen Dämpfung infolge des Nachlassens der gesellschaftlichen Konkurrenz in der Führungsschicht (Tacitus, Ann. III, 55). Jedenfalls bezeugen die Wände vierten Stils ebenso wie die Villenimitation in den pompejanischen Häusern, daß man das Phänomen anders wahrgenommen hat als früher.

Kultur-Kult im Kaiserreich

Daß sich das neue Wohnen so durchsetzen und im Kaiserreich sogar zum allgemeinen Wohngeschmack avancieren konnte, hängt nun aber zweifellos auch mit gesellschaftlichen Veränderungen zusammen, wie sie die Errichtung der Monarchie zwangsläufig mit sich brachte. Es ist ein auffälliges Phänomen der römischen Kunst, daß die politischen Themen des Kaisermythos, die den öffentlichen Raum weitgehend beherrschten, in der privaten Bilderwelt von Haus und Grab nur eine untergeordnete Rolle spielten, in den meisten Häusern gar nicht vorkommen. Das weist darauf hin, daß man im römischen Konzept des Wohnens – auf den Gesamt-Haushalt der Kultur bezogen – auch noch nach seiner allgemeinen Ausbreitung ein Gegengewicht zur Welt des Staates und der Politik sehen kann.

Die politische Bühne war vom Kaiserhaus besetzt. Öffentliche Ehrungen unterlagen seiner Kontrolle. In dieser Situation gewannen kulturelle Aktivitäten aller Art, die bis dahin weitgehend eine Sache des Privatlebens gewesen waren, eine neue Bedeutung. Bildung und kulturelle Aktivitäten wurden für die Oberschicht mehr und mehr auch zum Gegenstand öffentlicher Selbstdarstellung und damit zu einem Teil des öffentlichen Lebens. Der Grund dafür ist einfach: Bildung und Kultur war ein ungefährlicher, weil politisch neutraler Lebensbereich. Zur Zeit des jüngeren Plinius nahm z. B. der Besuch öffentlicher oder halböffentlicher Vorträge, bei denen die literarischen Produktionen von Freunden und Bekannten vorgetragen wurden, bereits einen guten Teil des Tagespensums eines römischen Senators in Anspruch, wie Plinius von sich selbst stöhnend bekennt[17]. Der enorme Erfolg der berühmten »Konzertredner« der »zweiten Sophistik« zeigt, wie kulturelle Aktivitäten sogar zu politischen Ämtern, jedenfalls aber zu höchstem Ansehen führen konnten. Daß schließlich selbst die Kaiser die entsprechenden Qualitäten für sich beanspruchen mußten, war nur eine folgerichtige Entwicklung. Das Philosophieren des Marc Aurel, aber auch schon Neros Ambitionen als Sänger sind wohl ebenfalls in diesem Zusammenhang zu sehen.

Durch diese neue Dimension kultureller Aktivitäten im öffentlichen Raum gewann das Wohnen in Räumen der kulturellen Erinnerung und der Lebensfreude eine zusätzliche Bedeutung. Es wurde zum Sinnbild für die hohe Kultur, die das Imperium Romanum gewährleistete. In der Kaiserzeit drangen die symbolischen Formen des Wohn-Dekors dann auch immer mehr in den öffentlichen Raum ein. Man denke nur an die prächtige Ausstattung der großen Thermensäle oder an die öffentlichen Parks mit ihren Brunnen, Gärten und Skulpturen. Damit waren besonders signifikante Elemente des elitären Villenluxus auch für breite Schichten der Bevölkerung im öffentlichen Raum realisiert worden. Die in der späten Republik errichtete ideologisch bedingte Grenze zwischen *privata luxuria* und *publica magnificentia* war wieder aufgehoben. In der veränderten Form von Öffentlichkeit, von der oben die Rede war, konnten jetzt dieselben Werte realisiert werden wie im »privaten« Wohnen. Damit kam der langwierige Akkulturationsprozeß zu einem gewissen Ende.

Tafeln 1 und 2 Zwei Mosaiken aus der Casa del Fauno (VI, 12). Der Wohngeschmack der städtischen Elite des oskischen Pompeji war ganz von der Kultur der hellenistischen Städte des Ostens geprägt. Möbel, Geräte und Kunstwerke, wie die Bronzestatuette des »Tanzenden Faun« (vgl. Vorsatzblatt vorne), nach dem die Casa del Fauno benannt ist, wurden eingeführt oder bei wandernden griechischen Werkstätten in Auftrag gegeben. Auch die Mosaiken, mit denen die repräsentativeren Räume des Hauses ausgelegt waren, unterscheiden sich kaum von denen, die man auf Delos und in anderen griechischen Städten gefunden hat. Erotische Gruppen in Gestalt von Satyr und Nymphe waren eines der beliebtesten Sujets der Kunst des späteren Hellenismus. Das Mosaik lag in einem Schlafzimmer (Nr. 2 auf Abb. 5) am tuskanischen Atrium.

Tafel 2 Mosaik mit Darstellung von Fischen und anderen Meerwesen. Wie die meisten Motive der Mosaiken der Casa del Fauno geht auch dieses auf ein berühmtes Vorbild zurück, das man im Museion, dem Gelehrtenzentrum am Hof von Alexandrien vermutet hat. Die genaue Darstellung der Tiere zeigt naturkundliches Interesse an. Gleichzeitig handelt es sich bei einem Teil der dargestellten Fische um beliebte Leckerbissen. Deshalb eignete sich das Motiv gut für einen Speiseraum (Nr. 3 auf Abb. 5).

Tafel 3, 1 Dedikationsinschrift des sog. Odeion *(theatrum tectum)*: Die beiden leitenden Beamten der Stadt *(duoviri)* C. Quinctius C. f. Valgus und M. Porcius M. f. haben die Durchführung und Abnahme des vom Stadtrat beschlossenen Baues geleitet: *C. Quinctius C. f. Valg(us), M. Porcius M. f. duovir(i) dec(urionum) decr(eto) theatrum tectum fac(iundum) locar(unt) eidemq(ue) prob(arunt)* (Degrassi I Nr. 646).

Tafel 3, 2 Luftaufnahme des Amphitheaters *(spectacula)*. Man sieht, wie der Bau sich an die Stadtmauer anlehnt, davor das weite Gelände des erst in augusteischer Zeit erbauten Campus für die Jugend (vgl. Abb. 59, 60).

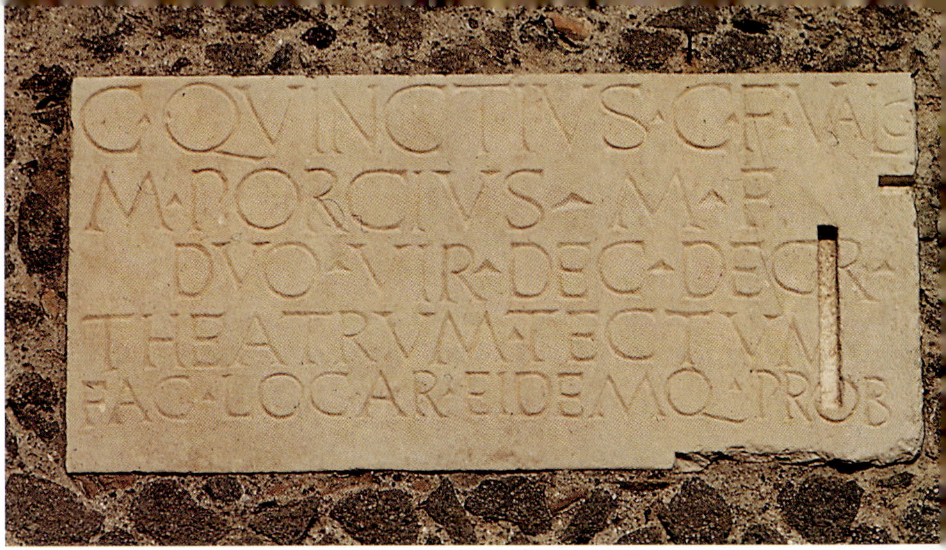
C·QVINCTIVS·C·F·VAL
M·PORCIVS·M·F
DVO·VIR·DEC·DECR
THEATRVM·TECTVM
FAC·LOCAR·EIDEMQ·PROB

Tafel 5 Grabbauten an der Straße vor der Porta di Nocera. Erst die Kolonisten brachten diese aufwendigen Formen der Selbstdarstellung mittels eines Grabmonumentes nach Pompeji. Größe und Aufwand der Bauten sollten Ansehen und Rang der einzelnen Persönlichkeiten und ihrer Familien möglichst eindrucksvoll zum Ausdruck bringen. Dabei spielte die Lage (möglichst an einer besonders frequentierten Straße und nahe dem Stadttor) eine wichtige Rolle. Größe und kunstvolle Gestaltung waren wesentliche Kriterien beim gegenseitigen Konkurrieren der Grabherren und ihrer Familien.

Tafel 4 Sog. Odeion *(theatrum tectum)*, Abb. 27. Einer der beiden Silene, die mit ihrem Rücken die äußeren Abschlußmauern *(analemmata)* des Sitzrundes *(cavea)* abstützen. Dieselbe Bauhütte scheint das Theater von Pietrabbondante gebaut zu haben, in dem sich die samnitischen Bergvölker zu versammeln pflegten.

Tafel 6 Blick in den rekonstruierten Teil der Säulenhallen des Apollo-Tempels. Der Tempel wurde in augusteischer Zeit gründlich erneuert und verschönert. Zu den damals neu gestifteten Votiven gehörten vermutlich auch zwei aufwendige Bronzestatuen, die Apollo (im Bild) und Diana als Bogenschützen darstellen. Aufgrund der Formgebung handelt es sich bei den künstlerisch eher bescheidenen Arbeiten vermutlich um Weihegaben des späteren 1. Jahrhunderts v. Chr.

Tafel 7 Zwei Marmorkapitelle des Fortuna-Tempels. Die Bauornamente der neuen Kultbauten augusteischer Zeit zeigen eine bis dahin in italischen Bildhauerwerkstätten nicht gekannte Qualität der Ausführung. Dabei spielten Vorbilder aus Rom eine wesentliche Rolle.

Tafel 8, 1 Wasserschloß vor der Porta di Vesuvio. Das Wasser wurde von dem aus den Bergen kommenden Aquädukt zunächst in solche großen Verteiler geleitet und von diesen dann über die ganze Stadt hin verteilt.

Tafel 8, 2 *Campus*, sog. Palästra. Der aus drei sehr langen Portiken und einem großen, parkartigen Areal bestehende Bau wurde in augusteischer Zeit vor allem als ein Freizeitzentrum für die Jugend errichtet. Im Vordergrund sieht man die bei den Ausgrabungen konservierten Hohlräume des Wurzelwerkes der hohen Bäume, die hier einst standen.

Viermal Pompeji
Stadtbilder als Spiegel von Gesellschaft und Mentalität

Die Erfahrungen mit der »Unwirtlichkeit« unserer Städte haben uns sensibilisiert für Erscheinungsbild und Wirkung städtischer Umgebung. Nie zuvor ist soviel über die Stadt als Lebensraum diskutiert worden wie in den letzten beiden Jahrzehnten. Dabei ist der enge Zusammenhang zwischen wirtschaftlichen, sozialen, gesundheitlichen und in umfassendem Sinne kulturellen Befunden einer Gesellschaft und dem Erscheinungsbild der entsprechenden Städte immer deutlicher geworden. Im Laufe von nur einer Generation beherrschten die gegensätzlichsten Visionen und Wertvorstellungen die Diskussion, von der autogemäßen Stadt zu den Fußgängerzonen, von den nachts ausgestorbenen Cities zu den Freizeit- und Einkaufszentren, von den Trabanten- und Schlafstädten zum Luxusappartement in der Altstadt.

Diese bedrängenden Gegenwartserfahrungen und die entsprechenden Diskussionen haben auf die historischen Disziplinen überaus anregend gewirkt. Das Thema Stadt ist seit langem in aller Munde. Unter den vielen neuen Fragestellungen scheint die nach dem Gesamtbild einer Stadt in einer bestimmten historischen Periode besonders fruchtbar und reizvoll, die Frage also nach der Stadt in ihrer materiellen und ästhetischen Gestalt als Spiegel des Zustandes und der Mentalität der in ihr lebenden Gesellschaft. Es geht hier darum, Stadtanlagen, Architekturen und Bildzeichen jeder Art sowie die sich in deren Rahmen vollziehenden Rituale und Lebensabläufe als eine kohärente Struktur zu verstehen, als Ausdruck von Bedarf, Wertewelt, Erwartungen und Hoffnungen einer Gesellschaft[1].

Bei günstiger Überlieferung kann die Aussagekraft so verstandener Stadtbilder groß sein. Das gilt besonders für gewachsene Städte, deren Gesicht nicht vom Willen eines Herrschers oder von den ideologischen Vorgaben einer einheitlichen Gesamtkonzeption bestimmt ist. Handelt es sich hier doch um die Verwirklichung vieler anonymer, sich zum

Teil sogar widersprechender Interessen. Diese gerinnen in einem weitgehend selbstläufigen Prozeß zu einer als Gesamtbild keineswegs intendierten Selbstdarstellung der jeweiligen Gesellschaft, während die Handelnden doch oft nur konkreten Bedürfnissen, Sachzwängen oder persönlichen Vorlieben nachzugehen meinten.

Die Wirkung einmal etablierter Stadtbilder auf die Mentalität der Bewohner wird man als Historiker nicht unterschätzen dürfen. Das tägliche Erlebnis des geprägten städtischen Lebensraumes kann integrierend, stabilisierend, ja sogar stimulierend sein. Es kann aber auch Irritationen auslösen, verunsichern, destruktiv auf die allgemeine Befindlichkeit einwirken. Man denke im Rahmen der Antike zum Beispiel an das so gegensätzliche Erscheinungsbild des spätrepublikanischen und augusteischen Rom oder an die Wirkung der in der Periklesszeit errichteten Prachtbauten auf der Akropolis oder an die verfallenen öffentlichen Bauten in den Stadtzentren der späteren Kaiserzeit. In diesem Sinne verstandene Stadtbilder sind jedenfalls ein wesentlicher Bestandteil der jeweiligen Kultur.

Beschäftigt man sich als Archäologe unter solchen Gesichtspunkten mit Pompeji als der besterhaltenen griechisch-römischen Stadt, so begegnet man großen Schwierigkeiten. Denn wir kennen ja eigentlich nur die am 24. August 79 n. Chr. verschüttete Stadt. Die früheren Bauten des damals schon über 600 Jahre alten Pompeji müssen also erst in ihrem ursprünglichen Zustand rekonstruiert und nach ihrer ehemaligen Funktion befragt werden. Viele Elemente einstiger Stadtbilder waren 79 n. Chr. nicht mehr sichtbar. Und die Masse des Erhaltenen und noch immer Auszugrabenden hat bisher – von wenigen Ausnahmen abgesehen – Schichtgrabungen, wie sie sonst üblich sind, in Pompeji verhindert.

Dazu kommt, daß das verschüttete Pompeji keine normale Stadt war. Ein Großteil, vor allem der öffentlichen Gebäude, lag 79 n. Chr. noch in Ruinen, die ein schweres Erdbeben am 2. 5. 62 n. Chr. und vielleicht ein zweites in den 70er Jahren verursacht hatte[2]. Deshalb sind z. B. die Gebäude am Forum für den heutigen Betrachter, vor allem im Gegensatz zu den rekonstruierten Häusern, so unanschaulich. Dem hohen Mauerwerk fehlt der gesamte vor dem Erdbeben vorhandene Marmorschmuck, man gewinnt keinen Eindruck von der Höhe und Wirkung der Bauten usw.

Abb. 1 Forum. Zustand nach dem Erdbeben von 62 n. Chr. und nach den Ausgrabungen. Der heutige Zustand der Ruinen ist verwirrend, weil die meisten Gebäude am Forum bei der Verschüttung der Stadt noch nicht wieder aufgebaut waren. Man hatte nach dem Erdbeben des Jahres 62 n. Chr. den Bauschutt weggeräumt und kostbare Materialien, wie Marmorplatten und Reste des Statuenschmuckes, entfernt, zum Teil auch in Privathäusern wiederverwendet. Daß man sich im Laufe von 17 Jahren noch nicht an den Wiederaufbau dieses Repräsentationszentrums mit dem zentralen Tempel und der Basilika gemacht, wohl aber den Bau einer neuen großen Thermenanlage in Angriff genommen hatte, gibt einen Hinweis auf die Prioritäten, die der Stadtrat *(ordo)* von Pompeji damals setzte. Ein Teil der kostbaren Materialien scheint nach der Verschüttung von den ehemaligen Bewohnern der Stadt »ausgegraben« worden zu sein.

Auch die Forschungstradition ist Fragen nach historischen Zusammenhängen und Veränderungen nicht günstig. Seit Beginn der Ausgrabungen um 1740 haben neben ästhetischen vor allem positivistische Interessen die Untersuchungen bestimmt. Pompeji und Herculaneum wurden zur Hauptquelle unserer Kenntnis der antiken Sachkultur. Entsprechend hat man das Material nach Gattungen und Funktionen rubriziert.

Die Faszination der unmittelbaren Gegenwart des Vergangenen und der in den Ruinen täglich von Tausenden gewonnene, für den Historiker so fatale Eindruck, der Mensch bleibe sich doch letztlich über die Zeiten hin gleich, verführt zudem in Pompeji mehr als anderswo dazu, das Vergangene nicht als Fremdes, sondern eher als Vertrautes zu erfahren.

Die meisten Publikationen über Pompeji, allen voran die Standardwerke von Johannes Overbeck und August Mau, sind topographisch gegliedert und haben hierin vorbildhaft gewirkt. Das hatte aber zur Folge, daß es bis heute kaum Versuche gibt, die Stadt als Ganzes in den Blick zu bekommen und dabei die verschiedenen historischen Schichten voneinander abzuheben. Die Geschichte Pompejis zerfällt weiterhin in eine Geschichte der einzelnen Gebäude, ohne daß größere Zusammenhänge faßbar würden.

Es soll hier versucht werden, wenigstens für den Bereich der öffentlichen Gebäude drei historische Strukturen voneinander abzuheben: die hellenisierte samnitische Stadt des 2. Jhs. v. Chr., die Veränderungen nach der Gründung der römischen Kolonie 80 v. Chr. und die neuen Stadtbilder der frühen Kaiserzeit. Dabei stützt sich der Verfasser dankbar auf eine Fülle archäologischer und epigraphischer Spezialforschungen, die gerade in den letzten zwei Jahrzehnten viele neue Ergebnisse erbracht haben. Die im archäologischen Bereich meist gattungsbezogenen, im epigraphisch-historischen überwiegend sozial- und wirtschaftsgeschichtlich ausgerichteten Arbeiten sollen für eine synchrone kultur- und mentalitätsgeschichtliche Fragestellung ausgewertet werden. Das einzelne Monument tritt dabei notwendigerweise zurück, denn es geht darum, bestimmte Eigenarten an ganz unterschiedlichen Denkmälern aufzuzeigen und als Zeugnisse spezifischer historischer Situationen und kultureller Tendenzen zu interpretieren, wobei der vorgegebene Rahmen zu einer gelegentlich vielleicht allzu plakativen Form der Darstellung geführt hat.

Von den ersten vierhundert Jahren der Geschichte Pompejis weiß man noch immer sehr wenig. Nach den jüngsten Untersuchungen durch Stefano de Caro[3] stammt eine erste Mauer aus Tuff- und Lavamaterial, die bereits die gesamte Fläche des ca. 63,5 ha großen Lavarückens umschloß, schon aus dem 6. Jh. v. Chr. Ihr folgte im frühen 5. Jh. dann eine Kalksteinmauer, die vor der samnitischen Aggermauer (Ende des 4. Jhs. v. Chr.) lag. Die erste Mauer könnte auf den Versuch eines Synoikismos der umliegenden Dörfer unter etruskischem Einfluß hindeuten, und zwar zum Zwecke der Sicherung des strategisch und wirtschaftlich interessanten Platzes an der Mündung des Flusses Sarno gegen die campanischen Griechenstädte. Im Laufe weniger Jahrzehnte entstand ein kleiner Stadtkern um das spätere Forum mit dem Apollotempel (die sog. Altstadt) und auch der dorische Tempel am sogenannten Foro triangolare. Der weitaus größte Teil der ummauerten Stadtfläche aber scheint landwirtschaftlicher Nutzung gedient zu haben.

Aufgrund der Keramikfunde kann man eine Periode relativer Blüte und reger Handelsbeziehungen für die zweite Hälfte des 6. und für das frühere 5. Jh. v. Chr. erschließen. Im Laufe des 5. Jhs. scheint eine deutlich rückläufige Entwicklung eingetreten zu sein. Die kleine Siedlung auf dem quellenlosen Lavasporn muß dahinvegetiert haben, bis im späteren 4. und 3. Jh. die Samniten aus dem bergigen Hinterland in die Ebenen und in die Küstenstädte drängten. Ein Teil der heute noch erhaltenen Mauer, die ältesten Kalksteinhäuser und die Auslegung des Straßennetzes im Norden und Osten stammen aus dieser Zeit und bezeugen ein Aufblühen. Doch sind keine gleichzeitigen öffentlichen Bauten erhalten.

Pompeji war seit den Samnitenkriegen als Bündner Roms zur Heeresfolge verpflichtet, konnten jedoch im Inneren seine Geschicke selbst bestimmen. Die Sprache war Oskisch. Erst im Laufe des späteren 2. Jhs. gewinnt man ein konkretes Bild von einer spezifischen kulturellen Erscheinungsform der Stadt.

DIE HELLENISTISCHE STADT DER OSKER

Die oskische Stadt des 2. Jhs. v. Chr. ist geprägt von großem privatem Reichtum und vom Bestreben der Oberschicht, an der hellenistischen Kultur teilzuhaben und dadurch »zur Welt« zu gehören. Nach der großen römischen Expansion im Osten und Westen des Mittelmeeres blieben die italischen Bundesgenossen vom römischen Bürgerrecht und damit von der vollen Teilhabe an der Macht ausgeschlossen. Die ganze Energie der führenden Kräfte in den Städten Mittelitaliens und Campa-

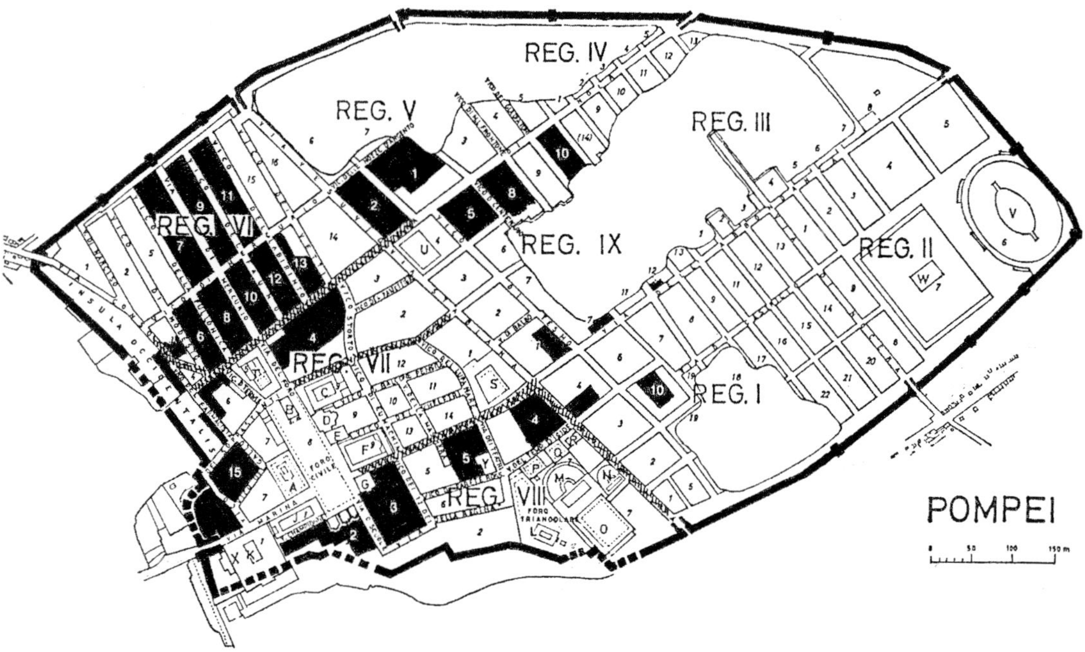

Abb. 2 Verteilung der repräsentativen Wohnbauten im 2. Jh. v. Chr. (nach H. Lauter). Die größten und aufwendigsten Häuser wurden in dieser Zeit vor allem im Norden (Reg. VI) gebaut, wo große, gleichmäßig geschnittene *insulae* eine großzügige Planung ermöglichten. In den verwinkelten Straßen der Reg. VII östlich vom Forum standen zu dieser Zeit anspruchslose Holzbauten, die überwiegend Gewerbetreibenden dienten.

niens wandte sich in dieser Situation dem Erwerb von privatem Reichtum zu. Das geschah vor allem durch Steigerung der landwirtschaftlichen Produktion und durch Export.

Um und nach 150 v. Chr. konnten offenbar auch die führenden Familien Pompejis große Vermögen bilden. Grundlage war die Wein-, vielleicht auch die Ölproduktion. Aufgrund von Amphorenformen und Stempeln kann man den Weinexport campanischer Familien bis nach Gallien und Spanien nachweisen. Die Produktion konnte durch rationellere Anbaumethoden in Gütern mittlerer Größe, wie sie von Cato beschrieben werden, und durch die Beschäftigung von Sklaven gesteigert werden. Dazu kam vor allem die Beteiligung am Osthandel. Inschriften mit den Namen von *negotiatores* aus campanischen Städten findet man in der ganzen östlichen Mittelmeerwelt, besonders aber auf Delos, das seit 166 v. Chr. Freihafen war und wo z. B. in den besten Zeiten täglich 10 000 Sklaven verkauft worden sein sollen[4].

So kamen die Mitglieder der städtischen Oberschicht in unmittelbaren Kontakt mit der griechisch-hellenistischen Welt und wurden wie die römischen Aristokraten in einen stürmischen Akkulturationsprozeß hineingerissen, der aber in den »freien« Städten der italischen Bündner im Gegensatz zu Rom und seinen Koloniestädten auf keinerlei politisch-ideologische Behinderungen stieß. Hier konnte sich die hellenistische *luxuria* uneingeschränkt entfalten[5].

Die »Stadtpaläste« der alten Familien

Das Stadtbild des oskischen Pompeji spiegelt um 100 v. Chr. diese Situation in eindrucksvoller Weise wider. Es ist geprägt von aufwendigen privaten Wohnhäusern sowie von eindrucksvollen, kulturellen und wirtschaftlichen Interessen dienenden Gemeinschaftsbauten. Im Bereich der im engeren Sinne politischen Bauten am Forum dagegen ist eine nur mit vielen Unterbrechungen langsam vorankommende Hellenisierung des städtischen Erscheinungsbildes zu beobachten. Die führenden Familien haben ihre Selbstverwirklichung offenbar nicht primär im Bereich der städtischen Politik gesucht.

Wenn wir von dieser These ausgehen, ist es berechtigt, die Skizze des Profils der hellenisierten Stadt mit den aufwendigen Stadthäusern in der

Abb. 3 Hausfassaden der Wohnhäuser der Oberschicht in Reg. VI. Die Fassaden dieser Häuser aus dem 2. Jh. v. Chr. sind noch heute leicht an den Mauern aus sauber geschnittenen Tuffsteinblöcken zu erkennen. Die Eingänge sind oft mit profilierten Türgewänden, gelegentlich auch durch reich skulptierte Kapitelle (vgl. Abb. 6–7) geschmückt.

Regio VI (Abb. 2) zu beginnen. Man erkennt sie noch heute leicht an ihren Fassaden aus sauber geschnittenen braunen Tuffsteinblöcken (Abb. 3) und an den nicht selten mit aufwendigen Türgewänden und Kapitellen geschmückten Eingängen (Abb. 4). Das bekannteste dieser Häuser, die Casa del Fauno (Abb. 5)[6], nimmt die gesamte Fläche einer der charakteristischen langgezogenen *insulae* ein, ca. 2940 qm.

Bei einer Analyse des Grundrisses dieses Hauses fällt sogleich auf, daß nur ein kleiner Teil der überbauten Fläche dem eigentlichen Wohnbedarf diente, ungefähr zwei Drittel aber von den beiden Peristylhöfen eingenommen werden, die mit öffentlichen Säulenhallen konkurrieren könnten und die luxuriöse Selbstdarstellung der Familie eindrucksvoll zum Ausdruck bringen. Der erhaltene Bestand des Hauses geht auf eine Erweiterung und Erneuerung im späten 2. Jh. v. Chr. zurück. Aber bereits in der ersten Hälfte des 2. Jhs. waren dieses und zahlreiche andere Häuser in der Stadt mit doppeltem Atrium, hohen und weiten Räumen und einem aufwendig ausgestalteten Portal geradezu palastartig konzipiert.

Der neue Raumluxus hat tatsächlich fürstliche Dimensionen. Weder aus italischen noch griechischen Städten kennt man aus früherer Zeit eine vergleichbare Großräumigkeit im privaten Wohnbau. Die Häuser in neu geplanten klassischen Poleis des 4. Jhs. nehmen nur etwa ein Zehntel der Fläche der Casa del Fauno ein[7], und die aufwendigeren Häuser im Theaterviertel auf Delos aus dem 2. Jh. v. Chr. weisen um die 400 qm umbauten Raumes auf. Mit Recht stellte H. Lauter fest, daß nur fürst-

Abb. 4 Rekonstruktion eines Straßenbildes der hellenisierten oskischen Stadt (nach F. Krischen).

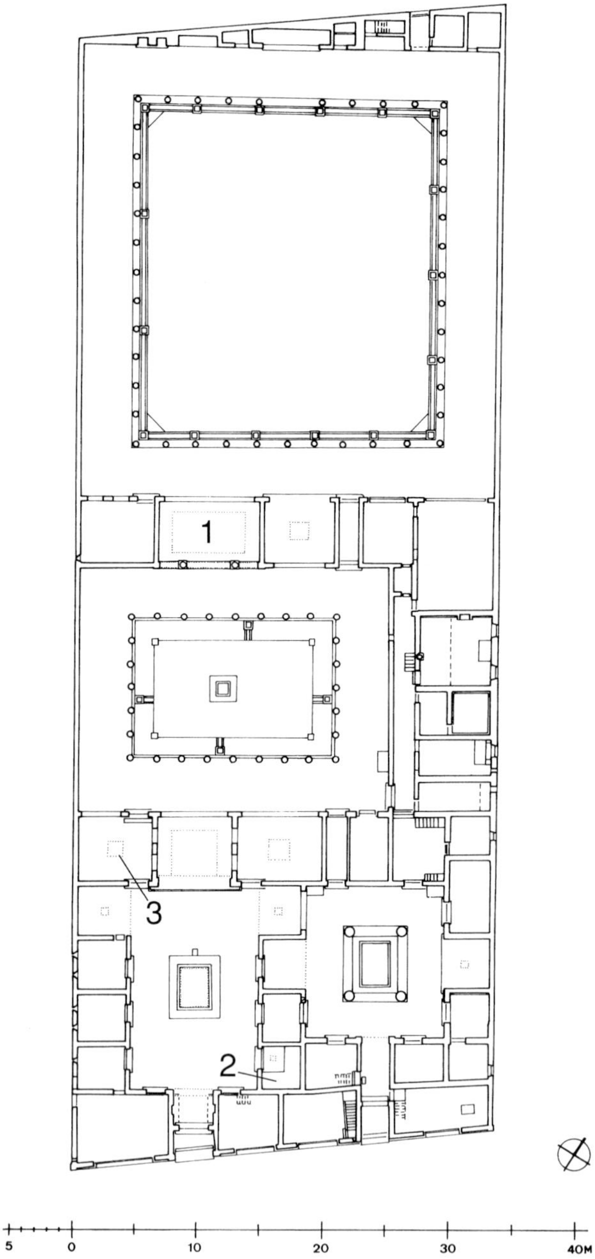

42 *Viermal Pompeji*

liche Häuser wie der Palazzo delle Colonne in Ptolemais (3000 qm) oder die Paläste in Pella (z. B. Nr. I, 1 mit ca. 5240 qm) für einen Vergleich in Frage kommen[8].

Die samnitischen Agrarier und Handelsherren eigneten sich den Luxus der hellenistischen Welt demnach in ähnlich exzessiver Weise an wie die römischen Aristokraten in ihren etwa gleichzeitig am Golf von Neapel entstehenden Luxusvillen[9]. Aber anders als für die römischen Senatoren, die sich in Rom selbst gegenseitig noch zur Zurückhaltung gegenüber der griechischen *luxuria* zwangen, galten für die reichen Pompejaner offenbar keinerlei Restriktionen. Im Gegenteil: Die neu erworbene griechische Kultur wird stolz zur Schau gestellt. Schon die sorgfältig ausgeführte Bauornamentik am Eingang und die Mosaiken zeigen den Anspruch. Besonders eklatant wird das an den Figuralkapitellen meist dionysischer Thematik, die sich einige Hausbesitzer leisteten.

Auf den Kapitellen am Eingang zur Casa dei Capitelli figurati VII, 4, 57 (Abb. 6. 7), direkt gegenüber der Casa del Fauno, wird zum Beispiel geradezu ein dionysisches Programm entfaltet[10]. Zur Straße gewandt, sah man rechts und links je einen Satyrn und eine Mänade. Der ältere Satyr auf der rechten Seite lehnt sich betrunken zur Mänade zurück, der auf der linken dagegen zieht seine Partnerin begehrlich an sich. Auf der Eingangsseite der beiden Kapitelle sind als Gegenbilder zu den dionysischen Paaren zwei bürgerliche Paare offenbar beim Symposion gezeigt. Die Männer haben nackte Oberkörper, die Frauen sind in der üblichen Dezenz in ihre Gewänder gehüllt. Aber durch Umarmung und Zuwendung wird deutlich gemacht, daß es auch hier um Wein und Liebe geht. Der Hausherr identifiziert sich also durch diese Gegenüberstellungen in geradezu spektakulärer Weise mit dem dionysischen Lebensgenuß, wie ihn die Könige des Ostens feierten und wie er sich in den Griechenstädten seit langem entfaltet hatte. Man bekannte sich also zu einer spezifischen Form griechischer Kultur. Die extrovertierte Selbst-

Abb. 5 Casa del Fauno. Reg. VI 12, Grundriß (nach A. Hoffmann). Das Haus nimmt eine ganze *insula* ein (2940 qm). Die Räume sind um zwei Atrien und zwei Peristylhöfe angeordnet. Ein solcher Raumluxus findet im griechischen Osten seine Entsprechung nicht in Stadthäusern, sondern nur in »Palästen«, wie sie z. B. in der makedonischen Residenzstadt Pella ausgegraben worden sind.

Abb. 6–7 Zwei *Capitelli figurati;* einst am Eingang des gleichnamigen Hauses, gegenüber der Casa del Fauno, jetzt im Museum von Pompeji. Auf dem Kapitell zur Rechten des Einganges ist der Hausherr mit nacktem Oberkörper zusammen mit seiner Frau beim Gelage dargestellt. Ihnen gegenüber ein betrunkener Satyr mit

darstellung mittels der Kapitelle darf besonderes Interesse beanspruchen, da die Dionysos-Vereine von Rom aus gerade in jener Zeit durch die Bacchanaliengesetze als besonders unmoralisch und aufrührerisch verfolgt wurden.

Solche Formen der Übernahme griechischer Bilder müßten zusammen mit der übrigen Ausstattung der pompejanischen Häuser des 2. Jhs. v. Chr. eingehend untersucht werden. Dabei würde sich zeigen, wie offenbar die gesamte Hausausstattung als Zurschaustellung der griechischen Luxuskultur und als Identifikation mit deren Werten konzipiert war. Hier müssen wenige Andeutungen genügen.

Der Besitzer der Casa del Fauno nobilitierte sein eindrucksvolles altväterisch-archaisierendes Atrium in tuskanischem Stil mit der Blend-

einer Mänade. Mit dieser Art von Selbstdarstellung identifiziert sich der Hausbesitzer mit der Vorstellung von dionysischem Lebensgenuß als einem zentralen Wert der Gesellschaft.

architektur eines zweiten Geschosses mit ionischen Säulen (Abb. 8) und scheute sich nicht, den Besucher bereits in den *fauces* durch eine aufwendige Zierarchitektur zu beeindrucken. Doch waren die Stuckfassaden der beiden Tempelchen in Höhe von etwa 2,5 m zu groß proportioniert für den vergleichsweise engen Hauseingang und müssen einen eher bedrängenden als großartigen Eindruck gemacht haben. Die fast zwanghafte Extrovertiertheit dieses Geschmacks, verbunden mit Unsicherheit in der Anwendung der einzelnen Schmuckelemente, scheint charakteristisch für die Mentalität der Oberschicht des oskischen Pompeji in dieser Phase der Akkulturation. Alles mußte griechisch und, wenn möglich, von bester Qualität sein. Der Verputz imitierte kostbare Marmorplatten, Möbel und Gerät wurden aus dem Osten ein-

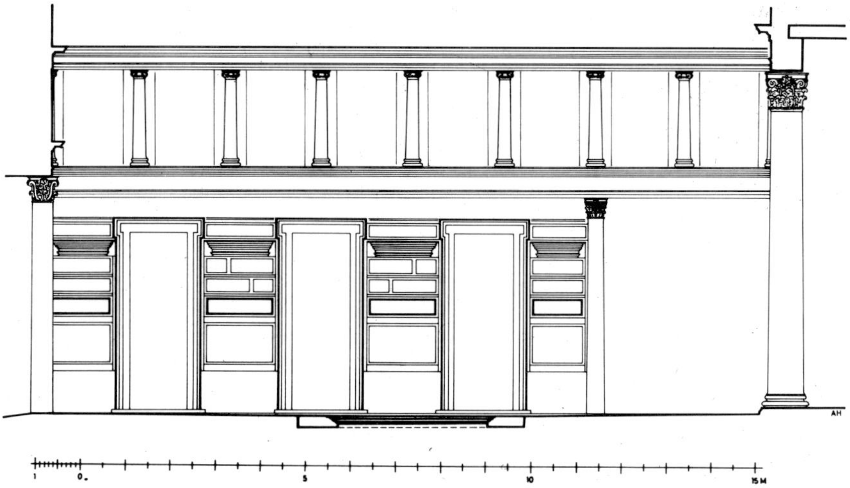

Abb. 8 Casa del Fauno. Reg. VI 12. Rekonstruktion der Westwand des tuskanischen Atriums (nach A. Hoffmann). Das große Atrium in »tuskanischer« Art bildete den repräsentativen Empfangsraum des Hauses. Während man sich in der Raumform selbst an die italische Tradition hielt (Atrium ohne Säulen um das Impluvium), bediente man sich bei der architektonischen Gestaltung der Wände des reichen Formenschatzes der hellenistischen Architektur (hohe, profilierte Türgewände, Säulen und Halbsäulen etc.). Dieselbe Verbindung traditionell italischer und hellenistischer Raumformen findet man in der Gestaltung des Grundrisses mit zwei Peristylhöfen.

geführt, man stellte griechische Bronzestatuetten auf und ließ sich die teuersten Mosaiken in die Wohn- und Repräsentationsräume legen.

Das »Programm« der Mosaiken[11] zeigt, daß die hier tätigen Meister über die in der ganzen hellenistischen Welt gängigen Kartons verfügten. Man könnte die Ikonographie dieser Mosaiken als Summe des Erstrebenswerten in der ganz auf Lebensgenuß ausgerichteten Kultur des späteren Hellenismus interpretieren. Der unmittelbare Zusammenhang mit der Lebenswelt wird an Beispielen wie dem erotischen Symplegma in einem Schlafzimmer (Cubiculum Abb. 5 Nr. 2; Taf. 1) oder dem Stilleben mit den köstlichen Tafelfischen in einem der Speisezimmer (Abb. 5 Nr. 3) deutlich (Taf. 2).

Die Besitzer dieser prächtigen Häuser fühlten sich ganz der griechischen Kultur ihrer Zeit zugehörig, auch in ihrem täglichen Leben. Und

Abb. 9 Casa del Fauno, Reg. VI 12. Blick vom Atrium in die beiden Peristylhöfe. Der Gast konnte schon vom Eingang und vom Atrium aus in die hintereinander gestaffelten Peristylhöfe sehen. So entfaltete sich ihm der ganze Raum-Reichtum des palastartigen Hauses.

auf diese Zugehörigkeit war man stolz, bekannte sich zu ihr: Schon an der Schwelle zum Atrium des Hauses lag ein breiter Mosaikstreifen mit zwei Masken der tragischen Muse und mit dionysischen Tympana, gerahmt von einer üppigen Girlande voller Früchte. Auch Bildung war ein Element dieses genußreichen Lebensstils.

Am evidentesten aber wird die stolze Identifizierung des Hausherrn mit der hellenistischen Kultur in dem berühmten Alexandermosaik (Abb. 10). Es war in der Achse des Hauses, von beiden Peristylen her einsehbar, in einer eigens dafür gebauten und durch zwei korinthische Säulen auf hohen Sockeln festlich herausgehobenen Exedra ausgelegt. Eine exzellente Werkstatt hat hier ein berühmtes Gemälde der Zeit um 300 v. Chr. kopiert, das wahrscheinlich die Schlacht von Gaugamela darstellt und vom griechischen Maler Philoxenos von Eretria stammt[12]. Gleichzeitig ließ der König von Pergamon berühmte Gemälde klassischer

Abb. 10 Alexandermosaik aus der Casa del Fauno, Neapel, Museo Nazionale (nach F. Mazois). Das Mosaik kopiert ein berühmtes hellenistisches Schlachtengemälde aus der Zeit um 300 v. Chr. Es war in einer großen Exedra zwischen den beiden Peristylhöfen (Abb. 5 Nr. 3) ausgelegt, so daß es von beiden Seiten betrachtet werden konnte. Kunstbesitz wird hier zu einer aufdringlichen Schaustellung hellenistischer Kultur. Indem der Hausherr den Mythos Alexanders des Großen feiert, beweist er seine Zugehörigkeit zur griechischen Welt. Die Umsetzung der großen Malerei in ein haltbareres Bodenmosaik stellt ein eigenartiges Akkulturationsphänomen dar.

Zeit in Delphi kopieren. Das Alexandermosaik ist in der Casa del Fauno wie ein großes Gemälde in einem eigenen Raum ausgestellt. Der Hausherr hat es in dem haltbareren Material der Mosaiksteinchen fertigen lassen. Vielleicht schätzte er den zusätzlichen Genuß der technischen Perfektion bei der Umsetzung des Gemäldes ins sperrige Material des Mosaiks. Man wüßte gerne, ob die Exedra benutzt worden ist, ob man sie betreten konnte oder ob sie nur der Ausstellung des Mosaiks diente. Stolzer Kunstbesitz also, aber auch fast aufdringliche Bildungsgebärde und Huldigung an die größte Gestalt der hellenistischen Welt. Übrigens sollte man sich keine allzu überschwenglichen Vorstellungen von der Art der Kunstbildung des Hausherrn machen. Unmittelbar vor dem Alexandermosaik lag nämlich ein recht naiv gestaltetes Nilmosaik mit lustigem Krokodil, Nilpferd und anderem exotischem Getier.

Die Schicht der Wohlhabenden, die an der hellenistischen Kultur teilhatten, muß in der kleinen Stadt verhältnismäßig breit, die entsprechenden Vermögen müssen differenziert gestaffelt gewesen sein[13].

Das läßt sich wohl aus den verschiedenen Größen der in derselben sorgfältigen Bautechnik errichteten Tuffhäuser im Nordviertel folgern. Neben der Casa del Fauno gibt es solche, die die Hälfte, ein Viertel oder ein Achtel oder auch noch weniger der Fläche einer *insula* einnehmen (Abb. 11). Trotz dieser Größenunterschiede war die Qualität der Bauten, der architektonischen Schmuckelemente und, soweit sie erhalten ist, der Ausstattung jedoch gleich hoch.

Die wohlhabendsten Häuser lagen an den wichtigsten Geschäftsstraßen. Die reichen Familien nutzten diese Lage und hatten offenbar schon im früheren 2. Jh. v. Chr. bei ihren Neubauten Wert darauf gelegt, daß an der Straßenseite Ladenräume eingeplant wurden. Diese Geschäftslokale waren oft mit Schlafräumen in einem Halbgeschoß (Pergola) über dem Laden verbunden. *Natus in pergola* nannte man einen, der aus ganz kleinen Verhältnissen stammte. Diese Läden wurden von der Klientel der reichen Familie betrieben, meist werden es Sklaven oder Freigelassene gewesen sein. Der Grundriß der Häuser spiegelt hier also auch die alten patriarchalischen Strukturen der pompejanischen Gesellschaft.

In der sogenannten Altstadt, vor allem östlich hinter dem Forum, müssen die Ärmeren gewohnt haben. Daß es hier keine Reste von Tuffhäusern gibt, erklärt sich zwanglos mit der Annahme von einfachen Fachwerkbauten.

Die hellenistischen Kulturbauten beim archaischen Tempel

Auch die meisten öffentlichen Bauten der spätsamnitischen Zeit sind vom Verlangen nach Teilhabe an griechischer Kultur und Lebensart geprägt. Dabei ist auffällig, daß diese Kulturbauten in Pompeji nicht wie in vergleichbaren griechischen Städten derselben Zeit das gesamte

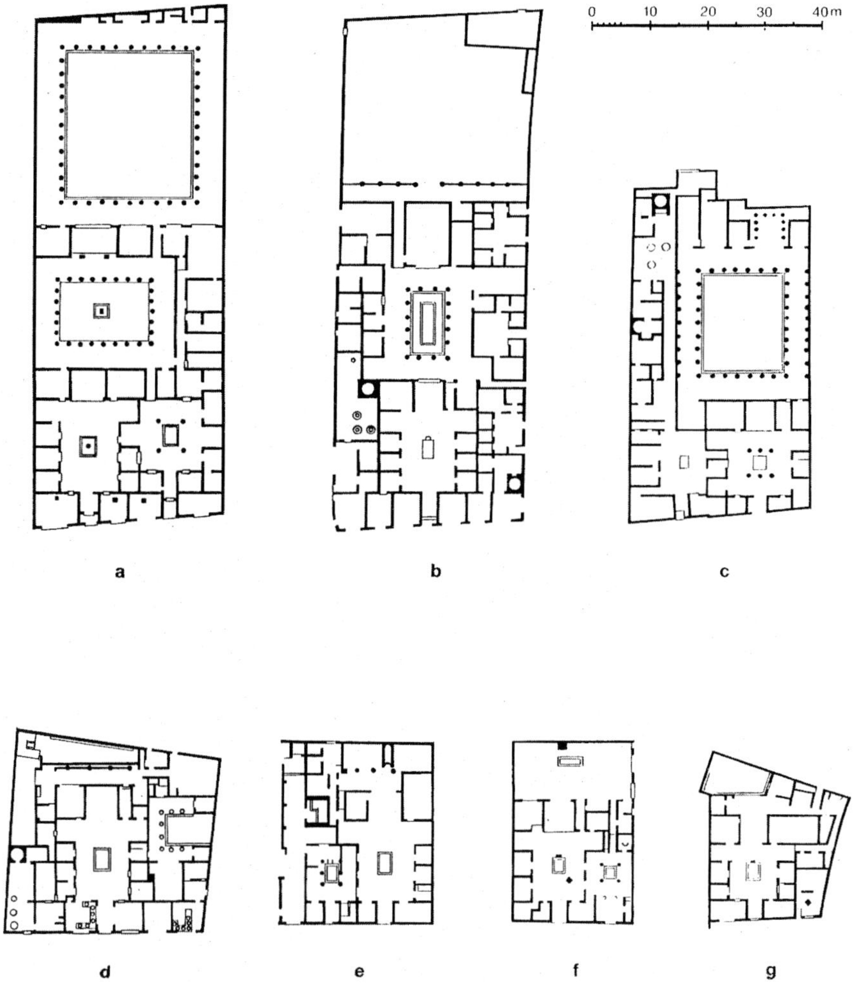

Abb. 11 Größenvergleich von Grundrissen sorgfältig gebauter Tuffhäuser des 2. Jhs. v. Chr. a Casa del Fauno, VI 12 – b Casa di Pansa, VI 6,1 – c Casa del Labirinto, VI 11,10 – d Casa di Sallustio, VI 2,4 – e Casa VI 8,20–22 – f Casa VI 7,20–21 – g Casa del Chirurgo VI 1,10. Die erstaunliche Spannweite der Unterschiede in der Größe des überbauten Raumes dieser Häuser bei gleichermaßen hohem Standard der Ausführung und Ausstattung weist auf eine verhältnismäßig breite Schicht wohlhabender Familien in der oskischen Stadt hin.

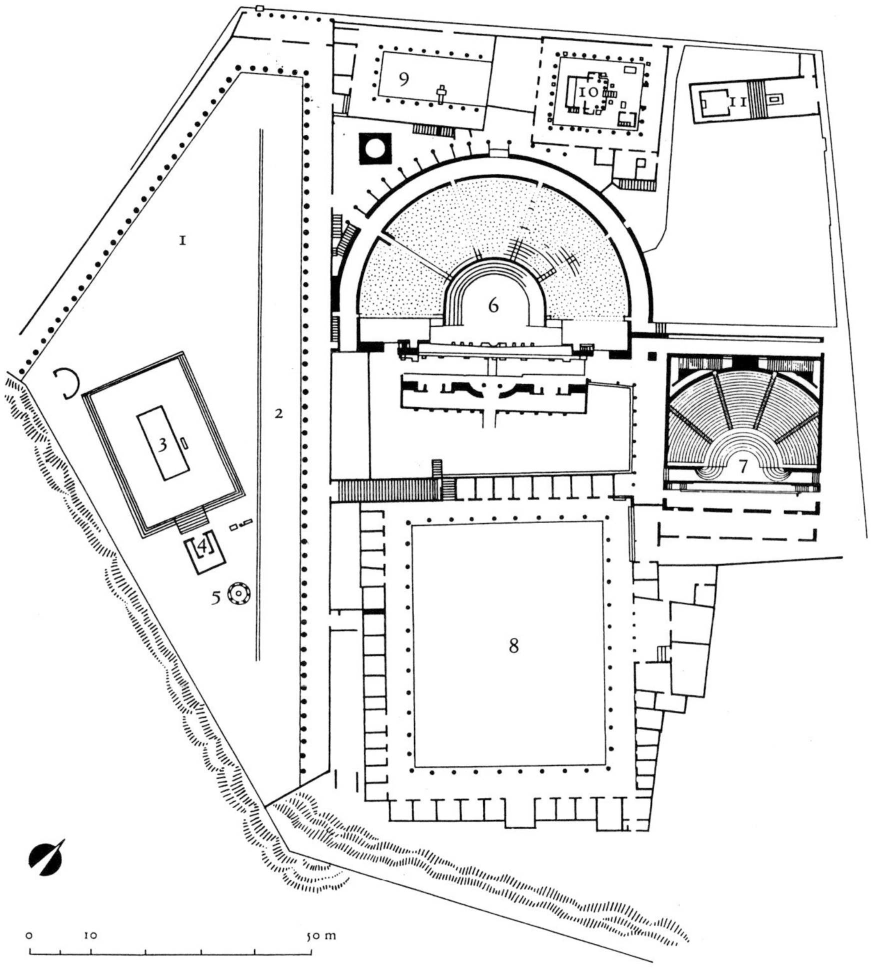

Abb. 12 Theaterviertel, Grundriß. Foro Triangolare (1) mit altem dorischem Tempel (3) und Stadion? (2). – Theater (6) – *theatrum tectum* (7) – Gymnasium? (8) – sog. *palaestra* (9) – Isistempel (10) – Tempel des Zeus Meilichios (11). Es ist ein charakteristisches Phänomen der Akkulturationssituation, daß die neuen hellenistischen Kulturbauten im 2. Jh. v. Chr. nicht voll in die städtische Struktur integriert, sondern am Stadtrand in einer Art von Kulturzentren zusammengefaßt und so gleichsam an die alte Stadt »angebaut« worden sind.

Stadtbild prägen, sondern, abgerückt vom Zentrum, im sogenannten Theaterviertel konzentriert sind (Abb. 12). Bei der Wahl des Bauplatzes für das Theater mag die günstige Hanglage im Süden der Stadt, nahe dem alten dorischen Tempel, den Ausschlag gegeben haben (Abb. 13). Bemerkenswert ist jedoch, daß man innerhalb weniger Jahrzehnte weitere Bauten hellenistischer Kulturpflege in unmittelbarer Nachbarschaft des Theaters errichtete.

Der erste Theaterbau war nach dem Vorbild unteritalischer und sizilischer Theater mit freistehendem Bühnengebäude konzipiert worden. Im Gegensatz zu den in nördlicher gelegenen Städten üblichen »lateinischen« Theatern wurde im früher und intensiver hellenisierten Campanien wie in den Griechenstädten in der Orchestra und auf der hohen, schmalen Bühne gleichzeitig gespielt[14]. Die rekonstruierten Theater von Priene oder Oropos mögen eine Vorstellung von der ursprünglichen Anlage geben[15].

Leider wissen wir nicht, was für Stücke sich die damaligen Pompejaner von den wandernden Schauspielertruppen vorspielen ließen. Sicher waren die nach der benachbarten Stadt Atellae benannten Burlesken im heimischen Oskisch sehr beliebt: derbe Späße mit den vier Figuren *maccus* dem Spaßmacher, *bucco* dem dickbauchigen Tölpel, *pappus* dem geprellten Alten und *dossenus* dem Scharlatan. Ob es gelegentlich auch ins Oskische übersetzte griechische Komödien oder gar Tragödien zu sehen gab, ob die Oberschicht das Griechische so gut beherrschte, daß man klassische Stücke im Original aufführen konnte, und ob man Plautus und Terenz auf Lateinisch aufführte, all das wüßte man gerne[16]. Wegen der späteren Umbauten in der *cavea* kann man leider auch nicht sagen, wie viele Zuschauer in diesem Theater Platz fanden. Für den in augusteischer Zeit erweiterten Bau hat man 5000 Zuschauer geschätzt (vgl. S. 116 ff.).

In Ägypten und anderswo in der Diaspora nannte man die Griechen »die vom Gymnasium« (οἱ ἀπὸ γυμνασίου)[17]. Die Erziehung im Gymnasium, in dem Sport und musisch-intellektuelle Ausbildung nebeneinander betrieben und im Wettkampf ständig gemessen wurden, galt den Barbaren mit Recht als Inbegriff griechischer Kultur und Lebensart. In den Griechenstädten Kleinasiens wurden im 2. Jh. v. Chr. die schönsten neuen Gymnasien aus Marmor errichtet. Auf den gleichzeitigen Grabstelen Jugendlicher werden Ausbildung und Erfolg im Gymnasium stolz

Abb. 13 Theater, Blick auf das Bühnengebäude (Lithographie 1884). Das ausgegrabene Theater ist das Ergebnis mehrerer Umbauten. Der ursprüngliche Bau des 2. Jhs. v. Chr. war nach dem Vorbild unteritalischer und sizilischer Theater mit einer frei stehenden, hohen Bühne konzipiert. Nach den Umbauten in augusteischer Zeit faßte der Bau ca. 5000 Zuschauer, vgl. Abb. 56.

memoriert. Angesichts der politischen Ohnmacht dieser Städte spielten die kulturellen Traditionen eine immer größere Rolle, das Gymnasium wurde mehr denn je zum Eckpfeiler für die Identität der griechischen Stadt-Gesellschaften.

Auch die Pompejaner konnten auf eine entsprechende Einrichtung nicht verzichten, wollten sie sich wirklich als der griechischen Welt zugehörig empfinden. Matteo della Corte hat in seinem in mancher Hinsicht problematischen Buch, Juventus (1924), die Vermutung geäußert, daß das große Peristyl hinter dem Theater[18] (Abb. 14) mit seinen 74 dorischen Säulen aus dem 2. Jh. v. Chr. ursprünglich nicht für die Theaterbesucher als Wandelgänge für die Pausen bestimmt, sondern das Gymnasium des hellenistischen Pompeji war[19]. In der Zeit nach dem Erdbeben diente das Peristyl mit seinen erst damals erbauten zweistöckigen Kammerreihen dann als Gladiatorenkaserne, wie man aus den Funden

Abb. 14 Großer Peristylbau südlich des Theaters, zunächst als Gymnasium (?) gebaut, später als Gladiatorenkaserne genutzt (alte Photographie). Ein Grundrißvergleich mit griechischen Gymnasien spricht für die Hypothese, daß der Bau im 2. Jh. v. Chr. als Gymnasium für die Jugend von Pompeji errichtet worden ist. Dagegen besteht offensichtlich kein ursprünglicher Planzusammenhang mit dem Theater. Die Größe der Anlage legt eine zentrale Funktion des Baues im öffentlichen Leben der Stadt nahe.

der berühmten Helme und aufgrund der Wandmalereien erschließen konnte. Wahrscheinlich hat der Vorschlag della Cortes nicht zuletzt wegen der faschistischen Ideologie und wissenschaftlichen Leichtfüßigkeit des Verfassers kaum Beachtung gefunden. Ein Grundrißvergleich mit griechischen Gymnasien spricht jedoch sehr für seine Hypothese. Für die Proportionen des Baues, das Propylon (Abb. 18) und die östliche Exedra lassen sich gute Parallelen finden. Zudem ist das Peristylgebäude offensichtlich nicht gleichzeitig mit dem Theater konzipiert. Die Außenmauern fluchten nirgends mit der Rückseite des Bühnengebäudes, das durch einen unregelmäßigen Hof vom mutmaßlichen Gymnasium getrennt ist. Die Achse des Peristylkomplexes ist gegenüber dem Theater sogar leicht nach Osten verschoben.

Abb. 15 Rekonstruktion des »Foro triangolare« mit dem archaischen Tempel nach C. Weichardt (1896). Die idealisierende Sicht gibt kein zutreffendes Bild des dorischen Tempels, der ein einfacher Bau mit Terrakotta-Dekorationen war. Der Tempel wurde mehrfach erneuert.

Dagegen besteht eine ursprünglich überdachte Treppenverbindung zu der erheblich höher liegenden Terrasse des alten Tempels (Abb. 15). Hier könnte denn auch, wie della Corte vermutet hat, die Rennbahn, das Stadion des Gymnasiums, gelegen haben. Vor der Ostporticus des heiligen Bezirks ist ein entsprechender Streifen durch eine kniehohe Mauer vom Heiligtumsbezirk abgetrennt. Daß die Länge des vermuteten Stadions nur etwa der Hälfte der üblichen Strecke entspricht, bräuchte nicht gegen della Cortes Hypothese zu sprechen. In der Akkulturationssituation, in der sich die Pompejaner befanden, könnte es entscheidend darauf angekommen sein, überhaupt ein Gymnasium mit Stadion zu besitzen. Ein weltläufiger Bürger freilich mag ein aus Terrainschwierigkeiten verkürztes Stadion als peinlich empfunden haben. Man wüßte im übrigen gerne, wieweit die Jugend der oskischen Stadt wirklich ernsthaft trainiert hat. Doch bislang sind dies alles nur Vermutungen, die durch entsprechende Sondagen allerdings leicht überprüft werden könnten.

Die sogenannte samnitische Palästra[20] nordwestlich vom Theater (Abb. 12 Nr. 9) spricht jedenfalls nicht gegen eine solche Interpretation. Die bescheidenen Ausmaße des Gebäudes erlauben nur begrenzte Aktivitäten. Vielleicht war dies das Gymnasium der Knaben. Die Aufgliederung der Gymnasiasten in zwei oder drei Altersstufen und entsprechende räumliche Differenzierungen sind ja in mehreren hellenistischen Städten belegt[21].

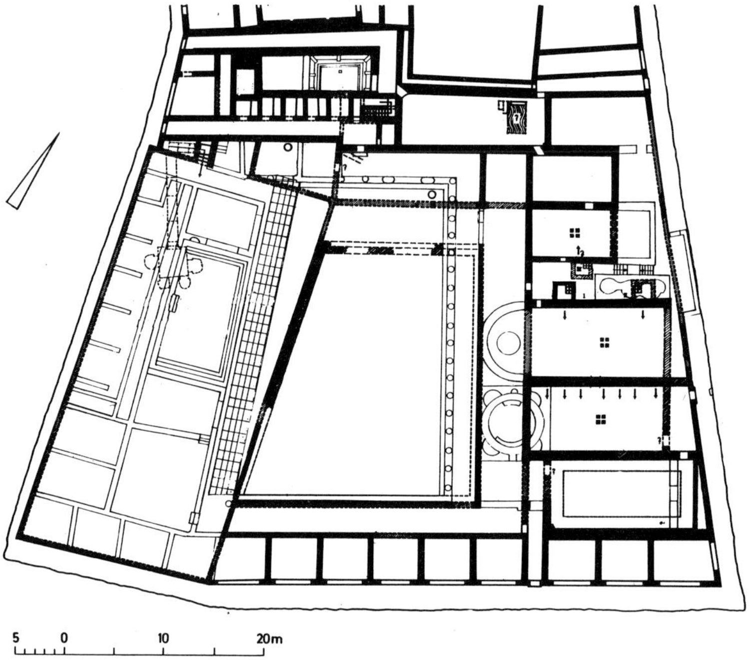

Abb. 16 Grundriß der Terme Stabiane (nach Eschebach). Die römischen Thermen haben sich aus Bädern in griechischen Gymnasien entwickelt. Der Plan dieser ältesten Thermenanlage in Pompeji zeigt indes, daß sie im wesentlichen bereits für den Badebetrieb und kaum mehr für umfangreichere Sportübungen bestimmt war.

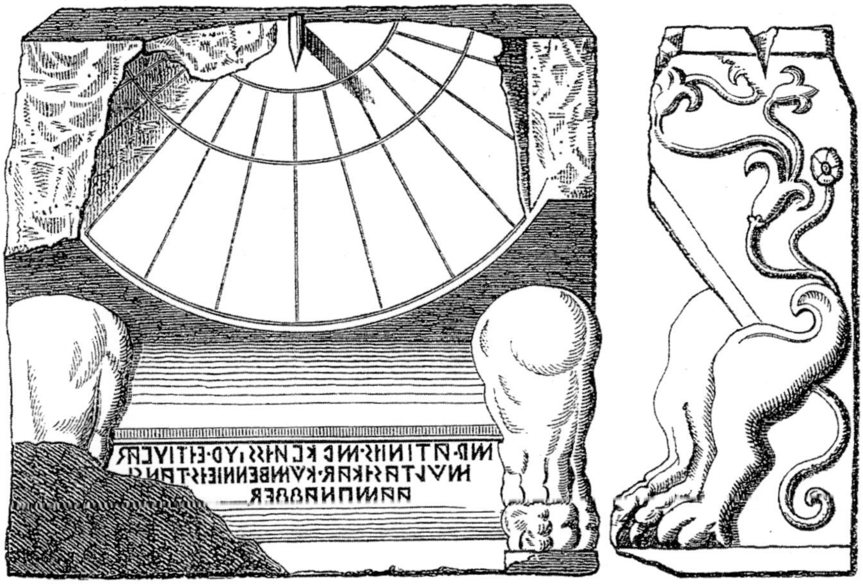

Abb. 17 Marmorne Sonnenuhr aus den Terme Stabiane. Die oskische Inschrift zeigt, daß dieser für hellenistische Gymnasien charakteristische Ausstattungsgegenstand aus der Zeit der Gründung der römischen Kolonie stammt.

In diesen Zusammenhang gehören auch die sogenannten Stabianer Thermen[22] (Abb. 16), die in unmittelbarer Nachbarschaft zum Theaterviertel lagen. Ein älteres, einfaches Reinigungsbad wurde im späteren 2. Jh. zu einer luxuriöseren Thermenanlage mit für Männer und Frauen getrennten Raumfolgen ausgebaut, die bereits über eine moderne Hypokaustenheizung verfügten. Aus dem alten Hof wurde damals ein Peristyl, ähnlich dem der großen Tuffhäuser. Und eine entsprechende Fassade zu der Via dell'Abbondanza hin zeigte den Rang des neuen, repräsentativen Baues an. Daß der Peristylhof zu dieser Zeit bereits über eine gehobene Ausstattung verfügte, bezeugt eine Sonnenuhr (Abb. 17) mit oskischer Stifterinschrift – in Rom war die erste funktionierende Sonnenuhr 164 v. Chr. aufgestellt worden. Leider wissen wir bislang nur wenig über hellenistische Thermenanlagen. Aber es kann kaum zweifelhaft sein, daß wir es auch hier mit einem Element der hellenistischen Kultur zu tun haben. In einem Dorf des Fayum jedenfalls konnten im 3. Jh. v. Chr. sogar Frauen bereits eine öffentliche Thermenanlage benutzen[23].

Die Entwicklung zum Warmbad hat sich vermutlich in den griechischen Gymnasien und Palästren vollzogen. Es wäre interessant zu wissen, wann und wo sich das Reinigungsbad aus dem unmittelbaren Zusammenhang mit dem Sportbetrieb gelöst hat und zum Luxusbad geworden ist. Beim Umbau der Stabianer Thermen war diese Entwicklung jedenfalls bereits weit fortgeschritten, denn der Peristylhof bot kaum mehr genügend Raum zu ernsthaftem Training, und die Annexbauten werden zumindest in Eschebachs Rekonstruktion samt und sonders fürs Baderitual beansprucht.

Doch zurück zum Theaterviertel. Im Zusammenhang mit dem großen späthellenistischen Kultur-Bauprogramm wurde auch der heilige Bezirk des archaischen Tempels neu gestaltet (vgl. Abb. 15)[24]. Man faßte die Terrasse im Osten und Norden mit insgesamt ca. 200 m langen dorischen Säulenhallen ein und öffnete den ganzen Bezirk zur Stadt hin mit einem festlichen Propylon aus sechs hohen ionischen Säulen und zwei Dreiviertelsäulen. Der teilweise wiederhergestellte Bau zeichnet sich durch besondere Qualität aus (Abb. 18). Das Propylon diente nicht nur als Eingang zum nobilitierten Tempelbezirk, sondern auch zum Theater und – wenn della Cortes Hypothese richtig ist – zum neuen Gymnasium. Es war der feierliche Eingang in die griechische Kulturwelt. Die Mauer des Propylon mit den beiden Durchgängen wurde wahrscheinlich nach dem Erdbeben wiederaufgebaut. Die Schwellen geben jedoch noch einen Hinweis auf die ursprüngliche Benutzung dieser Durchgänge. Der mittlere Eingang war für den täglichen Gebrauch bestimmt. Er war interessanterweise nach links ausgerichtet, also zum mutmaßlichen neuen Gymnasium hin. Der breite Eingang in der Achse der östlichen Säulenhalle dagegen wurde vermutlich nur an Festen und Spieltagen für die Prozession und die Theaterbesucher geöffnet.

Nach Ausweis der Dachterrakotten hat man im 2. Jh. v. Chr. auch den alten Tempel renoviert[25]. Man verzichtete dabei aber auf die Peristase und beschränkte sich auf die Wiederherstellung der Tempelcella, des eigentlichen Naos. Diese Entscheidung bei dem gleichzeitigen großen Aufwand für die vielsäuligen Hallen scheint sehr bezeichnend. Es ging

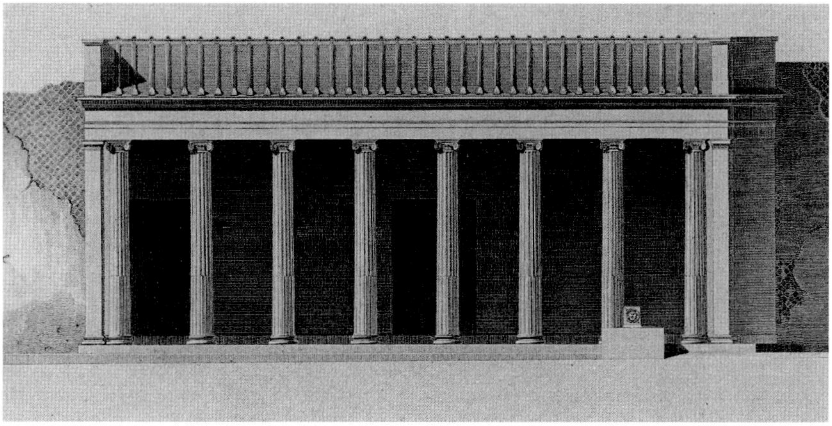

Abb. 18 Propylon am Eingang zum Theaterbezirk (nach Mazois). Im Zusammenhang mit dem »hellenistischen Kulturprogramm« wurde auch der alte Tempelbezirk (Abb. 12) mit Portiken gerahmt und zur Stadt hin mit einem festlichen Propylon mit hohen ionischen Säulen versehen.

hier keineswegs primär um die Erneuerung des alten Kultes, sondern um eine große städtebauliche Geste, mit der man die ästhetisch so eindrucksvollen Architekturen der »modernen« Griechenstädte imitierte. Die schaubildhafte Öffnung der Terrasse zur Ebene hin findet denn auch in kleinasiatischen Bauprogrammen der gleichen Zeit sehr enge Parallelen[26].

Der archaische Tempel bot den Pompejanern natürlich auch eine vorzügliche Gelegenheit, auf die alten griechischen Traditionen ihrer Stadt hinzuweisen. Wenn ein *meddix* – das war der ranghöchste Beamte des oskischen Pompeji – aus einer auch später bedeutenden Familie etwa gleichzeitig mit den Säulenhallen über dem alten Tempelbrunnen einen eleganten Tempietto (Abb. 12 Nr. 5) errichtete, so wird man auch dafür eher ästhetische Beweggründe als eine wirkliche kultische Erneuerung annehmen dürfen.

Die religiösen Interessen der damaligen Pompejaner gingen, wie schon die dionysischen Bilder an den Häusern zeigten, in eine andere Richtung. Es wird kaum Zufall sein, daß sich unter den vielen großen Bauprojekten des 2. Jhs. v. Chr. – sieht man von der (verkleinernden) Renovierung des Apollotempels ab – kein großer Tempelneubau für einen städtischen Kult befindet, wohl aber ein außerhalb der Stadt gelegenes Dionysosheiligtum gefunden wurde[27]. Auch die beiden kleinen Sakralbauten im Theaterviertel verdienen unter diesem Aspekt Aufmerksamkeit. Sowohl der Isistempel (Abb. 12 Nr. 10)[28] als auch der kleine Bezirk für Zeus Meilichios (Abb. 12 Nr. 11)[29] stammen noch aus dem 2. Jh. v. Chr. Es waren private Kultstiftungen für geschlossene Zirkel. Daß sie gerade hier im Theaterviertel errichtet wurden, ist in hohem Maße signifikant. Es handelte sich auch hier um kulturelle Importe. Und die Bauherren suchten offenbar die Nähe zu den griechischen Kulturbauten der Stadt. Aus dem Grundriß des kleinen Zeus-Meilichios-Heiligtums läßt sich die private Initiative noch deutlich ablesen. Andererseits darf man aber zumindest beim Isistempel (Abb. 67. 68), der ja den Zugang zum Theater erheblich behinderte, öffentliche Billigung voraussetzen. In beiden Fällen muß es sich, nach der Größe der Bauten zu schließen, um kleinere Gemeinden gehandelt haben. Der Zeustempel hat geradezu familiären Charakter. Im Gegensatz dazu ist der repräsentative Anspruch der vom Propylon aus zugänglichen öffentlichen Gebäude, Theater, mutmaßliches Gymnasium, sog. samnitische Palästra und Tempelbezirk, evident. Hier wandte man sich auch an die auswärtigen Besucher. Die zur Ebene hin offene Anlage der Tempelterrasse inszenierte diesen modernen »griechischen« Stadtteil geradezu.

Der stockende Ausbau des Forum
Desinteresse am politischen Raum?

Im Gegensatz zu dem Programm der öffentlichen Kulturbauten, das offenbar ohne größere Unterbrechungen verwirklicht wurde, bietet sich im politischen Zentrum der Stadt ein anderes Bild (Abb. 19). Auch hier beginnt man um oder nach der Mitte des 2. Jhs. mit der Planung eines repräsentativen, von einem zentralen Tempel beherrschten Platzes. Entsprechende Vorbilder kannten die Pompejaner aus den frühen römischen *coloniae*, in denen die Capitolia gerne als monumentale Zeichen der Zugehörigkeit zum Römerstaat auf den Fora sinnfällig in Szene gesetzt waren. Im Zusammenhang mit der Konzeption des neuen Jupiter(?)-Tempels muß auch das Forum in seiner späteren Form ausgelegt

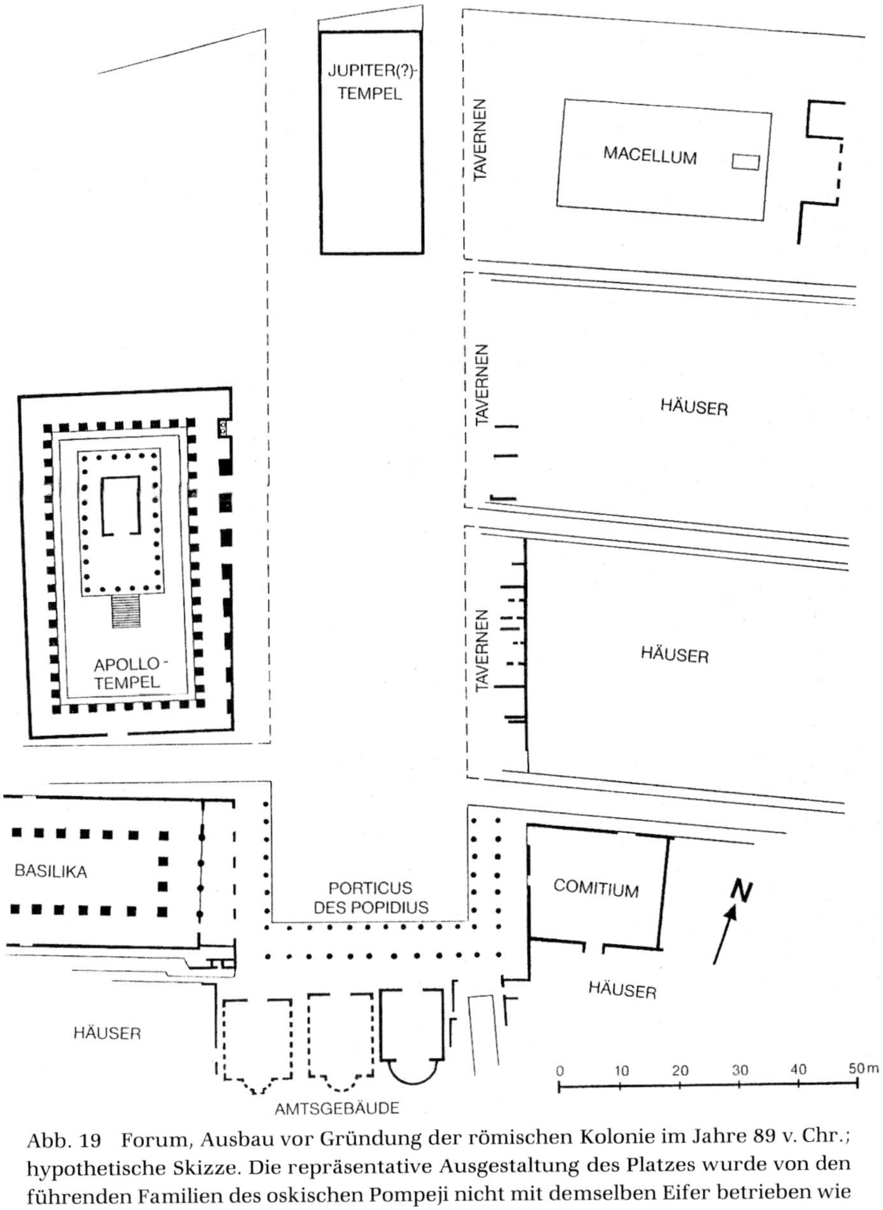

Abb. 19 Forum, Ausbau vor Gründung der römischen Kolonie im Jahre 89 v. Chr.; hypothetische Skizze. Die repräsentative Ausgestaltung des Platzes wurde von den führenden Familien des oskischen Pompeji nicht mit demselben Eifer betrieben wie der Ausbau des Kulturzentrums und die Errichtung der aufwendigen Wohnbauten. Der einzige große Bau, der in einem Zug vollendet wurde, war die Basilica.

worden sein. Denn der Tempel liegt genau in der Achse des langgestreckten Platzes, nach der man dann die Fassade der Basilica und die neue Begrenzungsmauer des Apollotempels ausrichtete. Damit scheint sich die Gesamtplanung aber auch erschöpft zu haben. Alle anderen an den Platz stoßenden Bauten aus der oskischen Zeit wurden, wie H. Lauter gezeigt hat, als Einzelmonumente und praktisch unabhängig voneinander im Laufe von zwei bis drei Generationen errichtet[30].

Vom ersten Jupiter(?)-Tempel ist nur das Podium mit dem schweren Profil erhalten geblieben. Wir wissen nicht, ob der Bau überhaupt vollendet war, als man ihn im frühen 1. Jh. v. Chr. wieder abriß, um ihn prächtiger als Capitolium zu erneuern. Dabei blieb jedoch das Podium erhalten[31]. Das hellenistische Macellum lag bereits wie der spätere Neubau wegen des Straßenverlaufs im Süden schräg zum neuen Platz. Es nahm etwa die gleiche Fläche wie der augusteische Bau ein, hatte jedoch einen einfacheren Grundriß ohne Tholos. Es wird etwa gleichzeitig mit der Basilica um 130/20 v. Chr. entstanden sein[32].

Die Basilica[33] war mit ca. 1500 qm überbautem Raum das bei weitem aufwendigste Gebäude am Forum (Abb. 20). Die anspruchsvolle, dreischiffige Architektur ist von einem erfahrenen Baumeister und einer vorzüglichen Bauhütte in einem Zug errichtet worden. Das Gebäude diente zweifellos primär als Handelszentrum, Börse und Auktionshaus der Stadt. Die aufwendig dekorierte Tribüne (Abb. 21) wird in diesem Rahmen eine spezifische Funktion erfüllt haben, etwa als Podium bei Versteigerungen. Hier war wie bei den Kulturbauten ein gemeinsames Interesse der Oberschicht am Werk. Die Stadt diente mit ihrem Flußhafen als natürlicher Umschlagplatz für den Warenverkehr mit dem samnitischen Hinterland. Die Lage der Basilica an der Westseite des Forum zum Hafen hin ergab sich aus ihrer Funktion.

Ursprünglich öffnete sich die Vorhalle der Basilica direkt auf den Platz. Auch die Vorgängerbauten, zumindest der beiden östlichen Verwaltungsbauten an der südlichen Schmalseite des Forum, gehören noch in die vorkoloniale Zeit Pompejis, wie Sondagen von A. Maiuri ergeben haben. Dies gilt auch für die Apsis im östlichen Bau. Man darf sich also den oder die höchsten Beamten der oskischen Stadt in einer entsprechend herausgehobenen Weise in der Apsis sitzend ihres Amtes waltend vorstellen[34].

Nun ist aber wieder auffällig, daß auch diese »Verwaltungs«-Bauten

Abb. 20 Basilica, Blick vom Eingang am Forum aus (alte Photographie, Ende 19. Jh.).

offensichtlich nicht gleichzeitig, sondern nacheinander errichtet worden sind: Die von Maiuri[35] beobachteten nördlichen Außenmauern der Gebäude liegen nämlich nicht in einer Flucht, sondern ergeben eine abgetreppte Begrenzungslinie. Erst nach Errichtung der Basilica und der Verwaltungsgebäude und nach Baubeginn des Comitium, den man in den letzten Jahren des »freien« Pompeji annehmen muß, empfand man das Bedürfnis, das wohl wenig schöne Erscheinungsbild der unregelmäßig gereihten Einzelbauten durch die Errichtung einer dreiflügeligen Porticus zu kaschieren. Die gemeinhin mit diesem Hallenbau verbundene Inschrift, die als Bauherrn einen V. Popidius q(uaestor?) nennt, ist bekanntlich in Latein abgefaßt. Andererseits gibt es nach Gründung der Kolonie keine Quaestoren mehr. Das könnte auf eine Fertigstellung der Porticus nach 89 v. Chr. und vor Gründung der Kolonie hindeuten. Mit

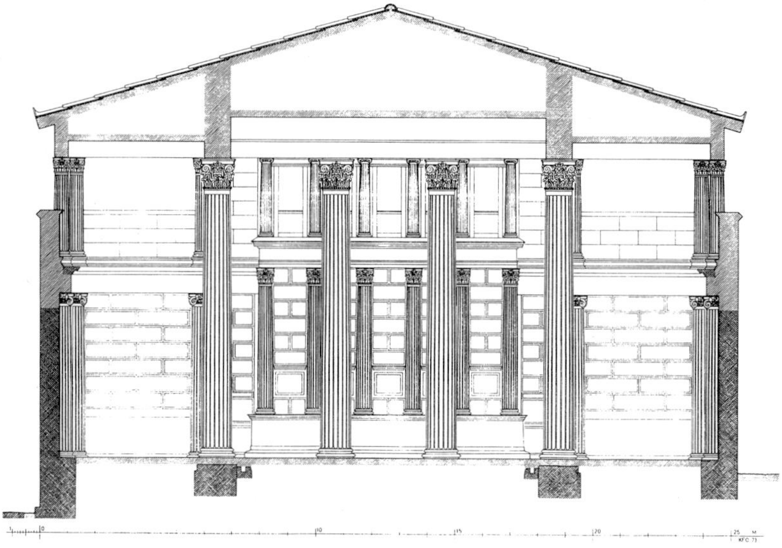

Abb. 21 Basilica, Rekonstruktion des Aufrisses nach K. F. Ohr. Der riesige dreischiffige Bau mit ca. 1500 qm überdachter Grundfläche diente als Handels- und Geschäftszentrum. Er wurde bezeichnenderweise direkt an der Straße zum Flußhafen errichtet. Der Fernhandel hatte den großen Agrarproduzenten in der Stadt und im Hinterland Erwerbsquellen bisher unbekannten Ausmaßes eröffnet. Kein Wunder, daß im Gegensatz zum Ausbau des Forums über die Errichtung *dieses* Baues offenbar Einigkeit bestand.

dieser Porticus konnte man im übrigen keinen großen Staat machen. Sie war, wie Lauter gezeigt hat, ein frei stehender Bau, der wegen der unregelmäßigen Fluchten und der verschiedenartigen Fassaden der zuvor unabhängig voneinander errichteten Gebäude nicht in diese eingebunden werden konnte. Zwischen Porticus und dahinter liegender Basilica bzw. den Amtsgebäuden hatte man also unregelmäßig proportionierte »Höfe« zu passieren, was z. B. bei Regenwetter ausgesprochen lästig gewesen sein und auch die repräsentative Wirkung der Porticus erheblich gemindert haben muß. Diese Porticus umzog zudem nur einen Teil des Forum. Die östliche Längsseite blieb noch ganz ohne repräsentative Gebäude. Zwei schmale Sträßchen mündeten hier direkt auf den Platz. Dazwischen lagen unregelmäßige *tabernae* (vgl. Abb. 19).

Das Gesamtresultat der Bebauung am Forum blieb also auch in der letzten Phase der oskischen Stadt, trotz der verschiedenen Aktivitäten, ästhetisch unbefriedigend – ganz im Gegensatz zum »Kulturzentrum« am archaischen Tempel, zu den Straßen vor allem im Nordviertel mit ihren wohlgefügten Tuffassaden und aufwendigen Hauseingängen und auch zu der mit eindrucksvollen Türmen bewehrten nördlichen Stadtmauer. Beim Ausbau des Forum fehlte offenbar ein gemeinsamer politischer Wille. Nur zu Beginn des Ausbaus und bei der Errichtung der wirtschaftlichen Nutzbauten, Basilica und Macellum, scheinen sich die führenden Kräfte in der Oberschicht einig gewesen zu sein. Das Interesse an einem würdigen Rahmen für das Zentrum des politischen Lebens und der täglichen Begegnung der Bürgerschaft war weniger ausgeprägt als das an kultureller Repräsentation und privatem Luxus.

Diese Eigenart wird vor allem beim Vergleich mit kleineren hellenistischen Städten derselben Zeit deutlich. In Priene[36] (Abb. 22) liegen die wichtigsten öffentlichen Gebäude an oder nahe bei der Agora. Diese ist auf allen Seiten von aufwendigen, der bürgerlichen Begegnung dienenden marmornen Säulenhallen gerahmt. Auf der Agora drängen sich die Ehrenmonumente für die verdientesten Bürger (in Pompeji hat man merkwürdigerweise keinerlei Spuren von solchen Monumenten aus der vorrömischen Zeit gefunden). Der Rat tagte in einem schönen Bouleuterion. Unmittelbar hinter diesem lag das alte Gymnasium, nicht weit, etwas höher am Bergabhang, das Theater, in dem die Volksversammlung zusammentrat. Der Tempel der Stadtgöttin Athena blickte aus beherrschender Lage auf die Agora herab und war durch eine Treppenanlage direkt mit dieser verbunden. In diesem Stadtbild kam das Selbstverständnis des demokratisch verfaßten Staates, der stolz auf seine Institutionen war, wirkungsvoll zum Ausdruck.

In der peripheren Lage der Kulturbauten und im schleppenden Ausbau und unzureichenden Erscheinungsbild des politischen Zentrums von Pompeji spiegeln sich dagegen andersartige gesellschaftliche Strukturen und die besonderen Umstände einer Akkulturationssituation. Hier herrschten noch altüberkommene patriarchalische Verhältnisse. Wenige große Familien mit ihrer weitverzweigten Klientel bestimmten die politischen Geschicke, das »Volk« spielte vermutlich keine große Rolle. Die

Abb. 22 Priene, Rekonstruktion des Zentrums der kleinen hellenistischen Stadt (Modell von H. Schleif). Im Gegensatz zum oskischen Pompeji lagen das Theater und die beiden Gymnasien im zentralen Bereich der Stadt. Die Agora war als Mittelpunkt des öffentlichen Lebens, wo die Feste der Stadt gefeiert wurden, auf allen Seiten von Hallen eingerahmt und mit zahlreichen Monumenten geschmückt.

kulturellen Interessen der Oberschicht waren relativ neu. Sie hatten zunächst den privaten Lebensraum demonstrativ geprägt. Die integrierende Wirkung dieses gemeinsamen Interesses hat dann zu den großen Gemeinschaftsleistungen im Theaterviertel geführt. Dasselbe gilt für das Interesse am Handel und den bewundernswerten Großbau der Basilica.

Lauter hat im Zusammenhang mit den Neu- bzw. Umbauten von Jupiter(?)-Tempel, Verwaltungsbauten und Comitium von Symbolen der »Selbstromanisierung« in Erwartung des römischen Bürgerrechts gesprochen, nach dem sich besonders die großen Familien der italischen Städte seit langem sehnten, das ihnen aber vom Senat so obstinat vorenthalten wurde. In diesem Zusammenhang ist auch auf die Tatsache hingewiesen worden, daß ein Mann wie der Besitzer der Casa del Fauno noch in oskischer Zeit seine Besucher nicht in der eigenen Sprache oder auf griechisch, sondern mit einem lateinischen *HAVE* auf dem Fußbodenmosaik seines Hauseingangs begrüßte.

Geht man von dieser Hypothese aus, könnte man im immer wieder stockenden Ausbau des politischen Zentrums Reflexe der Uneinigkeit der Oberschicht über diese »Selbstromanisierung« sehen. Man muß bedenken, daß bereits bei der Konzeption des neuen Forum mit dem zentralen Jupiter(?)-Tempel das Heiligtum des alten Stadtgottes Apollo erheblich beschnitten worden war[37]! Es muß ein starkes Interesse vorgelegen haben, wenn man sich zu einem solchen Traditionsbruch entschloß.

Es wäre nun aufschlußreich, die Auswirkungen der Hellenisierung auf das Stadtbild anderer campanischer und mittelitalischer Städte zu vergleichen. Dabei würde sich wohl zeigen, daß der Akkulturationsprozeß je nach Lage, Bedeutung und kultureller Tradition einer Stadt sich in sehr unterschiedlicher Form vollzogen hat. In dem großen Bauprogramm, das L. Betilienus L. f. Vaarus in der alten Bergstadt Alatrium im Hernikerland um die Jahrhundertwende durchführte, kann man ähnliche Tendenzen wie in Pompeji feststellen[38]. Auch hier standen Bauten kultureller und wirtschaftlicher Funktion im Vordergrund: *campus ubei ludunt* (Palästra?), *horologium, seedes* (Theater?), *lacus balinearius* (Thermen?); *macelum, basilica calecanda.* Die Straßen *(semitae in oppido omnes)* und eine *porticus qua in arcem eitur* waren Maßnahmen zur ästhetischen Verbesserung des Stadtbildes, wahrscheinlich vergleichbar dem Straßenbild im Ostviertel Pompejis.

Das 280 v. Chr. gegründete Cosa, eine römische Kolonie latinischen Rechts, verfügte dagegen auch am Ende des 2. Jhs. v. Chr. noch über keinerlei repräsentative Kulturbauten[39]. Das gut ausgebaute Forum war beherrscht von politischen Bauten, zu denen auch die Tempel gehörten. Curia und Comitium sind neben der erst spät errichteten Basilica die beherrschenden Gebäude des ganzen Platzes. Der Hellenisierungsprozeß ist hier kaum in Ansätzen, allenfalls in einigen Wohnhäusern zu erkennen.

Eine ganz andere Dimension von öffentlichen Bauten stellen die großen Terrassenheiligtümer vor allem in den alten Städten Latiums dar[40]. In Palestrina und Tivoli ging es den führenden Familien offensichtlich auch um eindrucksvolle Manifestationen der Bedeutung ihrer Städte im neuen Gesamtverband des Römerstaates. Der Fall Palestrina zeigt, daß solche religiösen Luxusbauten auch mit einer aufwendigen Neugestaltung des politischen Zentrums verbunden sein konnten. In diesen Fällen wendet sich die Verschönerung des Stadtbildes in hellenistischer »Sprache« bewußt auch nach außen. Aber man wird nicht bezweifeln wollen, daß die Nobilität dieser Städte auch einen entsprechend modernen Wohnstil pflegte. Leider gibt es aber bislang aus anderen italischen Städten kaum Vergleiche zu den großen »Palast«-Häusern in der Art der Casa del Fauno.

Die wenigen Hinweise zeigen bereits, daß das herausgearbeitete Stadtbild des oskischen Pompeji (und in anderen alten Städten Campaniens wird es ähnlich ausgesehen haben) eine spezifische Struktur aufweist: hohe Ansprüche und Qualitäten im kulturellen Sektor, ein ambivalentes Bild des politischen Raumes und geringes Interesse an extrovertierter Selbstdarstellung der Stadt und Teilnahme an der damals in Mittelitalien bereits beginnenden »Städtekonkurrenz«.

DIE STADT DER RÖMISCHEN KOLONISTEN

Unglücklicherweise hat sich Pompeji, anders als das benachbarte Nuceria, von den anfänglichen Erfolgen der Aufständischen verführt, an der Erhebung gegen die Römer im Bundesgenossenkrieg beteiligt. Die Stadt wurde 89 v. Chr. belagert – Spuren der Geschosse kann man heute noch an der nördlichen Kalksteinmauer sehen (Abb. 23) – und wahrscheinlich auch regelrecht erobert. In der Folge erhielten die Einwohner zwar wie alle Italiker das römische Bürgerrecht, auf das man sich zuletzt noch vor dem Krieg durch den Bau des Comitium vorbereitet hatte. Aber auch die Bestrafung blieb ihnen als Aufständischen nicht erspart. Nach einer Zwischenzeit von fast 10 Jahren mußte Pompeji wie andere campanische Städte ein Kontingent sullanischer Veteranen aufnehmen und wurde so zur römischen Bürgerkolonie. Die Deduktion der *colonia* stand unter Leitung von P. Sulla, eines späterhin auch in Rom einflußreich gewordenen Verwandten des Diktators. Die Schätzungen über die Zahl der Kolonisten schwanken. Die untere Grenze dürfte bei 2000 Mann liegen, wozu natürlich der jeweilige Anhang jedes einzelnen Kolonisten kam.

Proskriptionen und Enteignungen schufen die Voraussetzung für die notwendige Neuverteilung des Landes und der Häuser und Bauplätze in der Stadt. Die Zuweisungen erfolgten dabei üblicherweise *secundum gradum militiae*, d. h., daß z. B. *centuriones* das Doppelte wie einfache Soldaten, *equites* das Dreifache bekamen. Es ist unbekannt, wieviel die Minimalzuweisung in Pompeji war. Caesar verteilte 30 Jahre später 10 *iugera* (ca. 2,5 ha) pro Mann im fruchtbaren Campanien. Über das Enteignungsverfahren und die Konsequenz der Durchführung in Pompeji weiß man nichts. Fest steht jedoch, daß sich die wirtschaftlichen und sozialen Strukturen der Stadt durch diesen schweren Eingriff kaum veränderten, wohl aber das kulturelle Klima.

Die wohlhabenden alten Familien verschwanden für ein bis zwei Generationen aus den städtischen Ämtern. Latein wurde Amtssprache und verdrängte das Oskische nach und nach auch im Alltag. Der neue

Abb. 23 Pompeji. Stadtmauer mit Einschlägen der Geschosse bei der Eroberung der Stadt durch die römischen Truppen im Jahre 89 v. Chr.

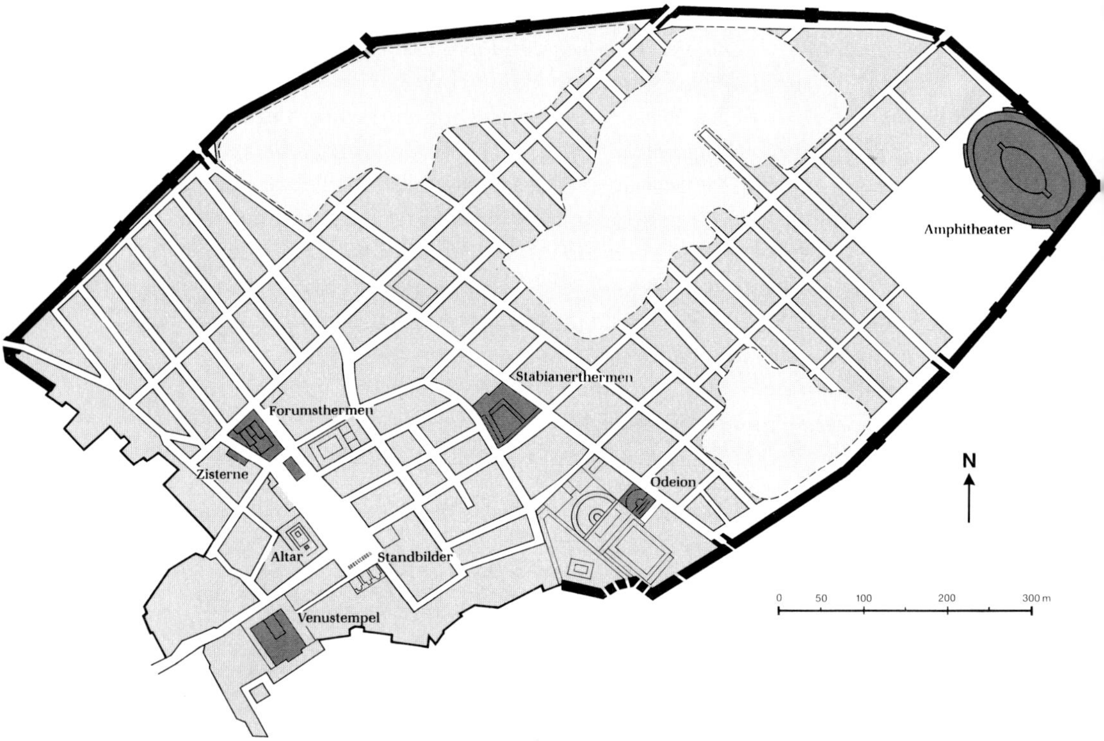

Abb. 24 Pompeji. Öffentliche Bautätigkeit nach der Koloniegründung 80 v. Chr. Die Kolonisten fanden bei ihrer Ansiedelung um 80 v. Chr. eine gut ausgebaute Stadt mit den wichtigsten öffentlichen Bauten vor. Ihre Neubauten weisen auf neue Erfordernisse hin. Besonders spektakulär war der Bau eines riesigen, weit über die Bedürfnisse der Stadt hinaus geplanten Amphitheaters, das von zwei reichen Parteigängern Sullas finanziert wurde. Die extreme Randlage zeigt, daß man mit vielen Besuchern aus dem Hinterland rechnete.

ordo wurde zunächst offenbar ganz von den Kolonisten beherrscht. Aber da auch die Alteingesessenen inzwischen römische Bürger geworden waren, hatten sie zweifellos das Wahlrecht und waren vor dem Gesetz gleich. Es kam natürlich zu Spannungen und Konflikten zwischen den Alt-Pompejanern und den Veteranen. Dabei hat man auch zu bedenken, daß das Gros der letzteren nach 20jährigem Kriegsdienst andere Freizeitbedürfnisse und überhaupt soziale Verhaltensweisen hatte als die auf ihre hellenistische Kultur so stolzen, wohlhabenden Alteingesessenen[41]!

Capitolium und Amphitheater
Neue öffentliche Bauten verändern das Gesicht der Stadt

Die Bautätigkeit der nächsten Jahrzehnte zeigt, daß die Kolonisten auf ihre Weise das Stadtbild durchaus tiefgreifend veränderten, obwohl sie eine so schöne Stadt hatten übernehmen können (Abb. 24). Auf dem Forum fanden sie nach den Anstrengungen der Pompejaner in den letzten Jahrzehnten wenig zu verändern. Natürlich wurde das Comitium vollendet und in Benutzung genommen. Vermutlich spielte der Platz jetzt eine größere Rolle im öffentlichen Leben. Gleich große Basen vor den Magistratsgebäuden wird man mit Ehrenstatuen für führende Beamte verbinden dürfen, wie sie im Laufe der nächsten Jahrzehnte üblich wurden.

Die bedeutungsvollste Veränderung auf dem Platz jedoch war der Umbau des Tempels in ein Capitolium, den der Verfasser, anders als Lauter, erst in die Frühzeit der Kolonie datieren möchte (s. o.). Beim Neubau auf dem alten Podium wurde die Tempelcella mit einer überdimensionierten zweistöckigen Säulenarchitektur sowie mit Mosaikböden und Wandmalerei im sogenannten Zweiten Stil ausgestattet. Die drei Kultbilder stellte man in einer Aedicula-Architektur auf hohem Podium auf[42]. Es ging hier darum, den Status der Stadt als *colonia* durch entsprechenden Aufwand feierlich herauszustellen. Man hat den Eindruck, daß dabei – ästhetisch betrachtet – des Guten eher zuviel geschah.

Der Selbstdarstellung der Stadt als einer neuen *colonia* diente auch der Bau eines Venustempels am Südabhang zwischen Porta Marina und Basilica[43] (Abb. 25). Die Veteranen hatten die Stadt nach ihrem Feld-

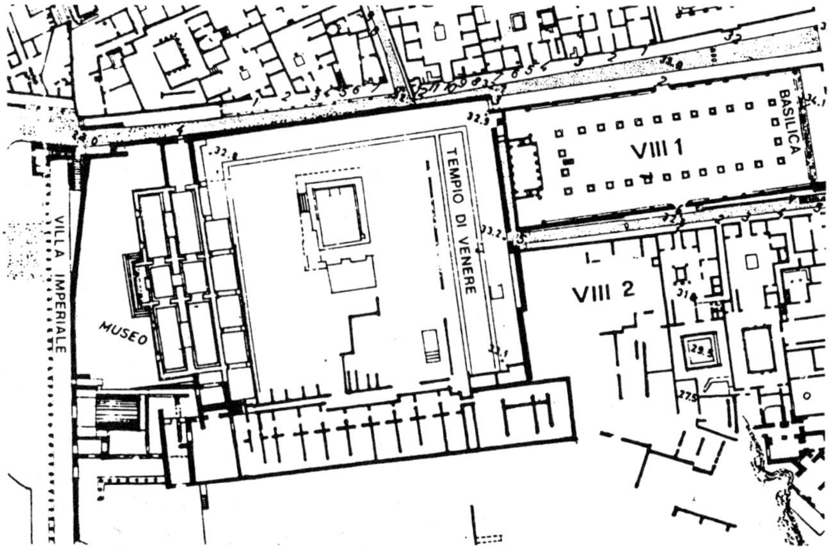

Abb. 25 Pompeji, westlicher Stadtrand mit Venustempel und Stadtvilla des M. Fabius Rufus. Der Venustempel wurde als Wahrzeichen der *Colonia Cornelia Veneria Pompeianorum* zu Ehren der neuen Stadtgottheit errichtet. Venus war auch die Schutzgottheit des Feldherrn und Diktators P. Cornelius Sulla, dessen Veteranen in der Stadt angesiedelt worden waren. Der Tempel lag hoch über dem abschüssigen Stadtrand und war von der Ebene im Süden der Stadt aus schon von weitem zu sehen.

herrn Sulla und dessen Schutzgöttin Aphrodite-Venus *Colonia Cornelia Veneria Pompeianorum* getauft. Der in landschaftsbeherrschender Lage über dem Flußtal errichtete Tempel der neuen Stadtgöttin präsentierte sich den Durchziehenden und Ankommenden und muß vor dem Hintergrund der großen neuen Terrassenheiligtümer in Mittelitalien gesehen werden, von deren extrovertiertem Charakter bereits die Rede war (S. 67). Auch die neue *Colonia Cornelia Veneria* meldet sich mit diesem Bau eines Tempels für die neue Stadtgöttin zu Wort. Sie beginnt, mit ihren bescheidenen Kräften an der Prestige-Konkurrenz der italischen Städte teilzunehmen.

Man kann den Venustempel aber auch als Pendant zum ähnlich ausgerichteten archaischen Tempel beim Theater sehen. Gegen die griechischen Traditionen des alten Pompeji wird jetzt selbstbewußt die neue Identität der Stadt als römische *colonia* gestellt. Von dem sullanischen Bau ist außer Tempelfundamenten und Resten der Porticus kaum etwas erhalten. An Ort und Stelle gewinnt man gar kein Bild mehr. Aber der einzige bisher veröffentlichte Grundriß läßt doch eine von den späteren Neubauten in der Orientierung abweichende Anlage mit dreiflügeliger Säulenhalle und Abschlußwand in der Flucht der Nordwand der Basilica erkennen (vgl. Abb. 20).

Capitolium und Venustempel standen natürlich in Konkurrenz zum Tempel des alten Stadtgottes Apollo. Es ist deshalb bemerkenswert, daß die beiden *duumviri* und *aediles* eines der ersten Jahre nach Gründung der Kolonie in gemeinsamer Stiftung einen neuen Altar für Apollo erbauten. Einer der *duumviri* war jener M. Porcius M. f., der bald darauf zu einer der beherrschenden Figuren der frühen Koloniezeit wurde. Da das erst um 100 v. Chr. von Grund auf erneuerte Apolloheiligtum sicher nicht eines Altars entbehrte, kommt der Dedikation eines neuen Altars (der natürlich der Abbau des alten vorausgegangen war) symbolische Bedeutung zu (Abb. 26). Die gleich zweifache Nennung der Stifter und des Stadtratsbeschlusses in lateinischer Sprache bringt den Willen der neuen Herren zum Ausdruck, sich der kultischen Traditionen der alten Stadt zu bemächtigen oder, wenn man es von der anderen Seite sieht, wichtige Zeichen von deren alter Identität auszulöschen[44].

Ebenfalls in die ersten Jahre nach Gründung der Kolonie fällt der Neubau des *theatrum tectum* neben dem großen Theater[45] (Abb. 27). Man hat sich merkwürdigerweise bisher nie gefragt, weshalb die Kolonisten in den ersten Jahren gerade dieses »Odeion«, wie man den Bautypus in der Kaiserzeit dann nannte, gebaut haben. Es muß jedenfalls ein unmittelbarer Bedarf vorgelegen haben. Aber um einen Vortragsraum für literarische und musikalische Darbietungen im kleineren Rahmen, wie man gelegentlich liest, kann es, bedenkt man die kulturellen Bedürfnisse der Veteranen, kaum gegangen sein. Baugestalt und Größe erinnern an die Bouleuteria hellenistischer Städte. Könnte der ca. 1500 bis 2000 Mann fassende Bau nicht als Versammlungsort der Veteranen gedient haben? Sie lebten als eine Minderheit unter fremden und ihnen anfangs gewiß auch nicht besonders freundlich gesonnenen »Mitbürgern«. Ihr Verlangen nach Zusammenhalt und Aussprache muß sehr groß gewesen sein.

Abb. 26 Dedikationsinschrift am neuen Altar im Apolloheiligtum. Unmittelbar nachdem die politischen Verhältnisse nach Gründung der Colonia neu geordnet waren, weihten die vier höchsten Beamten *(quattuorviri)* einen neuen Altar in das alte, neben dem Forum gelegene Heiligtum des Apollo. Die Dedikation in lateinischer Sprache war ein symbolischer Akt der Inbesitznahme des alten Stadtkultes durch die Kolonisten.

Auch wird es an gemeinsamen praktischen Problemen bei den Neusiedlern in den ersten Jahren nicht gemangelt haben[46].

Durchgeführt und wahrscheinlich auch bezahlt wurde der Bau von den *duumviri,* die wenige Jahre später den *coloneis* auch das große Amphitheater gestiftet haben: Quinctius Valgus und Marcus Porcius (Taf. 3,1). Die beiden Kriegsgewinnler Sullas kannten die Bedürfnisse der Veteranen[47].

Sie beauftragten eine erfahrene Bauhütte aus der Gegend. Mit Recht hat man auf die Ähnlichkeit der Stützfiguren an den Analemmata (Taf. 4) des wenig früher entstandenen Theaters von Pietrabbondante hingewiesen. Da der Bautypus in Großgriechenland seit langem bekannt war und auch die Verbindung von großem Theater und überdecktem kleinerem Versammlungsraum auf Sizilien und sogar für das benachbarte Neapolis (Statius, silvae III 5, 91) bezeugt ist[48], hat man vermutet, die Kolonisten hätten lediglich einen bereits früher geplanten Bau ausgeführt. Das scheint nach der Art der Anbindung an das große Theater und aufgrund der Straßenlage unwahrscheinlich. Aber daß man sich bei der Wahl des Bautypus den überlegenen kulturellen Traditionen Campaniens anvertraute, braucht nicht zu verwundern.

Dasselbe gilt für die öffentlichen Thermen, die damals in Campanien bereits üblich, in mittel- und norditalischen Städten dagegen noch kaum verbreitet waren. Die Neusiedler sorgten wiederum schon in der Frühzeit der *colonia* für den Bau einer zweiten Thermenanlage mit riesiger Zisterne, und zwar in unmittelbarer Nähe zum Forum[49]. Den Bewoh-

Abb. 27 Sog. Odeion *(theatrum tectum)*. Das ca. 1500 bis 2000 Personen fassende kleine »Theater« erinnert an großgriechische Bouleuteria (Rathäuser) und wurde vermutlich als Versammlungsort der Kolonisten gebaut.

Abb. 28 Amphitheater, Luftaufnahme. Den *spectacula* genannten Bau stifteten um 70 v. Chr. die beiden höchsten Beamten der Stadt. Er war für ca. 20 000 Zuschauer ausgelegt und diente für Gladiatorenkämpfe und Tierhetzen. Offensichtlich wurden zu den Spielen auch viele Zuschauer aus den Nachbarstädten erwartet. Die 35 Sitzreihen sind durch hohe *pulpita* in drei Ränge abgeteilt. Ob die Veteranen in dem ursprünglich für sie bestimmten Bau nach Rängen getrennt saßen? Die *spectacula* von Pompeji sind eines der ältesten Amphitheater überhaupt. Die neuen Spiele weisen auf eine dramatische Veränderung im kulturellen Klima der Stadt hin.

nern des Ostviertels und der neuen Hanghäuser im Süden wurde so der Weg nach den doch ziemlich weit entfernt liegenden alten Stabianer Thermen erspart. Auch spielte bei der Wahl des Bauplatzes vielleicht die neue Bedeutung des Forum eine Rolle. Der Neubau entsprach vermutlich einem dringenden Bedarf, denn man konnte die Altbewohner als Mitbürger nicht einfach vom Thermenbesuch ausschließen. Bemerkenswerterweise ist dieser Neubau im Gegensatz zu allen anderen öffentlichen Bauten aus der Frühzeit der *colonia*, deren Dedikationsinschriften erhalten sind, ausdrücklich als *ex pequnia publica* errichtet bezeichnet[50]. Etwa gleichzeitig scheinen die Stabianer Thermen mit einem *laconicum* und *destrictarium* ausgestattet und renoviert worden zu sein. Es handelt sich offenbar um eine Renovierung mit dem Ziel, den Besuchern beider Thermen dieselben Annehmlichkeiten zu bieten[51].

Abb. 29 Amphitheater, Treppenaufgang zur *summa cavea*. Entwurf und Ausführung zeigen im Vergleich zu späteren Bauten, daß der Architekt noch auf keine bewährten Modelle zurückgreifen konnte. Das gilt besonders für die Zugänge und die Logistik der Verteiler. Die schwerfällige Treppenkonstruktion ist ein gutes Beispiel dafür.

Der größte öffentliche Bau der frühen Kolonistenzeit aber war das Amphitheater. Es trug damals allerdings noch nicht diesen »gebildeten« griechischen Namen, sondern hieß laut Bauinschrift treffend *spectacula*. Die beiden Stifter, die zuvor bereits das *theatrum tectum* hatten erbauen lassen, Q. Valgus und M. Porcius, errichteten den Bau ausdrücklich *de sua pequnia*, und zwar als sie *quinquennales* waren, also den Höhepunkt der städtischen Ämterlaufbahn erreicht hatten. Das muß um das Jahr 70 v. Chr. gewesen sein[52].

Es war eine gewaltige Stiftung, die in jeder Hinsicht den Rahmen einer mittleren Landstadt sprengte. Auch das Geld der Bauherren war nicht am Ort verdient. Das gilt zumindest für C. Quinctius Valgus, der ein Nutznießer der sullanischen Proskriptionen (Dessau 5318) war und als Gefolgsmann des Diktators gelten kann. Seine Hauptaktivitäten spielten sich nördlich von Pompeji im Hirpinerland ab. Er bekleidete dort in mehreren Städten höchste Ämter und tat sich dabei jeweils als großer Stifter hervor. In einer bisher noch nicht identifizierten Stadt, die ihn zum *duumvir quinquennalis* gemacht hatte, bezahlte er die Mauern, die Tore, ein Forum mit Portiken, die Curia und eine Zisterne (vermutlich für die Thermen), also mit Ausnahme der Heiligtümer alles, was die neue Identität der bisherigen Ortschaft als Stadt begründete. Auch in Aeclanum gehörte er als *patronus municipii* zu den Stiftern der »Mauern mit Türmen und Toren«[53]. Sein Kollege bei der Stiftung des *theatrum tectum* und des Amphitheaters war M. Porcius. Er ist eventuell mit einem großen Weinproduzenten identisch, dessen Amphoren in Gallien und in der Tarraconensis gefunden worden sind. Jedenfalls muß er über ein vergleichbar großes Vermögen verfügt haben. M. Porcius blieb der *Colonia Cornelia Veneria* treu. Sein monumentales Grab am besten Platz vor dem Herkulaner Tor zeigt, daß er von der Gemeinde fast wie ein Gründungsheros geehrt wurde[54]. Ziel dieser enormen Stiftertätigkeit in verschiedenen Städten war das Gewinnen einer möglichst großen Klientel zum Zwecke einer politischen Karriere in Rom.

Als Bauplatz für die *spectacula* (Abb. 28. Taf. 3,2) wählten die beiden Stifter die Südostecke der Stadt. Das Gelände dort bot sich vor allem aus zwei Gründen an. Die Benutzung der Stadtmauer als Auflager für den ca. 140 × 105 m großen Bau sparte Stützmauern und Fundamente. Auch erleichterte die exzentrische Lage in der noch kaum bebauten Gegend den Zustrom und Abfluß der Menschenmassen an den Spieltagen. Denn schon bei der Planung der für ca. 20 000 Zuschauer ausgelegten *spectacula* rechnete man natürlich mit Besuchern aus den umliegenden Städten, zunächst vielleicht vor allem mit den anderen in der Umgebung angesiedelten sullanischen Veteranen, z. B. aus Abellinum oder Nola[55].

Der Bautypus war damals noch neu. Vermutlich verfügten erst wenige Städte Campaniens über eine solche Arena. Das Amphitheater von Pompeji ist jedenfalls das älteste seiner Art. Und man sieht es der Konstruktion auch an, daß der Architekt, anders als beim *theatrum tectum*, kein ausgereiftes Modell imitieren konnte. Um komplizierte Substruktionen zu vermeiden, tiefte er die Arena und einen Teil des Gebäudes in die Erde ein. Auch die Zugänge und die Logistik der Verteiler sind, gemessen an späteren Amphitheatern, noch ganz primitiv (Abb. 29).

Aber es war natürlich eine große Sache für die Pompejaner, daß sie zu den ersten gehörten, die einen solchen Bau gestiftet[56] bekamen. Nicht umsonst sagen die Bauherren in der Inschrift, sie hätten die *spectacula »coloniai honoris caussa«* errichtet. Sie dedizierten den Bau im übrigen ausdrücklich *coloneis . . . in perpetuom*. Damit sind, juristisch gesehen, zweifellos alle Bürger Pompejis gemeint. Aber die Formulierung und wiederholte Nennung der *colonia* bzw. *colonei* als Nutznießer ist doch ungewöhnlich und gibt zu denken. Immerhin erschienen noch 62 v. Chr. Vertreter der *municipes* und *colonei* getrennt in Rom vor Gericht, um zugunsten des Angeklagten P. Sulla auszusagen (Cicero, pro Sulla 21, 60–62). Jedenfalls wird in dieser Inschrift sehr betont, was für ein Segen die Koloniegründung für die Stadt war und ist. Das wird den Altbürgern nicht unbedingt Freude gemacht haben.

Der Bau des Amphitheaters entsprach primär den Bedürfnissen der alten Krieger, was nicht heißen soll, daß es nicht den meisten der Alteingesessenen, trotz ihrer hellenistischen Kultur, auch Spaß gemacht hätte, den Gladiatorenkämpfen und Tierhetzen zuzuschauen. Hier saßen sie mit ihren ehemaligen Kriegskameraden aus den umliegenden Städten zusammen, wahrscheinlich nach militärischen Rängen getrennt. Die 35 Sitzreihen sind nämlich durch hohe *pulpita* in drei Ränge abgeteilt. Man wüßte gerne, ob die *municipes* anfangs wirklich keine Nachteile bei der Sitzverteilung hatten. Daß eines der frühesten Amphitheater für eine Veteranenkolonie gebaut wurde, ist wohl auch kein Zufall. Die Soldaten brauchten diese Art von Spielen als Aggressionsableiter mehr als andere. Ihr Geschmack hat jedenfalls den Stil der

Kämpfe, die sich damals erst fest etablierten, entscheidend mitbestimmt. Die ungeheuere Popularität der Gladiatorenkämpfe in Pompeji kann man noch heute an den vielen Graffiti an den Mauern überall in der Stadt ablesen. Diese *spectacula* veränderten das kulturelle Klima der Stadt mehr als alle anderen Neuerungen der Kolonisten.

Selbstdarstellung im Haus und am Grab

Leider hat man bisher noch nicht versucht, die Häuser der Kolonisten zu identifizieren. Da davon ausgegangen werden darf, daß zumindest der römerfreundliche Teil der Oberschicht seine schönen Häuser im Ostviertel behielt und man die neuen *cives Romani* auch nicht aus der Stadt vertreiben konnte, muß es zum Neu- bzw. Umbau zahlreicher Häuser gekommen sein, und diese müßten Eigenarten der Bautechnik aufweisen, an denen sie zu erkennen wären. Unter diesem Aspekt hatte ich zunächst an die von A. Hoffmann beobachteten und rekonstruierten Einfamilienhäuser als mögliche »Kolonisten-Siedlung« gedacht[57]. Aber die inzwischen von mehreren Seiten vorgebrachten Argumente sprechen doch für eine erheblich frühere Datierung. Auch die von H. Lauter beschriebene Zusammenlegung mehrerer Häuser in Ins. I 4,5. 25 zu einem sehr repräsentativen Hauskomplex und die Fassadengestaltung des Hauses Ins. IX 1,20 wären als Ansätze für künftige Studien zu nennen[58]. Doch ohne gründliche Untersuchungen bleiben solche Einzelbeobachtungen natürlich zu hypothetisch. In unserem Zusammenhang ist wichtiger, daß sich trotz der Neusiedler das Stadtbild in den Wohngebieten nicht wesentlich verändert hat. Die Fassaden der Tuffhäuser des 2. Jhs. v. Chr. beherrschten das Bild der vornehmen Viertel nach wie vor, hinter dem Forum blieb es bei den Fachwerkhäusern, lediglich im Osten entstanden zahlreiche neue Häuser, die sich jedoch dem bisherigen Wohnstil anglichen.

Dagegen entstanden an den Abhängen im Westen und Süden und vor den Toren ganz neue »Stadtbilder« (Abb. 30). Das geschah allerdings erst nach und nach im Laufe des 1. Jhs. v. Chr. Die großen alten Familien hatten mitten in der Stadt gewohnt und waren durch ihre *familia* und Klientel – man denke nur an die eingebauten Läden – fest in das tägliche Leben der Stadt integriert gewesen. Jetzt gab es immer mehr Wohl-

Abb. 30 Pompeji. Mauerüberbauung mit Hanghäusern in Aussichtslage. Im Laufe des 1. Jhs. v. Chr. wurden die alten Stadtmauern an den schönsten Aussichtslagen mit weiträumigen, villenartigen Häusern überbaut. Der Wohngeschmack der reichen Familien hatte sich infolge der Luxusvillen geändert, die sich die Römer seit dem 2. Jh. v. Chr. am Golf von Neapel hatten bauen lassen.

habende, die sich am neuen Wohngeschmack der römischen Villenbesitzer orientierten[59]. Seit der zweiten Hälfte des 2. Jhs. v. Chr. hatten die römischen Aristokraten am Golf von Neapel vor den Augen der Pompejaner in den schönsten Aussichtslagen ihre Luxusvillen gebaut. Dies wurde nun auch in Pompeji immer mehr imitiert. Es entstanden nicht nur kleinere Villen unmittelbar vor dem Herkulaner Tor, man suchte jetzt auch die Vorteile eines Stadthauses mit villenartiger Aussichtslage und entsprechendem Komfort zu verbinden. Das führte zur Errichtung der sogenannten Hanghäuser, die sich im Westen und Süden über die jetzt offenbar nicht mehr geschützten Mauern setzten und den Anblick der Stadt spektakulär veränderten[60]. Der größte dieser Hauskomplexe, die in der Insula Occidentalis ausgegrabene Casa di M. Fabio Rufo[61] (Abb. 31), ist flächenmäßig durchaus mit der Casa del Fauno zu vergleichen. Aber die Straßenseite bleibt hier völlig geschlossen. Es gibt keine Geschäfte und Doppelatrien mehr wie früher, das Haus ist von der Stadt völlig abgewandt. Dabei muß man freilich bedenken, daß der Komplex vielleicht erst nach und nach zusammenwuchs. Die kleineren Hanghäuser im Theaterviertel zeigen indes dieselbe Struktur: geschlossene Fronten zur Straße und terrassenartige Öffnungen zur Landschaft hin, im Innern eine Vielzahl von Räumen, die nicht mehr streng vom Atrium aus geordnet, sondern dem Terrain angepaßt sind.

Charakteristisch für die neue Situation ist, daß die Schicht derer, die am neuen Wohngeschmack interessiert waren, breiter und, was das kulturelle Niveau anlangt, sehr viel weniger homogen ist, als es in der hellenisierten oskischen Stadt der Fall war. Ein Studium der über die ganze Stadt hin verbreiteten Wandmalereien im sogenannten Zweiten Stil wäre hier sehr aufschlußreich. Dabei müßte vor allem auf die Übernahmen von Raumformen aus der Villenarchitektur und das Verhältnis dieser Villenelemente im Kontext des jeweiligen Hauses geachtet werden.

Das Beispiel der Casa del Criptoportico (I 6,2) scheint mir charakteristisch. Der Besitzer eines bescheidenen Atriumhauses (I 6,4) ließ in seinem Garten eine große Cryptoporticus mit Therme anlegen und diese aufs teuerste mit literarischen Themen ausmalen. Obwohl die Qualität der Malereien vorzüglich ist, wird hier der Kontrast zwischen repräsentativer Gebärde und kulturellem Anspruch auf der einen und materiellen Möglichkeiten und sozialem Status auf der anderen Seite eklatant[62].

Bei den Erbauern der palastartigen Tuffhäuser des 2. Jhs. v. Chr. dage-

Abb. 31 Casa di Fabio Rufo (ins. occ.), Ansicht von Süden, vgl. Abb. 30. Dieses erst in den letzten beiden Jahrzehnten ausgegrabene Haus ist flächenmäßig durchaus mit dem größten Stadtpalast des 2. Jhs. v. Chr., der Casa del Fauno (Abb. 5), zu vergleichen. Aber im Gegensatz zu ihr ist diese »Stadtvilla« zur Stadt hin abgeschlossen, verfügt weder über Geschäfte noch über ein geräumiges Atrium; alles Indizien für ein verändertes soziales Verhalten des Besitzers.

gen hatten die Proportionen gestimmt. Die oskischen Agrarier und Handelsherren waren in ihrem privaten Wohn- und Lebensstil zwar neue, aber doch vollwertige, ja herausragende Teilhaber an der hellenistischen Kultur gewesen, die sich allenfalls durch ein Zuviel von den Griechen des Mutterlandes und Kleinasiens unterschieden. Mit der Orientierung am Villenstil der römischen Großen beginnt Pompeji kulturell Provinz zu werden.

Welche Rolle das extrovertierte Repräsentieren im veränderten kulturellen Klima der Stadt spielte, kann man besonders gut an den jetzt entstehenden Grabmonumenten entlang der Ausfallstraßen sehen[63]. Die oskische Stadt hatte noch keine repräsentativen Grabbauten gekannt. Auch die großen Familien begruben ihre Toten in geschlossenen, abseits der Straße liegenden Bezirken. Erst die Kolonisten beginnen mit dem Bau von Grabmonumenten entlang der Straße, wie sie es in der Hauptstadt und in anderen Römerstädten gesehen hatten. Schon bald stehen verschiedene Typen von aufwendigen Grabmonumenten nebeneinander, vor allem Altargräber und Ädikulen auf hohen Sockeln. Es geht dabei um das Rühmen von Ansehen, Verdiensten, Besitz und vor allem von politischem und gesellschaftlichem Rang der Verstorbenen.

Ein politisch führender Mann wie M. Porcius erhielt von der Gemeinde einen Ehrenplatz im *pomerium* – vor dem Herkulaner Tor. Sein Monument in Form eines gewaltigen Altars mit dorischem Fries nimmt sich wie ein Heroengrab aus. Das gegenseitige Konkurrieren und die Rangabstufungen in der Stadt kamen in diesen Gräbern an den Ausfallstraßen nach und nach immer deutlicher zum Ausdruck. Wichtig war dabei, daß sich jeder, der über die entsprechenden Mittel verfügte, an der Konkurrenz beteiligen konnte. Wer es nicht zu einer politischen Karriere mit Ehrenstatue auf dem Forum gebracht hatte, konnte seine Statue in seiner Grabaedicula aufstellen. War nicht genug Geld für ein eigenes Monument vorhanden, konnte man sich mit seinesgleichen zusammentun und ein Gemeinschaftsgrab bauen wie die Freigelassenen der Flavii, die sich an der Wegkreuzung vor der Porta Nocera ein Grab in Gestalt einer Art »Mehrfamilienhaus« errichten ließen[64], wohlgemerkt in unmittelbarer Nähe von sehr viel höher rangierenden Mitbürgern aus angesehenen Kolonistenfamilien.

Solche »Gräberstraßen« (Taf. 5) entstanden im Laufe des 1. Jhs. v. Chr. überall in Italien. Die Selbstdarstellung der städtischen Gesellschaften vor den Toren der Städte zielte nicht nur auf die jeweiligen Mitbürger, sondern auch auf die auf der Straße Vorbeiziehenden. Wer durch Italien reiste, konnte jetzt vergleichen, die Bedeutung der Städte schon am Erscheinungsbild der Straßen abschätzen und hier bereits erkennen, welches die führenden Familien, die *domi nobiles*, waren. Der Bezugspunkt war auch hier letztlich Rom geworden, wohin die führenden Männer mit politischen Ambitionen in allen Städten drängten[65]. Sowenig letztere Veränderung des Stadtbildes für Pompeji spezifisch war, so gewann sie vor dem Hintergrund der bisherigen, so völlig andersartigen

Grabbräuche eine eigene Dimension. Die neuartigen Grabmonumente der Kolonisten führten den Altbewohnern zumindest in der ersten Zeit bei jedem Gang aus der Stadt vor Augen, wer jetzt zu bestimmen hatte und daß nicht nur die Sprache eine andere geworden war.

Versucht man die Summe aus diesen so unterschiedlichen Einzelphänomenen zu ziehen, so wird man nicht umhinkönnen, im Laufe der fünfzig Jahre von 80 bis 30 v. Chr. einen erheblichen Wandel zu konstatieren[66]. Zwar blieb das hellenistische Stadtbild, aufs Ganze gesehen, erhalten, aber mit den neuen Großbauten verschoben sich doch die Gewichte. Es kam zu keinem kohärenten Bauprogramm wie im 2. Jh. v. Chr. Die Kolonisten hatten ja eine überaus gut ausgerüstete Stadt mit einer im Vergleich zu den meisten Städten in Mittel- und Norditalien sehr guten Ausstattung und mit modernem Gepräge vorgefunden. Die neuen öffentlichen Bauten entstehen zwar alle bereits im ersten Jahrzehnt der *colonia*, aber es handelt sich dabei jeweils um Einzelaktionen, die weniger auf elementare Bedürfnisse der Neusiedler reagierten, als daß sie der Stabilisierung der neuen Identität als *colonia* dienten und zusätzliche Annehmlichkeiten brachten. Diese politischen und ideologischen Motivationen waren in Pompeji etwas Neues. Die Stifter orientieren sich künftig aber nicht nur an der erhofften Wirkung auf die Mitbürger, sondern sie blicken über die Stadt hinaus, vor allem nach Rom. Der Geist der Konkurrenz bleibt aber nicht auf die führenden Familien beschränkt, er durchdringt breite Schichten der Gesellschaft. Das Bedürfnis nach Selbstdarstellung wächst allenthalben: Öffentliche Ehrenstatuen und private Grabmonumente bezeugen das ebenso wie ein neuer, sich selbst in einfacheren Häusern verbreitender anspruchsvoller Wohngeschmack.

Diese »Öffnung« der italischen Städte nach Rom und zu den vielen anderen Römerstädten hin verändert das kulturelle Klima und die Stadtbilder im ersten Jahrhundert v. Chr. am nachhaltigsten. Das Schlagwort von der Zugehörigkeit zu zwei *patriae*, der Heimatstadt und dem Römerstaat als Ganzem, findet in der überall zu beobachtenden Extrovertiertheit der Stadtprospekte und der Grabmonumente seinen unmittelbaren Ausdruck.

Die dritte große Veränderung des Stadtbildes von Pompeji vollzog sich in der frühen Kaiserzeit. Fast die gesamte öffentliche Bautätigkeit seit etwa 20 v. Chr. hängt direkt oder indirekt mit den Folgen der Errichtung der Monarchie durch Caesar Augustus und mit dessen religiöser und kultureller Erneuerungspolitik zusammen. Wie überall in den Städten Italiens und der westlichen Provinzen identifizierten sich auch in Pompeji die einflußreichsten Familien mit dem Kulturprogramm und Herrschaftsmythos des Princeps. Es waren die *domi nobiles*, die die Zeichen der neuen Zeit an ihre Mitbürger vermittelten und die das exemplarische Handeln des Princeps in ihren Städten nachahmten. Sie fanden darin nach dem Chaos der späten Republik, nach Bürgerkriegen, Proskriptionen und Enteignungen ein neues Selbstverständnis. Friede, Sicherheit und ein großer wirtschaftlicher Aufschwung in der ersten Hälfte der Regierungszeit des Augustus waren die Voraussetzung dafür[67].

Das wichtigste Leitmotiv der augusteischen Wende hieß *pietas*. Durch die Rückkehr zum alten Götterglauben sollten *mores* und *virtutes* wieder zum Blühen kommen, sollte dem Kulturverfall Einhalt geboten werden. Der Princeps in Rom war seit 28 v. Chr. der Inbegriff eines *pius*. Er erneuerte alle verfallenen alten Tempel und führte die glänzendsten neuen Heiligtümer für seine großen Helfer Venus, Apollo und Mars auf.

Erneuerung der alten Tempel und Kulte

Auch die großen Stifter und Stifterinnen des frühkaiserzeitlichen Pompeji bekleideten allesamt Priesterämter. Auch sie restaurierten und verschönerten die alten Tempel, errichteten aber auch neue. Die Pompejaner waren durch ihre beiden Stadtgötter Apollo und Venus besonders aufgerufen, der neuen Zeit zu huldigen. War doch Venus jetzt die Ahnherrin des Kaisers und Apollo sein persönlicher Schlachthelfer bei Actium. Für beide waren in Rom gewaltige Tempel errichtet worden. Den alten sullanischen Tempel für Venus empfand man jetzt in Pompeji als nicht mehr repräsentativ genug, vielleicht auch zu sehr mit dem Andenken an den Diktator Sulla und die unglückliche Zeit der Koloniegründung belastet. Jedenfalls setzte der *ordo* zu einem leider wegen der noch ausstehenden Untersuchung des Baues nicht näher zu bestimmenden Zeitpunkt einen Neubau ins Werk, der beim Erdbeben von 62 n. Chr. aber vermutlich immer noch nicht vollendet war. Um den Bauplatz für den neuen Venustempel zu vergrößern, wurden im Süden umfangreiche Substruktionen gebaut, denen ein Teil der »Villa Imperiale« geopfert werden mußte. Eine Treppenanlage, die aus den Substruktionen direkt auf den Tempelvorplatz führt, erinnert an die Verbindung des Augustushauses mit dem Apollotempel auf dem Palatin. Vielleicht haben die Besitzer der »Villa Imperiale« Augustus auch hierin nachgeahmt, vielleicht wohnte gar eine der *sacerdotes publicae* in der Villa? Das ist natürlich nicht mehr als eine Spekulation. Aber daß es sich bei der Vergrößerung des Heiligtums der Venus um eine Aktion von hohem Symbolwert handelte, zeigen Einzelheiten wie die Versetzung der nördlichen Umfassungsmauer um etwa einen Meter nach Norden, wobei man sich nicht scheute, den ganzen Gehsteig der Straße von der Porta Marina zum Forum für die Göttin zu opfern! Aus dem alten Heiligtum sollte jedenfalls ein aufwendiger Marmorbau mit doppelten Säulenhallen im Westen und Osten und einer weiten Aussichtsterrasse nach Süden werden. Ein solcher Entschluß wäre am ehesten in der Aufbruchsstimmung der augusteischen Zeit verständlich.

Auch Apollo erfuhr damals neue Beachtung (Abb. 32. 33. Taf. 6). Die beiden *duumviri* eines der Jahre vor 3/2 v. Chr. erwarben im Auftrag des *ordo* das Recht, im Westen eine neue Temenoswand zu errichten und die bis dahin vom Nachbarhaus (VII 7,2) genutzten *lumina* zu verbauen (CIL X 787). Einer der beiden Beamten war M. Holconius Rufus, der spätere *patronus coloniae* und Erneuerer des Theaters. Zwei andere *duumviri* errichteten vor dem Apollotempel eine Sonnenuhr (CIL X 802). Das waren natürlich vergleichsweise kleine Verbesserungen und Verschönerungen für den alten Stadtgott. Eine Inschrift augusteischer Zeit gibt jedoch eine Vorstellung vom Aufwand, mit dem die *ludi Apollinares* damals gefeiert wurden. Aulus Clodius, dreimaliger *duumvir, quinquennalis* und *tribunus militum a populo* veranstaltete und stiftete, wie auf seinem Grabmal zu lesen war, die *pompa* auf dem Forum, Stiere, Stierkämpfer mit ihrem Anhang, drei Paar Clowns, eine Mannschaft Faustkämpfer, einzelne Faustkämpfer, Vorstellungen etc. (CIL X 1074)[68].

Abb. 32 Apollotempel, Rekonstruktion (nach Mazois). Wie in Rom und vielen anderen römischen Städten wurden in augusteischer Zeit auch in Pompeji die Heiligtümer erneuert und reich ausgeschmückt. Zur programmatischen Pflege der Religion gehörte auch die Erneuerung und reiche Ausstattung der Tempelfeste. Die *ludi Apollinares* fanden zum Teil auf dem Forum statt, mit dem der Apollotempel direkt verbunden war.

Die Rituale und ein Teil der aufgezählten Schauspiele fanden auf dem Forum statt, mit dem der Apollotempel durch große Durchgänge, die an den Festtagen weit geöffnet wurden, direkt verbunden war. Mit Recht ist in der letzten Zeit mehrfach darauf hingewiesen worden, daß man Architektur und Ritual zusammen sehen muß, um die Wirkung von Bauwerken abzuschätzen[69]. Die Inschrift über die Ausstattung der *ludi Apollinares* in Pompeji gibt uns ein wertvolles Beispiel dafür.

Kaiserverehrung und Kaiserkult

Die programmatische *pietas* des Augustus in Rom galt zwar allen Gottheiten, aber die ihm besonders verbundenen erfuhren natürlich die größte Verehrung, ihnen vor allem wurden die prächtigen neuen Marmortempel erbaut. Den Kult seiner eigenen Person jedoch ließ Augustus

Abb. 33 Apollotempel und Forum, Modell im Museum von Pompeji. Das Forum war auf drei Seiten von Kultbauten gesäumt. Zum Apollobezirk und zum platzbeherrschenden Jupitertempel kamen in der frühen Kaiserzeit noch mehrere Kultplätze für die Verehrung des Kaiserhauses auf der östlichen Langseite des Platzes.

in Rom nur indirekt zu. Nur zusammen mit den Laren durfte sein *genius* verehrt werden. Aber er hatte offenbar nichts dagegen, wenn die Gottheiten, vor allem die jetzt so beliebten Personifikationen von Tugenden, mit dem Prädikat *augustus* versehen wurden. Hier knüpften die Honoratioren der Römerstädte an. Die weitaus größte Zahl der vielen in der frühen Kaiserzeit neu erbauten Heiligtümer war in dieser Form mehr oder weniger indirekt für den Kaiserkult bestimmt. Die übermenschlichen Qualitäten und die Göttlichkeit der Macht des Princeps konnten im übrigen außerhalb Roms viel unverblümter gefeiert werden als in Anwesenheit des Princeps in der *urbs* selbst. Man kann geradezu sagen, daß die Honoratiorenfamilien der Römerstädte des Westens in den vielen Stiftungen, die der Verehrung des Kaiserhauses galten, eine neue Identität fanden. Pompeji bietet dank der Erhaltung von Monumenten und Bauinschriften das beste Beispiel dafür.

Der erste in diesem umfassenden Sinne der Kaiserverehrung gewidmete Kultbau ist der Tempel der Fortuna Augusta[70] (Abb. 34–36). Bauherr war einer der einflußreichsten Männer der Stadt, der wahrscheinlich vor allem in der früheren Augustuszeit (ca. 25 bis 5 v. Chr.?) wirkte: M. Tullius M. f., mehrfacher *duumvir, quinquennalis, augur* auf Lebenszeit und *tribunus militum a populo*[71]. Letzteres war ein Ehrentitel, den der Kaiser auf Vorschlag der entsprechenden Gemeinden führenden Männern der italischen Städte verlieh. M. Tullius gehörte ebenso wie M. Holconius Rufus, der Erneuerer des Theaters, zur Gruppe der Stadthonoratioren, die auf diese Weise in den Ritterstand aufsteigen und in direkte Verbindung zum Kaiserhaus treten konnten.

M. Tullius errichtete seinen mit Marmor verkleideten Tempel für Fortuna Augusta *solo et pecunia sua*. Als Bauplatz wählte er einen Platz an einer der wichtigsten Straßenkreuzungen der Stadt unmittelbar nördlich des Forum. Das Podium des pseudoperipteralen Tempels reicht bis in die Straße hinein. Später wurde der Tempel durch eine schmale Porticus gleichsam an das Forum angebunden. Als Anlaß für den Bau kommt vor allem die glückliche Rückkehr des Augustus von der Reise in den Osten (19 v. Chr.) oder in den Westen (13 v. Chr.) in Frage. Damals entstanden in Rom und in vielen anderen Städten Altäre und Heiligtümer für Fortuna Redux. Auch der Stil der korinthischen Marmorkapitelle (Taf. 7) spricht wohl für eine so frühe Datierung des Baues[72].

Man kann sich fragen, weshalb M. Tullius den Tempel nicht am Forum selbst errichtet hat. Gab es dort an der allein noch in Frage kommenden östlichen Langseite keinen Bauplatz für diesen Zweck zu erwerben? Waren die Kaiserkultgebäude und der Eumachiabau schon früher konzipiert? Oder war man in der Frühzeit des Prinzipats noch nicht bereit, die *tabernae* südlich des Macellum für einen solchen politischen Kultbau zu opfern? Leider ist hier keine Klärung möglich.

Gestalt und Ausführung des Tempels zeigen, wie vertraut Bauherr und Architekt zu diesem Zeitpunkt bereits mit den Prinzipien der neuen Sakralbaukunst in Rom waren, ohne doch konkrete Vorlagen von dort übernehmen zu können. Der teure weiße Marmor stand für den Auf-

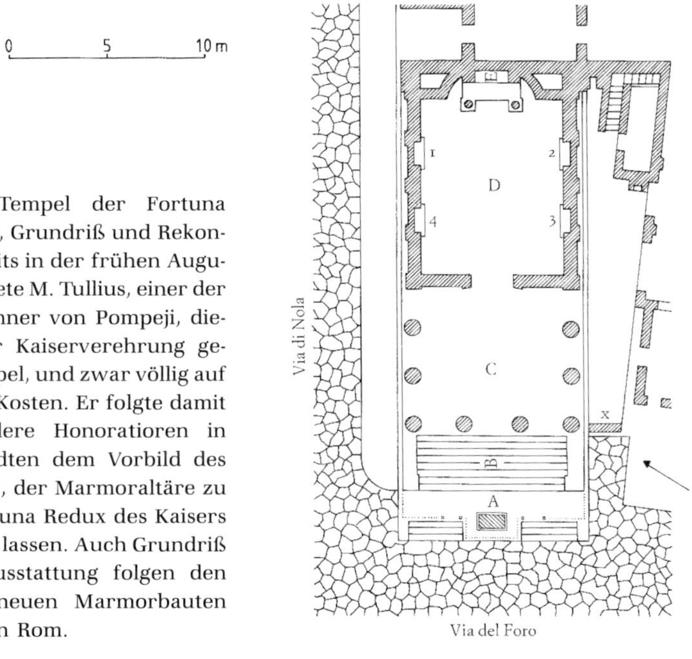

Abb. 34–36 Tempel der Fortuna Augusta. Ruine, Grundriß und Rekonstruktion. Bereits in der frühen Augustuszeit errichtete M. Tullius, einer der führenden Männer von Pompeji, diesen ersten der Kaiserverehrung gewidmeten Tempel, und zwar völlig auf seine privaten Kosten. Er folgte damit wie viele andere Honoratioren in römischen Städten dem Vorbild des Senates in Rom, der Marmoraltäre zu Ehren der Fortuna Redux des Kaisers hatte errichten lassen. Auch Grundriß und reiche Ausstattung folgen den vorbildlichen neuen Marmorbauten des Augustus in Rom.

Abb. 36 Idealisierende Rekonstruktion des Tempels der Fortuna Augusta und seiner Umgebung (nach C. Weichardt 1896).

wand, der den Göttern zukam, und für den neuen Anspruch an handwerkliche und ästhetische Qualität. Die Betonung der Fassade mit Podium und integriertem Altar (A) entsprach der wirkungsbezogenen Zeichenhaftigkeit der *aurea templa* in Rom[73]. An den Langseiten der Cella waren Nischen für Statuen der Stifterfamilie, vielleicht auch des Kaiserhauses vorgesehen (1–4). Eine hier gefundene Togastatue augusteischer Zeit könnte mit dem Bauherrn zu identifizieren sein. Eine weibliche Statue mit erneuertem Gesicht dagegen könnte eine der später der *damnatio memoriae* verfallenen Angehörigen des Kaiserhauses dargestellt haben, vielleicht Julia? Die neuen Tempel für den Kaiserkult boten den Stadthonoratioren neue Möglichkeiten, auf sich selbst aufmerksam zu machen[74]. Als »Synnaoi« des Herrschers oder der Kaisergottheiten hatten sie Anteil an deren Aura, nicht anders als die Statuen der Kaiserfamilie selbst, die man jetzt überall in den alten und neuen Göttertempeln aufstellte.

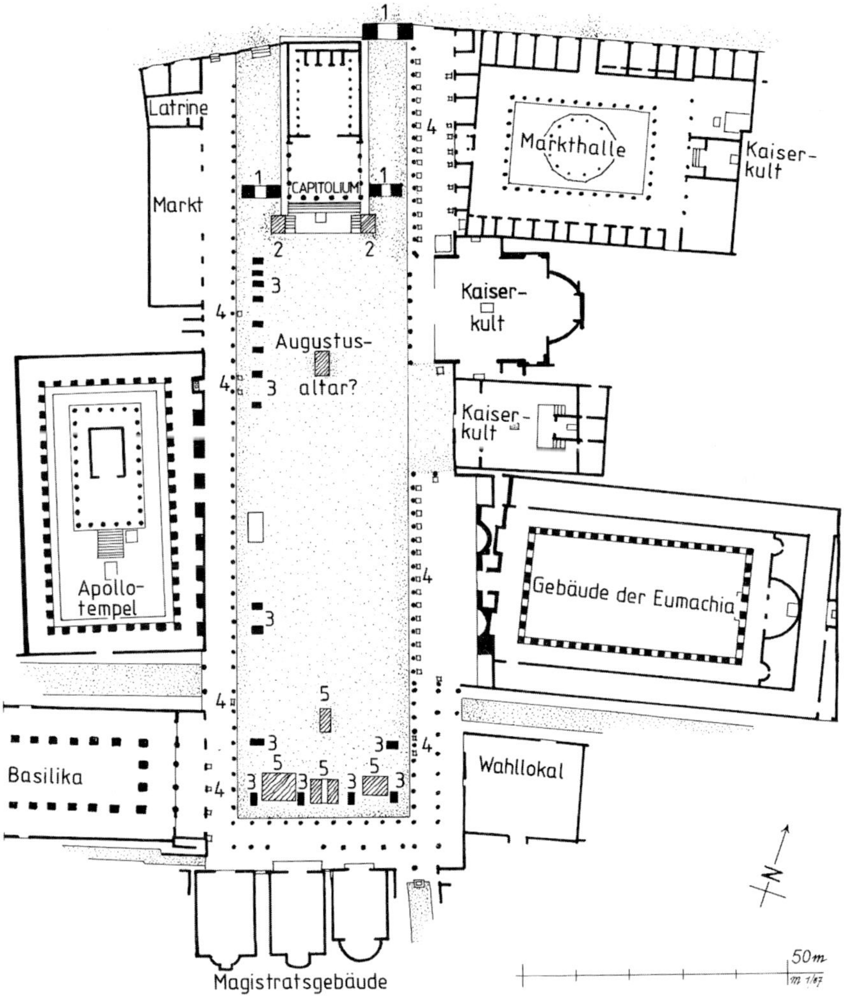

Abb. 37 Forum in der frühen Kaiserzeit, z.T. hypothetischer Grundriß. Der Platz selbst wurde jetzt ganz von den Denkmälern für das Kaiserhaus beherrscht. Auf der Höhe der Kaiserkultbauten befand sich im Zentrum des Platzes vermutlich ein Altar für den Divus Augustus.

Dieselbe Form von Selbstdarstellung findet man in der Aedicula des Macellum[75] (Abb. 37. 38). Beim Neubau des Marktgebäudes war dieser Kultraum an der Ostseite in der Achse des Baues in erhöhter Position errichtet worden. Links davon befand sich ein Versammlungsraum für ein Kultkollegium, zur Rechten wurden Fische verkauft. Zur Zeit des Erdbebens war in der Kultkapelle eine sitzende Kaiserstatue im bekannten Jupitertypus aufgestellt, von der freilich leider nur der Arm mit der Weltkugel in der Hand gefunden wurde. Die beiden in den Nischen zur Rechten gefundenen Statuen aus neronischer Zeit stellten zweifellos Stadthonoratioren dar, die sich um den Markt verdient gemacht hatten. Während der wohl schon verstorbene Mann (Abb. 39) im sogenannten Hüftmanteltypus mit nacktem Körper nach dem Vorbild von Herrscher- und Prinzenstatuen heroisch erhöht dargestellt ist, ließ sich die Frau (Abb. 40) als Priesterin mit Kranz und Weihrauchkästchen darstellen. Sie war vielleicht eine der *sacerdotes publicae*, die in der frühen Kaiserzeit eine so große Rolle als Stifterinnen spielten[76].

Südlich des Macellum wurden die alten *tabernae* jetzt von zwei für den Kaiserkult bestimmten Bauten verdrängt. Das sogenannte Larenheiligtum[77] (Abb. 41, 42) stammt vermutlich erst aus der Zeit nach Augustus, aber vor dem Erdbeben. Es ist nicht unfertig, wie Maiuri annimmt, sondern die reiche Marmorverkleidung wurde in der langen Zeit, als das Forum in Trümmern lag, geplündert. Dafür ist z. B. der zur Zeit der Ausgrabung noch teilweise erhaltene Marmorfußboden ein gutes Indiz. Der eigenartige Bau weist zu seiten der zentralen Apsis zwei große rechteckige Exedren und zahlreiche Statuennischen auf. Die Rekonstruktion (überdacht oder offen?) ist umstritten. Der Bau besaß eine eigene Vorhalle, die als Durchgang benutzt wurde, und war nicht verschließbar. Das Gebäude diente offensichtlich von Anfang an zur Präsentation eines größeren Statuenprogramms. Es liegt nahe, hier den Aufstellungsort einer Statuengalerie der Mitglieder des Kaiserhauses anzunehmen, wie man sie in so vielen Städten Italiens und der westlichen Provinzen gefunden hat. Im Zentrum stand ein Altar, an dem natürlich zusammen mit dem Kaiserhaus auch die städtischen Laren verehrt worden sein könnten.

Der sogenannte Vespasianstempel[78] (Abb. 43) zur Rechten des sogenannten Larariums wird aufgrund mehrerer Indizien bereits in augusteischer Zeit entstanden sein. Die in flachem Relief ausgeführten Nischen-

Abb. 38 Macellum mit Exedra für den Kaiserkult. Selbst das Marktgebäude bekam bei seiner Erneuerung in augusteischer Zeit eine Kultkapelle für die Verehrung des Herrscherhauses. Im Zentrum stand eine Sitzstatue des Kaisers im Jupitertypus.

motive im Innern der Umfassungsmauer sind denen der südlichen Außenseite des Eumachia-Baues sehr ähnlich, woraus sich ein ungefährer zeitlicher Anhaltspunkt ergibt. Auch der nach dem Erdbeben renovierte, zum Teil ergänzte Altar spricht für diese Datierung (Abb. 44).

Abb. 39–40 Marmorstatuen aus dem Macellum. Zu seiten der überlebensgroßen Kaiserstatuen standen diese Statuen von Mitgliedern einer pompejanischen Honoratiorenfamilie, wahrscheinlich der Stifterfamilie der Kapelle. Die Frau ist mit Kranz und Weihrauchkästchen als Priesterin gekennzeichnet, der Mann in einem heroisierenden Bildtypus dargestellt, wie er auch für Mitglieder des Herrscherhauses verwendet wurde. Aufgrund der Frisuren stammen die Statuen aus der Zeit um 50 n. Chr.

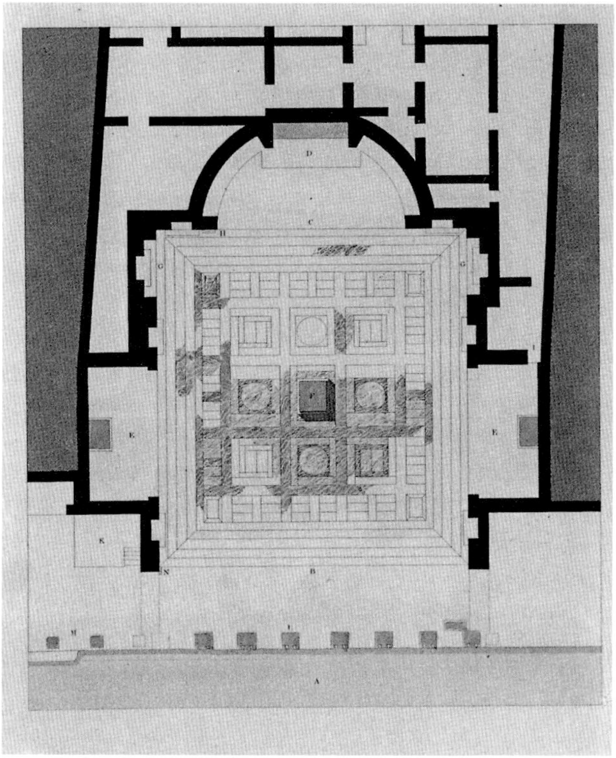

Abb. 41 Forum, Apsidenbau (sog. Lararium). Plattenbelag des Fußbodens (Rekonstruktion nach Mazois). Die zahlreichen Nischen des eigenartigen Apsidenbaues sprechen dafür, daß hier eine der aus vielen anderen Städten bekannten Statuengalerien des Kaiserhauses aufgestellt war. Der Fußboden aus verschiedenfarbigen, zum Teil von weit her importierten Marmorplatten gibt ein gutes Beispiel für den Aufwand, der für solche Repräsentationsbauten getrieben wurde.

Es handelt sich um einen kleinen heiligen Bezirk mit Vorplatz, Altar und einem viersäuligen peristylen Tempelchen auf hohem Podium, das über zwei seitlich angelegte Treppen zugänglich war. Die Bildmotive des Altars, *clipeus virtutis, corona civica*, Lorbeerzweige und Stieropfer,

Abb. 42 Forum, Apsidenbau. Rekonstruktion des Querschnitts (nach Mau 1902).

bezeugen den Zusammenhang mit dem Kaiserkult[79]. Schon Fiorelli hatte die bekannte Inschrift der Mammia mit diesem Bau verbunden. Die Inschrift steht auf einem Marmor-Epistyl, das sich heute im Neapler Nationalmuseum befindet: *M[a]mmia P. f. sacerdos public(a) Geni[o Aug(usti) s]olo et pec[unia sua]*[80]. Mit Recht hat man schon früh auf einen möglichen Zusammenhang dieser Tempelweihung mit der Verehrung des Genius Augusti in den stadtrömischen Larenkapellen seit 7 v. Chr. hingewiesen und eine entsprechende Datierung vorgeschlagen.

Mammia stammt aus einer der alteingesessenen Familien[81]. Sie muß sich große Verdienste um die Stadt erworben haben, denn der *ordo* ehrte sie nach ihrem Tode mit einem Grabplatz im *pomerium*, unmittelbar vor dem Herkulaner Tor, direkt neben dem Grabmonument des M. Porcius (siehe unten S. 131 ff.).

Den bei weitem größten Bau augusteischer Zeit am Forum errichtete ebenfalls eine *sacerdos publica* (Abb. 45. 46)[82]. Eumachia L. f. weihte

Abb. 43 Heiligtum für den Kaiserkult mit Altar und Tempel, sog. Vespasianstempel. Das kleine, vermutlich dem Genius des Augustus geweihte Heiligtum entstand vermutlich bereits in augusteischer Zeit und wurde nach dem Erdbeben wiederhergestellt. Das Tempelchen mit vier Säulen in der Front steht auf einem hohen, nur von den Seiten zugänglichen Podium.

den Bau der Concordia Augusta und der Pietas, und zwar zugleich im Namen ihres Sohnes, M. Numistrius Fronto, der wahrscheinlich mit dem *duumvir* von 2/3 n. Chr. identisch ist (CIL X 892). Die große Stiftung sollte demnach wohl auch als Wahlwerbung verstanden werden. Der Bau ist ein merkwürdiges Mixtum compositum aus verschiedenen Einzelarchitekturen, die in der Bauinschrift auch als solche aufgeführt werden: *chalcidicum, crypta, porticus*. Die Inschrift war in riesigen Lettern auf dem Fries über den gedrungenen dorischen Säulen der Fassade angebracht, über denen man eine zweite, ionische Ordnung angenommen hat. Als Baumaterial ließ Eumachia Travertin verwenden.

Mit *chalcidicum* ist die tiefe Vorhalle gemeint. Sie entspricht in der Tiefe der zweischiffigen Porticus vor dem Comitium, war jedoch nicht als deren Fortsetzung benutzbar, denn die südliche Schmalseite der

Abb. 44 Marmoraltar im Kaiserkultbezirk. Dargestellt ist ein feierliches Stieropfer, wie es im Kaiserkult üblich war. Unter dem Vorhang sieht man im Hintergrund einen viersäuligen Tempel. Im Giebel der für die Kaiserverehrung so charakteristische *clipeus virtutis*.

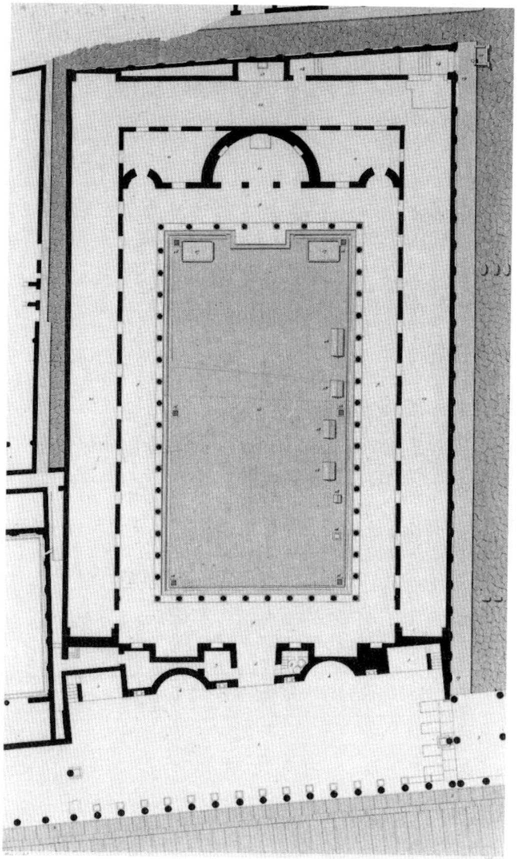

Abb. 45–46 Forum, Gebäude der Eumachia. Grundriß und Vorhalle. Eumachia weihte das überaus aufwendige Gebäude zusammen mit ihrem Sohn der Concordia Augusta und der Pietas. Der Bau besteht aus verschiedenen Teilen und sollte vermutlich auch verschiedenen Funktionen dienen. In der Vorhalle stand eine Statuengalerie. Cryptoporticus und Gartenanlagen könnten wie in Rom als Treffpunkt und Freizeitzentrum gedient haben, in der Exedra stand die Kultstatue.

Halle war durch eine Statuenbasis und Metallgitter verschlossen. Die Stifterin legte also Wert darauf, das Gebäude als geschlossene Einheit zu präsentieren, und zwang die Besucher zum Betreten von der Frontseite her. Die Halle scheint sehr repräsentativ mit besten Marmorsorten verziert gewesen zu sein. Leider ist wegen der Ausplünderungen nach dem Erdbeben wenig davon übriggeblieben.

Daß bei der Ausstattung auch hohe Themen der augusteischen Ideologie angeschlagen wurden, bezeugen die beiden *elogia* auf Romulus und

Abb. 46 Eumachia-Bau, Vorhalle mit Blick auf die erst nach den Ausgrabungen als Türeinfassung rekonstruierten bekannten Marmorplatten mit Ranken.

Aeneas, die unter den kleinen Nischen zu seiten der apsisartig eingebogenen Exedren in die Wand eingelassen waren. Es handelt sich hier um »Zitate« aus dem Bild- und Inschriftenprogramm der *summi viri* auf

Abb. 47 Detail der marmornen »Türverkleidung« (?) am Eumachia-Gebäude. Stil und Qualität des Rankenfrieses sind mit der Ara Pacis in Rom vergleichbar. Wahrscheinlich hatte die Stifterin oder der Stifter eine stadtrömische Werkstatt mit der Ausführung beauftragt.

Abb. 48 Statue einer augusteischen Gottheit mit den Bildniszügen der Livia, Kopenhagen, Ny Carlsberg Glyptotek. Die Kultstatue im Eumachia-Gebäude muß aufgrund mehrerer Indizien (vgl. Abb. 50) ähnlich wie diese Statue ausgesehen haben. Das Kaiserhaus wird in Gestalt der Gottheit als Quell allen Wohlstandes gefeiert (Füllhorn).

dem Augustusforum[83]. Man wüßte gerne, wessen Bilder in den beiden entsprechenden Nischen auf der rechten Seite standen. Eigenartig sind sodann die zwei rechteckigen Exedren, in denen sich über kleine Treppen zugängliche Podien befinden. Ob hier wirklich Versteigerungen stattfanden, wie man angenommen hat, oder ob man hier nicht eher an den Kaiserfesten Reden und Elogia vorgetragen hat?

Der hochgradig repräsentative Charakter der Halle wird auch an der langen Reihe der Statuenpodeste deutlich, die an der Innenseite der Säulen in ganz gleichmäßiger Form aufgemauert sind. Hier muß eine Galerie von Ehrenstatuen gestanden haben, ganz ähnlich wie in der Vorhalle des Macellum. Waren es *summi viri* nach den Vorbildern des Augustusforum oder verdiente frühere Beamte der Stadt? Die beste Vorstellung vom hier getriebenen Aufwand gibt aber die prächtige Türumrahmung in Gestalt eines Rankenfrieses (Abb. 47). Sie ist den Reliefs der Ara Pacis so verwandt und von so hoher Qualität, daß man annehmen darf, sie stamme aus einer stadtrömischen Werkstatt.

Das Innere des Baues besteht aus einer dreiflügeligen Porticus, die sich an der östlichen Schmalseite in zwei kleine halbrunde Exedren – zu seiten der Kultnische für Concordia Augusta – öffnete. Hinter dieser Porticus lag, ebenfalls dreiflügelig, die *crypta*, von der aus man hinter der Kultnische in kleine Gärtchen blicken konnte. Vor allem an der Art der Kombination verschiedener Architekturelemente sieht man, daß es sich hier um einen aufwendigen, verschiedenen Zwecken dienenden Freizeitbau handelte. Eumachia wollte offensichtlich am Forum einen Bau mit urbanem Flair errichten. Das ebene Gelände bot keinerlei Veranlassung zum Bau einer Cryptoporticus. Es ging der Stifterin wohl lediglich um eine eindrucksvolle Verwirklichung des augusteischen Leitmotives *publica magnificentia*, und dabei war natürlich die Verbindung

Abb. 49 Statue der Eumachia, Neapel, Museo Nazionale. Die Statue der Stifterin wurde in der Nische hinter der großen Exedra für die Kultstatue gefunden. Sie war von den *fullones*, den Tuchwirkern und Färbern gestiftet, vielleicht war Eumachia ihre Arbeitgeberin. Das verhüllte Haupt weist auf die *pietas* der Eumachia bzw. auf ihr Amt als *sacerdos publica*, städtische Priesterin, hin. So waren die Statuen der Göttin/Kaiserin und der Stifterin trotz der räumlichen Trennung aufeinander bezogen.

von *porticus* und *crypta* mit Garten weit wirkungsvoller als eine einfache Säulenhalle.

Die Stiftung scheint von der 7 v. Chr. dedizierten Porticus Liviae in Rom angeregt zu sein. Diese war ebenfalls der Concordia Augusta geweiht. Livia hatte ihr »Freizeitzentrum« in der dichtbevölkerten Subura ebenfalls zusammen mit ihrem Sohn errichtet. Eumachia folgte diesem Beispiel nur wenige Jahre später. Es ging ihr dabei aber nicht um die Nachahmung der Architektur des vielgerühmten römischen Bauwerkes, sondern um ein Nacheifern in Sachen *publica magnificentia* und *pietas*[84].

Letztere wandte sich natürlich wieder dem Kaiserhaus selbst zu. In der großen Nische des Eumachia-Baues stand eine reich verzierte Concordiastatue mit vergoldetem Füllhorn (Abb. 48). Wahrscheinlich trug die Gottheit, wie so oft, einen Porträtkopf der Livia. Dies anzunehmen, legt das einfache Relief an dem Brunnen gegenüber dem Seiteneingang des Eumachia-Baues nahe. Es zeigt die Göttin mit der Modefrisur der Livia[85] (Abb. 50).

Auch in diesem Falle nutzte die Stifterin ihren Bau in unmittelbarer Weise zur Selbstdarstellung. Ihre eigene Statue wurde in der *crypta* in einer Nische direkt in der Achse der Concordia-Kapelle gefunden. Eumachia ließ sich diese bereits bei der Planung vorgesehene Statue von den *fullones*, den Tuchwalkern und Färbern, dedizieren, die ihr offenbar zu besonderer Dankbarkeit verpflichtet waren. Die Statue zeigt die Priesterin Eumachia mit verhülltem Haupt als *pia*[86] (Abb. 49). Die Statue wurde in klassizistischem Stil ausgeführt. Dies verdient gerade wegen der bescheidenen Qualität des Werkes Interesse. Nicht nur der Körper, auch das Bildnis ist ganz in den idealen Formen der späteren Klassik gebildet. Die Bewegung des Körpers drückt gleichermaßen Zurückhaltung und Charis aus, die Gesichtszüge entbehren jeder Wirklichkeitsnähe, zeigen die allen bekannte Frau mit völlig idealen Zügen. Die ethischen Konnotationen, die die augusteische Ideologie mit dieser klassischen Stilsprache verband, müssen den pompejanischen Auftraggebern also geläufig gewesen sein[87]. Die Besucher des prächtigen Bauwerkes aber werden die edle Formensprache, die sie ja von den Statuen der kaiserlichen Familie her kannten, zweifellos als erhöhend und gerade in der idealen Verfremdung der ihnen bekannten Eumachia als nobilitierend empfunden haben. So geben selbst die wenigen Funde aus dem Eumachia-

Abb. 50 Brunnen am Seiteneingang zum Gebäude der Eumachia. Das von einem einfachen einheimischen Steinmetz gearbeitete Relief ahmt vermutlich die Kultstatue der Concordia Augusta im Innern des Gebäudes nach.

gebäude wichtige Hinweise für die sich auf verschiedenen Ebenen abspielende Rezeption der offiziellen neuen Bildersprache.

Im Laufe weniger Jahrzehnte entstanden an der östlichen Schmalseite des Forum vier neue Repräsentationsbauten, die allesamt, zumindest teilweise, mit Marmor verkleidet waren und sich durch ihren aufwendigen Schmuck und die hellen Travertinfassaden auszeichneten. Das gab diesen Bauten ein eigenes Gewicht gegenüber den älteren Tuffgebäuden. Vor allem aber: In jedem dieser Bauten wurde das Kaiserhaus auf direkte oder indirekte Weise kultisch verehrt, d. h., daß mit jedem dieser Gebäude bestimmte Rituale und Feste verbunden waren, die die Aufmerksamkeit der Einwohner immer wieder auf diese Bauten und ihre Kulte lenkten.

Neuere Forschungen haben gezeigt, daß eine solche tiefgreifende Veränderung des Erscheinungsbildes der Fora während der frühen Kaiserzeit in vielen Städten zu beobachten ist. Viele dieser Bauten entstanden bereits zur Zeit Augustus', andere unter den Nachfolgern aus seiner Familie. Lage, Größe und Ausstattung der Heiligtümer und Kapellen waren von Ort zu Ort verschieden. Denn es waren überall die Stadthonoratioren selbst, die für die Errichtung der Monumente der Loyalität sorgten. Die Stadtbilder spiegeln hier in einzigartiger Weise die Veränderung des politischen Systems wider und zeigen, wie sehr die Gesellschaft sich mit diesem identifizierte. In vielen Städten konnten Bauherren und Architekten die Kaiserkultbauten sehr viel wirkungsvoller in Szene setzen als in Pompeji; in neugegründeten Städten scheinen sie überhaupt die den Platz beherrschenden Bauten gewesen zu sein[88]. Das Beispiel Pompeji aber ist so wertvoll, weil wir hier etwas vom Ablauf des Prozesses fassen können.

Bezeichnenderweise beruhte jeder Bau auf einer Einzelinitiative. Es gab keine übergreifende Planung, erstaunlicherweise nicht einmal für die Anbindung der neuen Gebäude an den Platz, denn die Fassaden springen verschieden weit vor. Es gab auch keine durchlaufende Porticus an der Ostseite, sondern die Vorhallen von Macellum, das sogenannte Larenheiligtum, und vom Eumachia-Bau boten sich als Fassaden mit unterschiedlichen Grund- und Aufrissen dar.

Die Ehrenmonumente auf dem Forum

Auch der Platz selbst nahm in der frühen Kaiserzeit ein neues Gesicht an[89]. Nach der Koloniegründung waren offenbar gleich große Reiterstatuen als Ehrung für die höchsten Beamten in Mode gekommen, wie die alten Sockel an der Westseite und vor den Amtsgebäuden im Süden vermuten lassen (Abb. 51). Bereits in augusteischer Zeit mußte ein Teil der letzteren einem Bogenmonument weichen, das nach dem berühmten Vorbild auf dem Augustusforum in Rom eine Quadriga des *pater patriae* getragen haben könnte. Später kamen dann zur Rechten und zur Linken zwei weitere überdimensionierte Monumente auf riesigen viereckigen Sockeln, wohl ebenfalls Quadrigae, sowie in der Achse des Platzes ein kolossales Reiterstandbild hinzu. Die früher hier regelmäßig gereihten Reiterstatuen waren zuvor abgeräumt und vermutlich an einer anderen Stelle des Platzes wieder aufgestellt worden[90]. Durch diese neuen, zweifellos für Mitglieder des Kaiserhauses errichteten Monumente wurden die Ehrenstatuen der verdienstvollsten Bürger der Stadt an den Rand gedrängt. Ihre untergeordnete Bedeutung ergab sich auch aus den Größenverhältnissen.

Der Standort vor den Amtsgebäuden an der Südseite war offensichtlich der ehrenvollste. Grund dafür wird gewesen sein, daß hier der

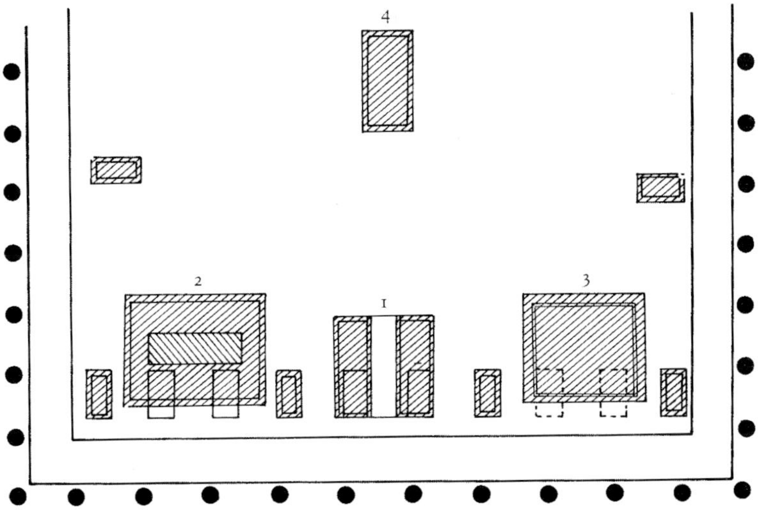

Abb. 51 Forum, Statuensockel auf der Südseite (nach Mau). Ursprünglich standen hier gleich große Reiterstandbilder. Später mußten die meisten von ihnen drei überdimensionalen Sockeln für Monumente des Kaiserhauses weichen (1–3).

Abb. 52 Nordseite des Forums, Rekonstruktion (nach D. Scagliarini Corlàita). Auch diese Seite des Platzes wurde von Denkmälern für das Herrscherhaus dominiert. Sie standen wie auch auf anderen Fora italischer Städte zu Seiten des Aufgangs zum Jupitertempel und auf den beiden an den Tempel anstoßenden Ehrenbögen.

belebteste Teil des Platzes lag und ein reger Durchgangsverkehr stattfand. Die großen Kaisermonumente scheinen denn auch in der Tat auf die Passage zwischen Via dell'Abbondanza und Porta Marina ausgerichtet. Die westliche Langseite dagegen war eindeutig ein zweitrangiger Aufstellungsort. Es ist wohl kein Zufall, daß die hier aufgestellten Sockel für Reiterstatuen z.T. kleiner dimensioniert sind als die vor den Amtsgebäuden. Die wenigen an den Stufen der Porticus aufgestellten *statuae pedestres* treten vollends in den Hintergrund. Aus den erhaltenen Inschriften kann man schließen, daß hier städtische Honoratioren aufgestellt waren. Es ergab sich also eine eindeutige Abstufung zwischen kaiserlichen und städtischen Ehrenmonumenten nach dem Aufstellungsort.

An der nördlichen Schmalseite des Forum dominierten die Denkmäler für das Kaiserhaus nicht weniger wirkungsvoll als vor den Amtsgebäuden. Zu seiten des Capitolium wurden nach dem Vorbild der Ostseite des Forum Romanum und des Augustusforum zwei Ehrenbögen, vermutlich für kaiserliche Prinzen, errichtet (Abb. 52). Den Bogen auf der rechten Seite setzte man später bis zur Straße zurück, um die Fassade der neuen Vorhalle des Macellum besser zur Geltung kommen zu lassen und um den Fortuna-Augusta-Tempel mit der zu diesem hinführenden Porticus optisch besser einbeziehen zu können. Als man später dann auch noch neben dem Fortuna-Tempel einen Ehrenbogen in der Flucht des Forum-Bogens baute, ergab sich eine eindrucksvolle Staffelung, die an großstädtische Stadtbilder erinnert haben mag (Abb. 54).

Abb. 53 Vorhalle vor dem Marktgebäude (Macellum), Rekonstruktion (nach Weichardt 1896). Vor dem Macellum und in der Vorhalle des Eumachia-Gebäudes fanden sich jeweils eine Serie gleichartiger Statuensockel. Vielleicht wurden hier die früheren Ehrenstatuen der Stadthonoratioren von Pompeji neu aufgestellt, nachdem die zentralen Plätze auf dem Forum selbst mit Monumenten für den Kaiser und seine Familie besetzt worden waren. In Wirklichkeit wird die Wirkung dieser Vorhallen freilich nicht ganz so prächtig gewesen sein wie in der Phantasie des Zeichners aus dem späten 19. Jh.!

Abb. 54 Blick vom Forum zum Bogen beim Tempel der Fortuna Augusta (Gemälde von A. Gaeta). Auch neben dem Tempel der Fortuna Augusta wurde später ein kleinerer Ehrenbogen errichtet (sein Inneres diente als Wasserverteiler). Der Durchblick vermittelt noch etwas von der Wirkung der neuen Repräsentationsbauten und Ehrenmonumente im Stadtbild.

Die enge Verbindung von Ehrenbögen und Tempelfassade hob die Statuen der so verherrlichten Mitglieder des Kaiserhauses in eine sakrale Sphäre und bezog das alte Capitolium geradezu in das Kaiserlob ein. Dieses um so mehr, als auf den Treppenwangen des Tempelpodiums zwei Reiterstandbilder aufgestellt worden waren, wie das Relief im Lararium des Caecilius Iucundus zeigt (Abb. 54a)[91]. Zweifellos stellten auch sie Mitglieder des Kaiserhauses dar.

Der Platz selbst erhielt vermutlich ebenfalls in der frühen Kaiserzeit ein neues Pflaster aus Travertinplatten, das sehr viel mehr hermachte als das alte Tuffpaviment[92]. Eine auf der Höhe des *suggestum* quer über den Platz laufende Inschrift nannte den Stifter. Sie erinnert an die

Inschrift des Praetors Surdinus auf dem Forum Romanum und ähnliche Forumspflasterungen in anderen italischen Städten. Leider sind nur wenige Buchstaben der Bronzeinschrift zu rekonstruieren. Sie zeigen immerhin, daß der Stifter nicht bescheidener als Eumachia gewesen ist. Die Buchstaben waren noch größer als die des Praetors Surdinus in Rom! Diese Neupflasterung mag den Anstoß zu einer Systematisierung der Statuenaufstellung gegeben haben. Vielleicht wurde damals beschlossen, die *statuae pedestres* abzuräumen und im *chalcidicum* des Eumachia-Baues und in der Vorhalle des Macellum neu aufzustellen (Abb. 53). Die gleichförmigen Sockel an beiden Orten lassen jedenfalls eine Art Statuengalerie vermuten, die an die *summi viri* auf dem Augustusforum in Rom erinnert.

Wenn wir das Forum nun noch einmal als Ganzes in den Blick nehmen, so fällt auf, daß das eigentliche Zentrum des Platzes von Ehrenmonumenten freigehalten wurde. Aber etwa auf der Höhe der beiden Kaiserkultgebäude befindet sich in der Achse des Platzes ein hochrechteckiger Fundamentrest (vgl. Abb. 37). Man hat früher nach den Proportionen zu Recht einen Altar vermutet. Zum Capitolium könnte ein solcher aber nicht gehören, denn dessen (früher auf dem Forum, aber nahe am Tempel gelegener) Altar befand sich seit der frühen Kaiserzeit auf dem Tempelpodium, wie das Relief im Lararium des Hauses des Caecilius Iucundus bezeugt. Manches spricht dafür, daß es sich bei dem Fundamentrest um einen Altar für den Kaiserkult handelte. Dieser wäre dann von drei Seiten von kaiserlichen Ehrenmonumenten bzw. Gebäuden für den Kaiserkult umgeben gewesen. Seine Ausrichtung zu den Kultbauten hin würde geradezu eine Art Umorientierung des Forum in Richtung auf die neuen Repräsentationsbauten anzeigen. Man könnte sich überlegen, ob es sich bei dem großen Altar auf dem Relief im Lararium des Caecilius Iucundus nicht um dieses Monument in der Platzmitte handelt (Abb. 54a):

Abb. 54a Relief vom Lararium im Haus des Caecilius Jucundus (V,1,26). Blick auf den Jupitertempel beim Erdbeben, rechts der mutmaßliche Altar für den Kaiserkult, links ein Ehrenbogen.

Die Rangordnung im neuen Marmor-Theater

M(arcus et) M(arcus) Holconii Rufus et Celer
cryptam tribunalia theatrum s(ua) p(ecunia), CIL X 833–34

Diese in mehreren Exemplaren erhaltene Inschrift bezieht sich auf den großen Umbau des hellenistischen Theaters in augusteischer Zeit (Abb. 55. 56)[93]. Sie war an den seitlichen Durchgängen *(parodoi)* und wohl auch an der Bühnenfassade angebracht und rief so den Theaterbesuchern die großzügige Stiftertätigkeit der Holconii immer wieder in Erinnerung. *Crypta* steht für eine erhebliche räumliche Erweiterung. Gemeint ist der überwölbte Umgang über dem alten Zuschauerraum *(cavea),* der als neuer Verteiler diente und zugleich eine zusätzliche *summa cavea* mit enggedrängten Sitzreihen trug (Abb. 55 Nr. 1). Mit

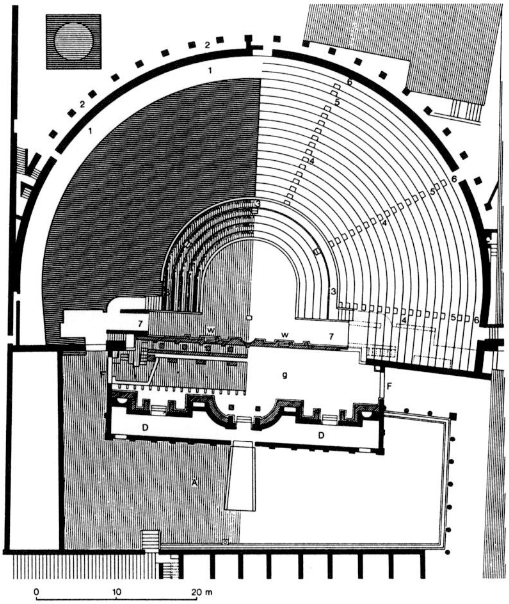

Abb. 55 Grundriß des Theaters nach der Erneuerung in augusteischer Zeit.

Abb. 56 Rekonstruktion des großen Theaters nach den augusteischen Erweiterungen und Verschönerungen (nach de Franciscis). In der späteren Augustuszeit wurde das Theater des 2. Jhs. v. Chr. durch die Brüder M. Holconii erweitert und verschönert. Diese Neugestaltung trug nicht nur dem allgemeinen Bedürfnis nach prächtigeren öffentlichen Bauten, sondern auch der schärferen Betonung der gesellschaftlichen Ordnung im Kaiserreich Rechnung. Die Sitzordnung brachte jetzt durch klare Unterteilungen den jeweiligen gesellschaftlichen Rang der Zuschauer zum Ausdruck; die spielgebenden Beamten saßen hervorgehoben auf neu eingebauten *tribunalia*, und die neue Bühnenfassade war vermutlich wie in vielen anderen Städten mit Statuen der kaiserlichen Familie geschmückt.

theatrum muß unter anderem die Auskleidung der *cavea* mit marmornen Stufen und Sitzreihen gemeint sein (Abb. 55 Nr. 3, 4). Voraussetzung dafür aber war die Erneuerung der Substruktion der *cavea*, was einem weitgehenden Neubau gleichkam.

Der Einbau der natürlich ebenfalls mit Marmor ausgelegten *tribunalia* (7) über den bereits in sullanischer Zeit überwölbten Parodoi machte aus dem Bau des 2. Jhs. v. Chr. erst ein »römisches« Theater. Künftig konnten die spielgebenden Beamten auch in Pompeji mit ihrem Anhang auf diesen erhöhten Logen sitzen und waren so für jedermann im Theater sichtbar herausgehoben, gemäß ihrem Rang und ihrer Würde. Die

Abb. 57 Inschrift für die Stifter, die Brüder M. Holconii, im Zentrum des Zuschauerraumes der *cavea*.

Erneuerung muß eine entsprechende Ausstattung der *scaenae frons* mit Marmorverkleidung eingeschlossen haben. Man kennt die vielen mit aufwendiger zwei- und dreistöckiger Säulenordnung verzierten Bühnenwände der frühkaiserzeitlichen Theaterbauten. Leider ist in Pompeji wenig von dieser Marmorausstattung erhalten geblieben[94]. Auch gibt es keine gesicherte Bühnenrekonstruktion, vielleicht darf man sie sich ähnlich wie die des Theaters von Herculaneum vorstellen. Jedenfalls wird man nicht fehlgehen, wenn man annimmt, daß ein Teil der im Theater gefundenen Statuensockel einst in der Bühnenfront zwischen den Säulen aufgestellt war. Im Zentrum der Schauwand werden auch in Pompeji die Statuen des Kaisers und seiner Familie gestanden haben. Neben diesen aber wird man, in entsprechender Abstufung natürlich, die Bildnisse der Holconii gesehen haben, von denen zumindest drei für das Theater gesichert sind.

M. Holconius Rufus war die überragende Persönlichkeit Pompejis in mittel- und spätaugusteischer Zeit[95] (vgl. Abb. 58). Er stammte aus einer alteingesessenen Familie, die einen geschätzten Wein produzierte. Sogar eine Rebsorte trug ihren Namen. Die politische Karriere des M. Holconius Rufus muß bereits um 20 v. Chr. begonnen haben, denn zur Zeit des Theaterbaues 3/2 v. Chr. war er bereits zum vierten Mal *duumvir* und einmal *quinquennalis* gewesen, und der Kaiser hatte ihm damals bereits den Ehrentitel eines *tribunus militum a populo* verliehen; auch fungierte er schon als *sacerdos Augusti*. Später verlieh ihm die Stadt sogar noch die höchste Ehrung, die sie überhaupt zu vergeben hatte, und machte ihn zum *patronus coloniae*.

Der auf den Stifterinschriften zusammen mit M. Holconius Rufus genannte Verwandte namens Celer muß erheblich jünger als Rufus gewesen sein, denn er erlangte das Duumvirat erst 13/14 n. Chr., war damals allerdings auch schon designierter *quinquennalis* und *Augusti sacerdos*, später *sacerdos divi Augusti*. Wahrscheinlich war er der Sohn des Rufus. Wie beim Prunkbau der Eumachia diente die Stiftung also auch hier unter anderem der Beförderung der Karriere eines jüngeren Familienmitgliedes und half so mit, die Vorrangstellung einer Familie zu festigen.

Wie in den Kaiserkultbauten bot die umfassende Erneuerung des Theaters reichliche Gelegenheit zur Selbstdarstellung der Stifter. Die von der Gemeinde errichteten Ehrenmonumente müssen auch hier im lebendigen Kontext der Feste und Spiele gesehen werden. Nicht nur bei der Einweihung, sondern auch späterhin saßen Mitglieder der *gens Holconia* als Beamte und Kaiserpriester auf Ehrensitzen oder als Spielgeber auf den neuen *tribunalia*. Die besondere Ehrenstellung, die M. Holconius Rufus in Pompeji einnahm, wird vor allem an einem Monument sichtbar, das auf der untersten Stufe der *media cavea* in der Mittelachse des Zuschauerraumes stand, begleitet von einer Ehreninschrift mit dem kompletten *cursus honorum* (Abb. 57). Vielleicht kann man die Löcher, in die das Monument eingelassen war, mit einer bronzenen *sella curulis* verbinden, einer Form von Ehrenmonument, wie sie später für Mitglieder des Kaiserhauses mehrfach überliefert ist[96]. So wäre ständig sinnfällig an die vielfache und vorbildliche Amtsführung des Geehrten erinnert worden.

Am Fall der Holconii kann man sich die hervorragende Vermittlerrolle der *domi nobiles* in den Römerstädten der Augustuszeit besonders gut klarmachen. Es waren diese führenden Familien, die in ihren Städten für das kulturelle Erneuerungsprogramm des Princeps warben und mit ihren Stiftungen entsprechende »Bilder« schufen. Die meisten hatten, wie M. Holconius Rufus, direkte politische Verbindungen nach Rom, ja sogar zu Augustus selbst. Sie kannten jedenfalls die neuen politischen Leitlinien genau und identifizierten sich mit diesen. Politische Führung, Pflege des Kaiserkultes und Sorge für das äußere Erscheinungsbild der Städte hingen eng zusammen. M. Holconius Rufus ist der erste sicher bezeugte Augustuspriester (übrigens ohne jede Bemäntelung: *Augusti sacerdos*!). Der Kaiser selbst hatte ihn ausgezeichnet und dem unmilitärischen Mann den schön klingenden Titel eines *tribunus militum a populo* verliehen. Das bedeutete unter anderem, daß Holconius bei seinen Besuchen in Rom im Theater an besonders herausgehobener Stelle unter der Ritterschaft sitzen konnte. Als ihm die Pompejaner eine Ehrenstatue (Abb. 58) vor den Stabianer Thermen an einer besonders belebten Straßenkreuzung errichteten, bestellten sie diese in einem stadtrömischen Bildhauer-Atelier. Auch dabei wird der Geehrte, der sich in Rom gut auskannte, mitgewirkt haben. Jedenfalls kam durch die Wahl des Statuentypus – es war eine Kopie der Kultstatue des Mars Ultor vom Forum Augustum – ein weiteres wichtiges Bildnis in die Stadt. Es setzte das stolze Ehrenprädikat ins Bild um und warb zugleich für *virtus* und Militär[97].

Mit der Erneuerung des Theaters in Marmor leistete M. Holconius Rufus einen großen Beitrag zur Stadtverschönerung – *publica magnificentia* hieß auch hier das Leitmotiv. Allenthalben wurden damals in den Römerstädten anspruchsvolle neue Theater in zentraler Lage innerhalb der Mauern gebaut. In Rom war der Princeps selbst als Theaterstifter hervorgetreten. Diese Theater sollten unter anderem den kulturellen Anspruch des neuen Zeitalters zum Ausdruck bringen. Gleichzeitig wollte man aber auch würdige Versammlungsorte schaffen, in denen sich die Gesellschaft der Städte treffen und in festlicher Stimmung selbst erleben konnte. Dem diente die aufwendige Ausstattung der Theater mit Marmor, Säulen und Statuenschmuck ebenso wie die von den Bürgern geforderte feierliche Kleidung[98].

Man kann sich fragen, warum in einer Stadt wie Pompeji, die ja schon seit langem über zwei schöne Theater verfügte, dieser Programmpunkt nicht als bereits erfüllt angesehen worden ist. Das alte Theater war vermutlich im Vergleich zu den neuen Marmorbauten in anderen Städten

Abb. 58 Ehrenstatue des M. Holconius Rufus. Die Bürger Pompejis ehrten M. Holconius Rufus, die bedeutendste politische Persönlichkeit der Stadt in der späteren Augustuszeit, mit einer Panzerstatue vor den Stabianer Thermen, einem der belebtesten Plätze. Die Wahl des militärischen Statuentypus nimmt auf den Ehrentitel *tribunus militum a populo* Bezug, mit dem der Kaiser führende Bürger der italischen Städte auszeichnete, die sich in besonderer Weise verdient gemacht hatten.

unansehnlich; dem sollte durch die »Marmorisierung« abgeholfen werden. Die Bauinschrift läßt indes erkennen, daß die Holconii mit der Erneuerung auch präzise sozialpolitische Zwecke verfolgten. Auf der neuen *crypta* konnte zusätzlicher Platz für die rangniedrigsten Theaterbesucher (Fremde, Unfreie, Arme, eventuell auch Frauen) geschaffen werden. Die Konstruktion war aber so konzipiert, daß die Besucher dieser obersten Ränge über von außen angebaute, im übrigen ziemlich bescheidene Treppen direkt auf ihre Sitze geleitet wurden, ohne sich mit dem übrigen Publikum vermischen zu können. Auch von den Sitzen über der hohen *crypta* gab es keine direkte Verbindung zur *media cavea*, wo das »gute Bürgertum« saß. Das entsprach völlig dem politischen Konzept der augusteischen Theatergesetzgebung. Die Zahl der Privilegierten sollte eher erweitert, verdiente Sklaven z. B. mit einbezogen werden, aber gleichzeitig sollten die Stände noch deutlicher als zuvor voneinander geschieden sitzen.

Unter diesem Aspekt erfüllte die *crypta* eine zweite wichtige Funktion: Sie diente als »Verteiler« der Besucher der *media cavea*. Dank der *crypta* war es künftig möglich, den Zugang zur *media* und *ima cavea* zu trennen. Die 20 Sitzreihen der für die breite Schicht der freien Bürger der Stadt bestimmten *media cavea* wurden von der *crypta* aus über sechs zwischen den *cunei* nach unten führende Treppen erschlossen. Den Eingang durch die Orchestra konnte man so der Oberschicht, die in der *ima cavea* saß, vorbehalten. Wahrscheinlich waren vor allem innerhalb der *media cavea* auch noch besondere Sitzplätze für bestimmte Gruppen der Bevölkerung, wie Jugendliche, Militärs, Kollegia, reserviert. Auch mit auszeichnenden bzw. diskriminierenden Abstufungen, entsprechend der *lex Julia theatralis*, wird man, wie in Rom und an anderen Orten und in anderen Städten, rechnen müssen[99]. In Pompeji haben sich lediglich einige Trennlinien auf den marmornen Sitzreihen (mit Zahlenangaben) erhalten, die die Breite des einzelnen Sitzplatzes auf 39 cm begrenzten! Auch das Theater von Pompeji war also dank der Bemühungen der Holconii zu einem Ort geworden, an dem die städtische Gesellschaft ihre eigene Gliederung sinnfällig und nachhaltig erleben konnte, ganz wie der Princeps es wünschte.

Ein »Sportfeld« für die Jugend

Es gibt noch einen weiteren aufwendigen öffentlichen Bau aus augusteischer Zeit, mit dem die Pompejaner den *exempla* des Princeps in Rom nacheiferten, die sogenannte große Palästra beim Amphitheater (Abb. 59. 60)[100]. Es war ein besonderes Anliegen des Augustus, die körperliche Leistungsfähigkeit und das Virtus-Bewußtsein der Jugendlichen aus der Oberschicht zu heben. Reiterspiele, Paraden und eine jährliche Musterung *(probatio equitum)* der *iuventus* dienten diesem Ziel. Seit die Prinzen Caius und Lucius Caesar von den Rittern den Ehrentitel *principes iuventutis* verliehen bekommen hatten und sogar an den erneuerten Troja-Spielen selbst führend teilnahmen, erhielten diese Veranstaltungen (für die natürlich lange zuvor auf dem Marsfeld vor aller Augen trainiert wurde) zusätzliches Gewicht. Solche *exempla* der Jugendpflege in Rom wirkten stimulierend auf die Städte. Man organisierte auch dort die *iuventus* oder die *collegia iuvenum* neu und veranstaltete ähnliche Wettbewerbe. Der Neubau von Trainingsplätzen *(campus)* zeigt, welches Gewicht man der Sache beimaß[101].

Zweifellos handelt es sich bei der sogenannten Palästra um den *campus* von Pompeji. Eine dreiflügelige Säulenhalle faßt ein sehr großes parkartiges Terrain ein (141 × 107 m). Die mit drei überdachten Eingängen versehene Frontseite war dem Amphitheater zugewandt und mit Zinnen bestückt (Abb. 60). So wurde auf die ideelle Funktion des Gebäudes hingewiesen: Es sollte nach der Bestimmung der leider unbekannten Stifter der kriegerischen Ertüchtigung der hier trainierenden Jugend dienen. Diese aber wurde zumindest in Italien kaum mehr zu den Waffen gerufen. Der Kaiser sicherte die Grenzen mehr und mehr durch Berufssoldaten und barbarische Hilfstruppen. Wenn der Stifter des *campus* diesem trotzdem etwas vom Anblick eines *castrum* geben wollte, so, um auf den Virtus-Gedanken hinzuweisen. Die Militarisierung der Bildersprache in der frühen Kaiserzeit ist in verschiedenen Bereichen zu verfolgen. Sie war Ausdruck und gleichzeitig Stabilisator einer Mentalität und eines Herrschaftsbewußtseins, wie sie sich als Folge der augusteischen Kulturpolitik überall verbreitet hatten.

In Wirklichkeit diente der *campus* als Freizeitzentrum sehr verschiedenen Zwecken. Die große *natatio* (34,55 × 22,25 m) wird im Sommer gern zum Baden benutzt worden sein, zumal die in zwei Reihen gepflanzten Platanen schattige Ruheplätze boten. Das üppige Wurzelwerk dieser Bäume lieferte übrigens auch ein wichtiges Indiz für die Entstehungszeit des Baues[102]. Die Bäume waren zur Zeit des Untergangs fast 100 Jahre alt (Taf. 8, 1). Der *campus* stammt also aus der Aufbruchszeit des Prinzipats.

Die 357 m langen Säulenhallen verfügen mit Ausnahme einer Latrine im Süden und einer kleinen Kaiserkult(?)-Kapelle in der Mittelachse der westlichen Langseite über keinerlei Annex-Räume. Es gab hier also keine fest etablierten Institutionen wie *collegia*. Daß der Bau von der *iuventus* benutzt wurde und daß entsprechende Spiele stattfanden, bezeugen immerhin einige Graffiti. Die meisten dieser Wandkritzeleien sprechen indes von anderem Gebrauch. Da gibt es z. B. einen Schullehrer, der in Versen klagt, weil man ihm seinen Lohn vorenthielt; andere haben auswendig gelernte Dichterverse aufgeschrieben; vieles bezieht sich natürlich auf die Gladiatorenspiele im nahe gelegenen Amphitheater. An den Spieltagen wird der *campus* von den Besuchern in den Pausen sehr frequentiert worden sein. Preisangaben, Hinweise auf Friseure und natürlich erotische und obszöne Inschriften geben ein buntes Bild von seiner Benutzung. Erfreulicherweise klafften hier wie anderswo ideologischer Anspruch und Lebenswirklichkeit weit auseinander.

Kleine Stadtverschönerungen

Seit Augustus Rom zu einer »Stadt aus Marmor« umgestaltete, entstanden überall im Westen des Reiches, selbst in kleinen Städten, teure, mit Marmor verkleidete öffentliche Bauten. Die Verwendung von Marmor bedeutete für die Zeitgenossen mehr als nur Verschönerung der Städte.

Abb. 59–60 Campus, sog. Palaestra. Grundriß und Frontansicht. Auch dieser weitläufige Bau für die sportliche Ertüchtigung der Jugend war eine Frucht des augusteischen Erneuerungsprogramms. Eine dreiflügelige Säulenhalle und eine Mauer mit drei Eingangstoren umrahmten ein parkartiges Gelände, in dessen Mitte sich ein großes Schwimmbecken befand. Die zinnengeschmückte Mauer verweist auf die Ideologie der militärischen Kampfbereitschaft. In Wirklichkeit brauchte die Jugend ihre *virtus* indes unter Augustus nicht mehr praktisch unter Beweis zu stellen, denn die Schlachten wurden von den kaiserlichen Berufsheeren geschlagen.

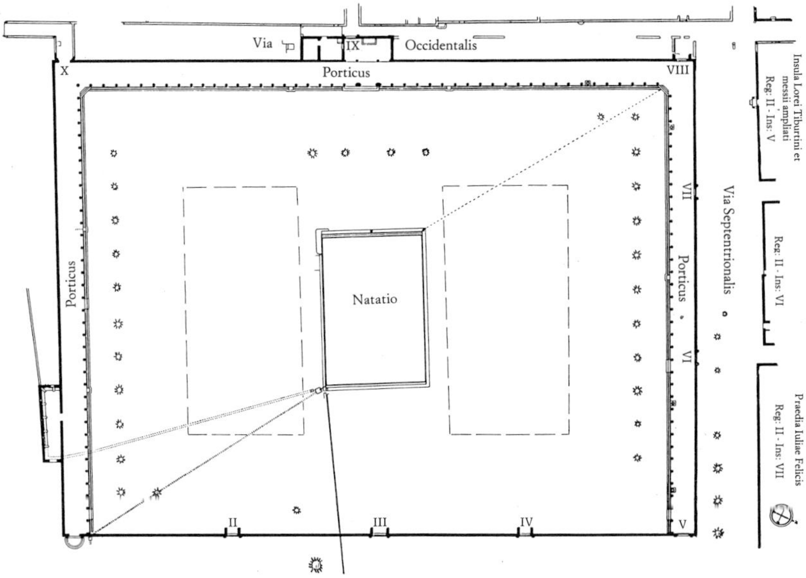
Via
IX
Occidentalis
X
Porticus
VIII
Porticus
Natatio
VII
Porticus
VI
Via Septentrionalis
II
III
IV
V
Insula Lorei Tiburtini et messii ampliati
Reg: II · Ins: V
Reg: II · Ins: VI
Praedia Iuliae Felicis
Reg: II · Ins: VII

Der Marmor war ein Symbol für die Kultur der neuen Zeit, mit dem vielfache Konnotationen verbunden waren. Die Marmorbauten bewiesen, daß man den Vergleich mit den schön gebauten Griechenstädten des Ostens nicht länger zu scheuen brauchte. Marmor war aber auch ein Zeichen für die neue politische Moral. Früher waren nur die Stadtpaläste und Villen der Reichen mit Marmor ausgeschmückt gewesen, jetzt prangten die Gemeinschaftsbauten in strahlendem Weiß. Der Inbegriff der *privata luxuria* wurde zum Symbol der *publica magnificentia*; das zeigte, daß die Gemeinschaftsinteressen jetzt vor privatem Luxus rangierten. Die neuen Bauten waren Bürgen für die Solidität der neuen Ordnung, aus der jeder einzelne seine eigene Sicherheit ableiten konnte.

Natürlich konnte man sich den Marmor nicht überall leisten. Man behalf sich mit hellen Kalksteinsorten oder bemühte sich um besonders sorgfältige Stuckarbeit. Auch die Pompejaner griffen oft zu solchen Ersatzlösungen, z. B. waren auch die Säulen des *campus* aus Ziegeln aufgemauert und stuckiert. Es ging um die Sache, für die das Symbol stand. Deshalb kam auch kleinen Verschönerungen in Marmor oder marmorähnlichem Dekor große Bedeutung zu. Sie setzten Akzente im Erscheinungsbild der Straßen und Gebäude und standen zitathaft für das, was mit der »Marmorisierung« gemeint war. Auch in Pompeji kam es zu einer ganzen Reihe solcher punktueller Verschönerungen.

Da waren z. B. kleine, ausschließlich der Annehmlichkeit dienende Monumente wie die beiden marmornen Sonnenuhren im Apollotempel und im heiligen Bezirk beim Theater. Im Apollotempel stand die Sonnenuhr auf einer Säule, beim archaischen Tempel war sie mit einer halbkreisförmigen Sitzbank *(schola)* verbunden[103]. Im *theatrum tectum* ließ der *duumvir* M. Oculatius in der Orchestra einen neuen Fußboden aus verschiedenfarbigen Marmorplatten auslegen. Wahrscheinlich stammen auch die *tribunalia* und die Marmorverkleidung der *scaenae frons* aus dieser Zeit[104]. Im Amphitheater stifteten verschiedene Beamte über Jahre hin neue Sitzreihen[105]. Freilich waren diese im Gegensatz zu den Sitzen im Theater nur aus Tuff. Das Amphitheater wurde in augusteischer Zeit kulturell deutlich niedriger eingestuft als die übrigen Theaterbauten. Auch in den beiden Thermen kam es zu Verbesserungen und Erneuerungen. In den Forumsthermen z. B. stifteten die beiden *duumviri* des Jahres 3/4 n. Chr. ein großes Marmorbecken *(labrum)*[106] (Abb. 61).

Abb. 61 Marmorbecken im Caldarium der Thermen am Forum. Dieses von den beiden *duumviri* des Jahres 3/4 n. Chr. gestiftete Becken aus Marmor gehört zu den vielen kleinen Verschönerungen, die für die Ausstattung der Städte in augusteischer Zeit so charakteristisch sind.

Die Beispiele zeigen, daß fast jeder, der eines der politischen Ämter bekleidete, fast zwangsläufig auch zum Stifter wurde. Wer viel Geld hatte, konnte sich mit einem großen Bau hervortun, wie M. Tullius und Mammia, vor allem aber Eumachia und die Holconii. Aber auch wer nur über wenig verfügte, konnte sich durch einen kleinen Beitrag verewigen. Das Stadtbild bot sich daher in der Folge jedermann sichtbar als eine Gemeinschaftsleistung dar, in der freilich auch die sozialen und politischen Rangunterschiede deutlich zum Ausdruck kamen. Als Gesamtbild ergab sich der Eindruck einer vielgestaltigen, nicht zur Ruhe kommenden Aktivität. Die Bürger mußten das Gefühl bekommen, »es gehe aufwärts«, und alle arbeiteten daran mit.

Die Wasserleitung

Besonders nachhaltig wirkten die Verbesserungen der Infrastruktur auf das allgemeine Bewußtsein. Wie überall in Italien, so wurden auch in Pompeji Straßen erneuert[107] und das Kanalisationssystem verbessert. Vor allem aber kamen die Bewohner jetzt in den Genuß ständig fließenden frischen Wassers. Das geschah vermutlich schon in der früheren Regierungszeit des Augustus[108]. Leider wissen wir nichts Genaueres über die Form der Durchführung dieses großen Projektes. Ein an die große, nach Misenum führende Wasserleitung angeschlossener Aquädukt führte das Wasser zu einem Hauptverteiler, der neben der Porta di Vesuvio, also an der höchsten Stelle der Stadt, gebaut wurde (Taf. 8, 2). Von dort legte man drei Hauptleitungen in die einzelnen Stadtteile. Das abschüssige Gelände erzeugte einen hohen Wasserdruck, der in pfeilerförmigen, bis zu sechs Meter hohen Wassertürmen aufgefangen und reguliert wurde[109]. Bisher sind vierzehn solcher *castella secundaria* gefunden worden. Diese überall im Stadtbild sichtbaren, nicht selten auf den Gehsteigen stehenden Türme belieferten dann die jeweilige Umgebung mit Wasser. Es ist erstaunlich, wie viele Häuser an das Laufwassersystem angeschlossen waren: Die neue Einrichtung kam breiten Schichten der Bevölkerung direkt zugute. Auch stand das Wasser reichlich zur Verfügung, in wohlhabenderen Häusern findet man allenthalben kleine Nymphäen, Springbrunnen und sogar private Thermen.

Auch wer sich keinen direkten Anschluß leisten konnte, kam in den

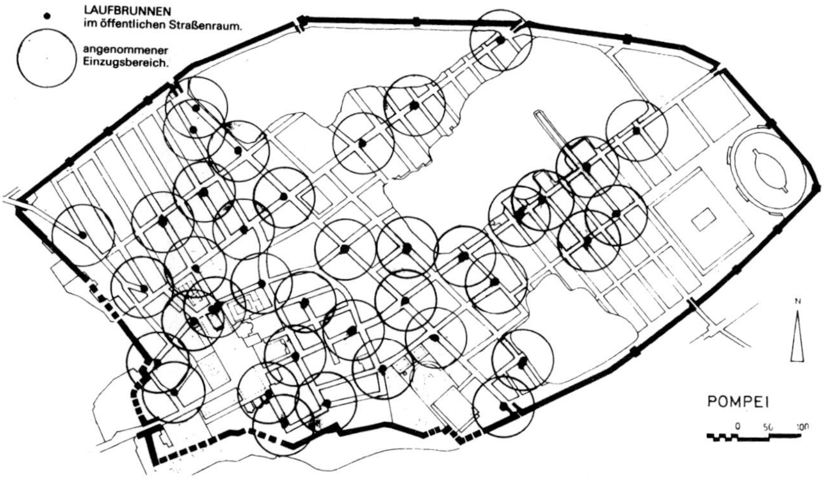

Abb. 62 Pompeji, Brunnen mit fließendem Wasser im Stadtgebiet (nach Eschebach). Wasserleitungen und ein Kanalisationssystem gehörten zur Standardausstattung der neuen Infrastruktur der Städte. Die gleichmäßige Verteilung der Wasserleitungen in der Stadt ließ alle Bürger an der Verbesserung der Lebensqualität teilhaben.

Genuß des frischen Wassers aus den Bergen. Über die ganze Stadt hin verstreut hat man bisher nicht weniger als vierzig öffentliche Brunnen gefunden (Abb. 62)[110]. Form und Maße der Brunnen sind sehr ähnlich, aber die Ausführung im Detail differiert zum Teil erheblich. Das gilt vor allem für die hübschen, von einfachen Steinmetzen gefertigten Brunnenreliefs (vgl. Abb. 50). Die meisten Brunnen sind aus Lavaplatten zusammengesetzt, nur wenige aus Travertin und Marmor. Vielleicht waren letztere besondere private Stiftungen (Abb. 63).

Bedenkt man, daß die Pompejaner vor Einrichtung dieses Wasserversorgungssystems auf das Wasser aus den Tiefbrunnen und Zisternen angewiesen waren, so kann man sich die Freude über diese neue Errungenschaft vorstellen. Sie bedeutete wirklich eine wesentliche Erhöhung der »Lebensqualität«.

Wenn die allgemeine Annahme richtig ist, daß es sich bei dem nach Pompeji führenden Aquädukt um eine Abzweigung des kaiserlichen Aquädukts handelt, der zum neuen Flottenhafen in Misenum führte, so verdankte Pompeji diese Segnung dem Kaiser selbst. Auch in vielen

Abb. 63 Laufbrunnen an einer Straßenkreuzung (nach Mazois, um 1830). Die Brunnenmündungen waren meist mit einfachen Skulpturen geschmückt, vgl. Abb. 50.

anderen Städten hatte Augustus Aquädukte bauen lassen oder bei deren Bau geholfen[111]. Exemplarisch war die Erneuerung und Erweiterung der Wasserversorgung Roms durch Agrippa seit den späten 30er Jahren. Auch die pompejanische Anlage muß in diesem Zusammenhang gesehen werden. Bis in den Bildschmuck hinein wirkt das Beispiel Roms nach, wo Agrippa die öffentlichen Brunnen mit berühmten Kunstwerken geschmückt hatte. Und wie in Rom führte auch in Pompeji die neue Wasserleitung zu einer Erhöhung des Luxus in den öffentlichen Thermen. Auch die vielen anderen Verschönerungen, für die die Pompejaner selbst gesorgt hatten, wurden durch die neue Wasserversorgung an den Kaiser gebunden. Letztlich – so mußte es den Zeitgenossen scheinen – war er es, der die Dinge so zum Besseren gewendet hatte.

Zum Schluß haben wir auch noch einen Blick vor die Stadt zu werfen, denn auch dort hat die augusteische Ideologie zu einer aufschlußreichen Erneuerung des städtischen Erscheinungsbildes geführt, gemeint sind die von V. Kockel untersuchten Schola-Gräber[112]. Vor der Porta di Ercolano (Abb. 64), di Vesuvio, di Nola und di Stabia sind bisher acht dieser eigenartigen Gräber, die nur aus einer halbkreisförmigen Sitzbank aus Tuff bestehen, gefunden worden.

Es waren Ehrengräber für ehemalige *duumviri* oder deren Angehörige, für die der *ordo* den Bauplatz innerhalb des 30 Meter tiefen sakrosankten *pomerium* vor der Mauer zur Verfügung gestellt hatte. Man kennt typologisch verwandte Ehrenmonumente aus griechischen Heiligtümern, als Grabmale sind diese *scholae* bisher aber nur aus Pompeji

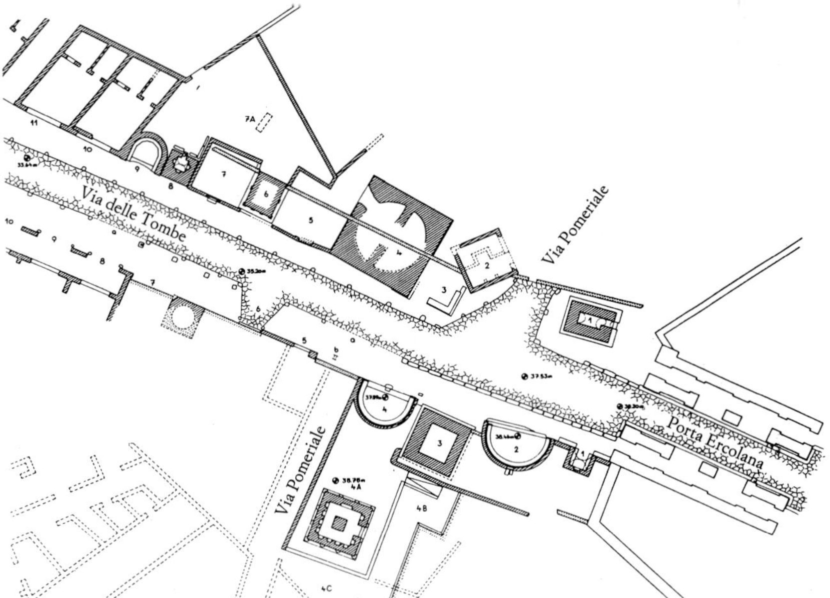

Abb. 64 Gräber vor der Porta di Ercolano (nach Kockel/Weber). Die verdienstvollsten Pompejaner wurden mit Ehrengräbern in Exedraform nahe den Stadttoren geehrt.

bekannt. Wie die griechischen Ehrenmonumente schließen einige der Schola-Gräber in ihrem Scheitelpunkt eine Basis ein, auf der eine Säule oder ein Altar stand. Da man bisher keine Bestattungen nachweisen konnte, liegt es nahe anzunehmen, daß die Asche der Toten in einer Urne auf der Säule oder im Altar geborgen war.

Alle in diesen Grabmonumenten Bestatteten gehörten den führenden Familien Pompejis an. Mammias Name wurde in besonders monumentalen Buchstaben auf die Rücklehne ihres Schola-Grabes eingemeißelt (Abb. 65). Wir haben es mit einer geschlossenen sozialen Gruppe zu tun, die sich auf diese Weise für ihre Verdienste ehren ließ. Wenn man die neuen Ehrengräber neben den aufwendigen Grabmonumenten aus der »Kolonistenzeit«, vor allem neben den Grabaltären und den hohen, zum Teil marmornen Aedicula-Gräbern sah, dann fiel die hier geübte Zurückhaltung jedermann ins Auge. Ein besonderer Effekt aber war, daß die städtische Führungsschicht ihre Ehrengräber den Mitbürgern als bequeme Ruhebänke anbot. Damit leistete sie einen originellen Beitrag im Geiste der augusteischen Erneuerung. Die ausgetretenen Stufen des Mammia-Grabes zeigen, wie sehr die halbkreisförmigen Bänke als Ruheplätze frequentiert wurden. Die *scholae* sind so postiert, daß man den Straßenverkehr von erhöhtem Sitz aus gut überblicken konnte. Die kommunikative Funktion der Bänke, die ja gleichzeitig Platz für eine Vielzahl von Passanten boten, kann kaum überschätzt werden.

Die meisten der in Pompeji in den ersten Jahrzehnten der Kaiserzeit zu beobachtenden Bauaktivitäten lassen sich gleichzeitig auch anderswo feststellen. Viele Städte Italiens und der westlichen Provinzen erhielten erst unter Augustus oder in der frühen Kaiserzeit ihre monumentale Ausstattung. Vor allem in kleineren Städten hat sich diese bis in die Spätantike hinein kaum mehr wesentlich verändert[113]. Die hohe Konzentration der öffentlichen und repräsentativen Bautätigkeit in dieser Epoche wäre ohne den Anstoß, der von der Kulturpolitik des Augustus ausging, nicht zu verstehen.

Die neuen Gebäude waren an vielen Orten aufwendiger und architektonisch interessanter als in Pompeji. Aber nirgendwo sonst kann man so viele Einzelaktionen beobachten, kennt man so viele Stifter und kann man die sozialen Interaktionen, die die Umsetzung der Politik des Augustus im Rahmen der kleineren Städte erst ermöglichte, so detailliert verfolgen.

Abb. 65 Grab der Priesterin Mammia vor dem Herkulaner Tor (Gemälde von Ph. Hackert von 1793. Weimarer Goethemuseum). Bei den Honoratiorenfamilien kam in augusteischer Zeit ein neuer Typ von Grabmonumenten in Mode, eine große exedraförmige Sitzbank, auf der sich jedermann niederlassen konnte. Das Ehrengrab wird damit zugleich zu einer gemeinnützigen Zierde für die Stadt. Die ausgetretenen Stufen zeigen übrigens, wie intensiv die Bewohner der Stadt und die Reisenden von der angenehmen Ruhebank Gebrauch gemacht haben.

NACH DEM ERDBEBEN VON 62 N. CHR. DIE LETZTEN JAHRE DER STADT

Wir müssen uns nun noch kurz der Situation nach 62 n. Chr. zuwenden (Abb. 66). Pompeji war 79 n. Chr. trotz aller Anstrengungen der vergangenen Jahre an vielen Stellen noch immer eine zerstörte Stadt[114]. Die Pompejaner blieben nach dem Erdbeben sich selbst überlassen; es scheint ihnen keine wesentliche Unterstützung aus Rom zuteil geworden zu sein. Sie konzentrierten sich also auf das Notwendigste und darüber hinaus offenbar auf das, woran ihnen am meisten lag. Das Bild dieser

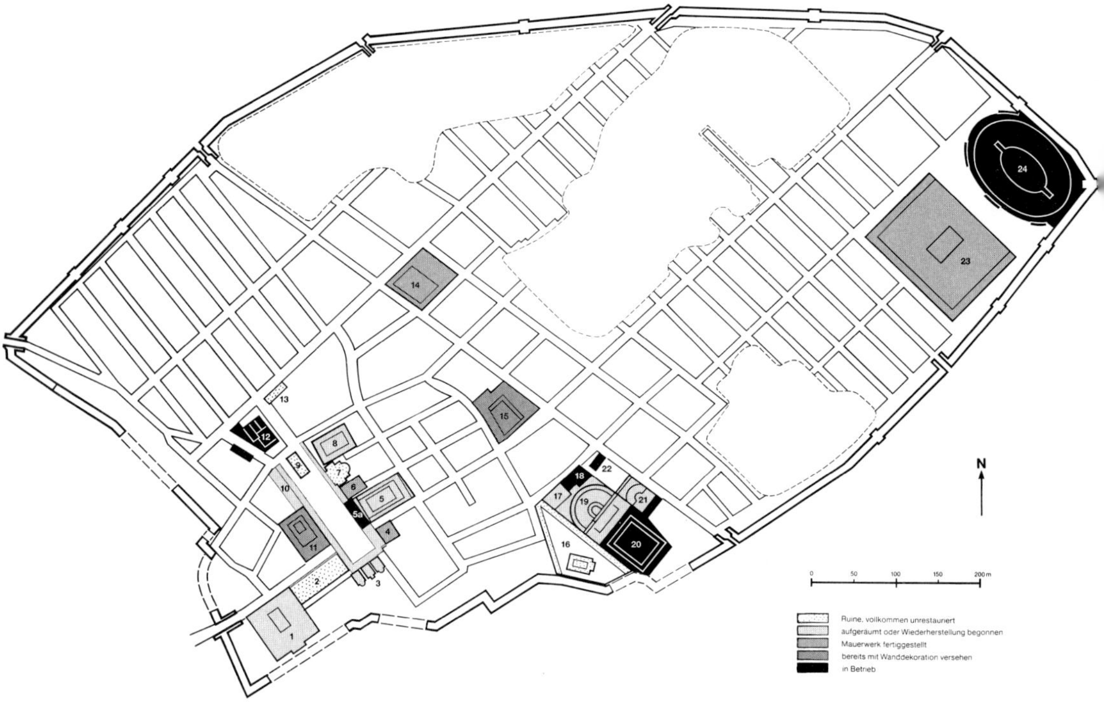

1. Venustempel
2. Basilica
3. Verwaltungsgebäude
4. Comitium
5. Eumachia-Gebäude
5a. Chalcidicum
6. Kaiserkult
7. Forumsexedra (sogenanntes Lararium)
8. Macellum
9. Capitolium
10. Sogenanntes Forum holitorium
11. Apollotempel
12. Forumsthermen mit Zisterne
13. Tempel der Fortuna Augusta
14. Neue Zentralthermen
15. Stabianer Thermen
16. Forum triangulare und archaischer Tempel
17. Sogenannte samnitische Palästra
18. Isistempel
19. Großes Theater
20. Mutmaßliches Gymnasium
21. Theatrum tectum
22. Tempel des Zeus Meilichios
23. Campus
24. Amphitheater

Abb. 66 Pompeji. Öffentliche Bautätigkeit nach dem Erdbeben von 62 n. Chr. In der Reihenfolge des pompejanischen Wiederaufbauprogramms zeichnet sich eine neue Rangordnung der Werte ab. Die politischen Repräsentationsbauten einschließlich des Kaiserkultes und der alten städtischen Kultbauten haben deutlich an Interesse verloren, während private Kulte, vor allem aber Freizeit- und Vergnügungszentren wie Thermen und Amphitheater ganz oben rangieren.

Periode müßte von den Geschäften, Gewerbebetrieben und Privathäusern her entwickelt werden, denn in diesem Bereich war der Wiederaufbau am weitesten gediehen. Von keiner anderen antiken Stadt besitzen wir ein so dichtes Bild wie vom Pompeji der letzten Jahre und seinem von einer breiten und sehr homogenen »Mittelschicht« geprägten politischen und kulturellen Leben. Viele der wieder aufgebauten Häuser waren in einem ganz spezifischen Wohngeschmack ausgestattet. Überall, selbst in den kleinsten Häusern, stößt man auf Elemente des Villenluxus, meist verkleinert und oft nur im Bild beschworen[115]. Leider können wir die späten pompejanischen Häuser nicht mit gleichzeitigen Wohnungen aus anderen Städten vergleichen. Aber es scheint, als habe man sich angesichts der vielen Trümmer verstärkt um ein möglichst schönes Haus und angenehmes Wohnen bemüht.

Das Zentrum des täglichen Verkehrs hatte sich vom zerstörten Forum weg in die frequentiertesten Straßen verlegt, vor allem in die »Via Stabiana«, »Via dell'Abbondanza« und »Via degli Augustali«. Hier drängten sich jetzt mehr als zuvor die Geschäfte und Kneipen. Die platzartige Verbreiterung der »Via dell'Abbondanza« vor den Stabianer Thermen scheint an Stelle des Forum zum Mittelpunkt des städtischen Lebens geworden zu sein.

Im Gegensatz zu dem in weiten Bereichen abgeschlossenen Wiederaufbau der Privathäuser lagen wichtige öffentliche Gebäude siebzehn Jahre nach dem Erdbeben noch in Trümmern, andere waren im Wiederaufbau begriffen oder fast vollendet, nur wenige aber voll benutzbar. Hier läßt sich deutlich ablesen, woran den Pompejanern besonders lag und was ihnen weniger wichtig war (Abb. 1).

Obwohl die vielen neuen Larenkapellen und Altäre an und in den Privathäusern (Abb. 69) von der elementaren Religiosität der Bewohner zeugen, die nach dem Erdbeben noch zugenommen zu haben scheint, war keines der alten städtischen Heiligtümer völlig wiederhergestellt. Am Capitolium und am sogenannten Larentempel, in der Kapelle des Eumachia-Baues und im Venustempel war noch nichts oder nicht viel getan worden. Den kleineren Kaiserkultbau am Forum hatte man zwar notdürftig geflickt, aber noch nicht dekoriert. Nur bei der Wiederherstellung des Apollotempels war man weit gediehen. Am meisten zählte also die älteste religiöse Tradition, die Verehrung des Stadtgottes Apollo. Daß der Isistempel als einziger Tempel völlig wiederhergestellt war, ver-

Abb. 67–68 Isistempel, Ansicht und Stiftungsinschrift. Das schon im 2. Jh. v. Chr. gegründete Isisheiligtum wurde im Gegensatz zum Capitolium auf dem Forum gleich nach dem Erdbeben wiederaufgebaut. Die Kosten übernahm hier bezeichnenderweise ein reicher Freigelassener, N. Popidius Ampliatus, der dafür die Wahl seines erst sechsjährigen Sohnes in den Stadtrat *(ordo)* erreichte.

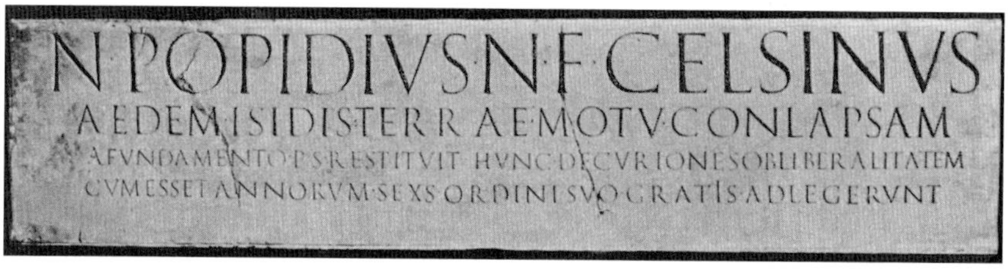

wundert bei der engen Bindung der Eingeweihten an die Gottheit und untereinander nicht (Abb. 67. 68). Der reiche Freigelassene N. Popidius Ampliatus hat die Wiederherstellung im Namen seines sechsjährigen Sohnes Celsinus[116] bezahlt. Als Dank für diese großzügige Stiftung wählte der Stadtrat das Kind zu seinem Mitglied. So hatte der Stifter den gesellschaftlichen Aufstieg, der ihm selbst als nicht Freigeborenem noch verwehrt war, wenigstens für seinen Sohn erreicht. Die Ehrung zeigt aber auch, welches politische Gewicht die Isisanhänger in dieser Zeit in der Stadt hatten.

Abb. 69 Wahlwerbung an den Hausfassaden. Diese in Farbe gemalten Inschriften bezeugen ein vitales politisches Leben, das jedoch ganz auf die Stadt selbst konzentriert blieb. Kaiser und Reich spielen dabei keine Rolle mehr. Die religiöse Verehrung gilt den alten häuslichen Gottheiten, den Laren, die meist in der Form von Schlangen verehrt wurden. Außer den Wahlen waren die Gladiatorenkämpfe die einzigen öffentlichen Ereignisse, die auf den Hausfassaden ihren Niederschlag fanden.

Auch der kleine Tempel des Zeus Meilichios war wieder benutzbar, was freilich keine sehr große Anstrengung erforderte. Das tönerne Kultbild des fremden Gottes war im übrigen wohl schon zur Zeit der Koloniegründung durch die Vergesellschaftung mit einer etwas zu großen Junostatue und einer Minervabüste – beides späthellenistische Arbeiten aus Terrakotta – dem kapitolinischen Jupiter angeglichen worden[117].

Bei den übrigen öffentlichen Gebäuden ergibt sich ebenfalls ein sehr aufschlußreiches Bild. Von den drei Gebäuden für Schauspiele war nur das Amphitheater wieder benutzbar. Die nicht unerheblichen Schäden, vor allem in den überwölbten Zugängen, sind vermutlich auf Kosten der beiden C. Cuspii Pansae, Vater und Sohn, repariert worden, wofür ihnen Ehrenstatuen in neugebauten Nischen zu seiten des Haupteinganges aufgestellt wurden[118]. Dagegen waren das Theater und das kleine *theatrum tectum* noch nicht wieder benutzbar. Aber im großen Theater wurde immerhin an einer neuen marmornen Bühnenfassade gearbeitet. Die Gladiatorenkämpfe im Amphitheater hatten offensichtlich absoluten Vorrang. Um ihretwillen hat man auch den Komplex der sogenannten Palästra, des vermutlichen ehemaligen Gymnasiums, zu einer großen Gladiatorenkaserne umgebaut. Die vielen kleinen Räume hinter den Portiken stammen alle aus der Zeit nach dem Erdbeben.

Noch größere Kosten war man bereit für die Wiederherstellung der Thermengebäude aufzuwenden. Die Forumsthermen und die Stabianer Thermen hatte man schon vollständig renoviert und mit wirklich sehr aufwendigem Dekor, Malerei und vor allem Stuck versehen. Die Stabianer Thermen konnten aber noch nicht voll benutzt werden, weil das zentrale Wassersystem noch nicht wieder funktionierte. Die Forumsthermen waren bereits wieder in Betrieb. Hier konnte das Wasser aus der nahe gelegenen großen Zisterne benutzt werden. Bemerkenswert ist aber, daß das Frauenbad noch nicht fertiggestellt war.

Noch aussagekräftiger als diese Renovierungsarbeiten ist der Neubau eines dritten großen Thermengebäudes in der *regio* IX[119] (Abb. 70). Hier wurde auf einer ehemals mit Häusern dicht bebauten *insula* ein nach hauptstädtischen Vorbildern konzipierter, lichtdurchfluteter Bau mit hohen Fenstern errichtet. Das eigentliche Gebäude war im Rohbau bereits fertig, und man hatte zur Zeit der Verschüttung gerade mit der Aufrichtung von teuren Marmorsäulen begonnen.

Dieses Beispiel zeigt, daß die Stadt oder ihre Stifter durchaus zu gro-

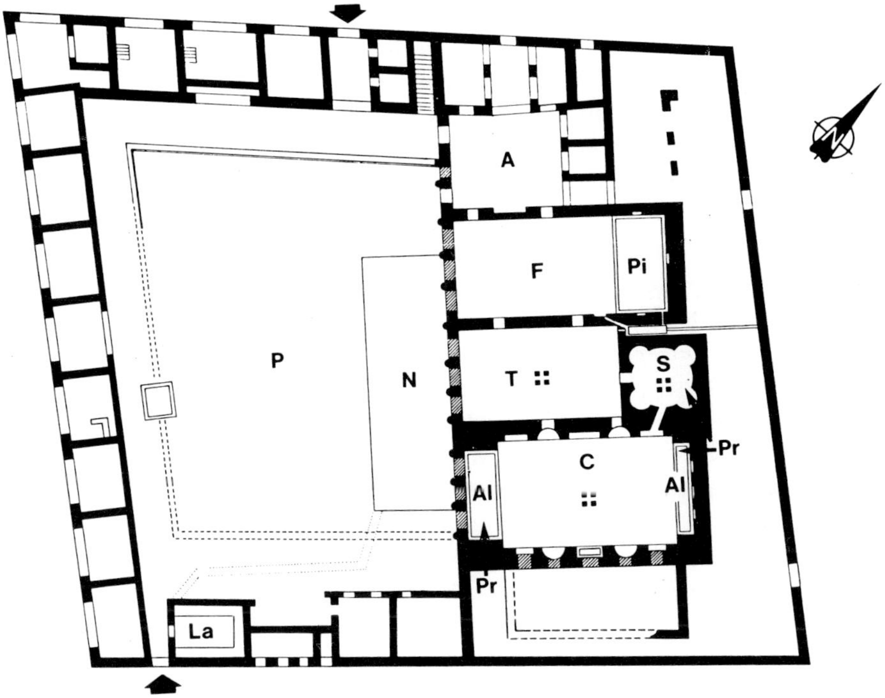

Abb. 70 Grundriß der nach dem Erdbeben umgebauten Zentral-Thermen. Der Architekt orientierte sich an Modellen in Rom, verwendete hohe Fenster und Marmorsäulen. Man gewinnt den Eindruck, als ob die Stadt in diesem Bereich keine Kosten scheute.

ßen finanziellen Leistungen imstande waren. Um so erstaunlicher ist es, daß so wenig Interesse an der Wiederherstellung des Forum und der dieses säumenden Repräsentationsbauten existierte. Der Platz selbst war lediglich einigermaßen aufgeräumt. Die meisten Sockel der Statuen standen aber ohne die Denkmäler und ohne ihre Marmorverkleidung da. Die Ruine des Capitolium, des sogenannten Larentempels und der Portiken sowie die Gerüste an den anderen Bauten, an denen nur sporadisch gearbeitet wurde, müssen einen tristen Anblick geboten haben. Im notdürftig geflickten sogenannten Vespasianstempel werden die unumgänglichen Kaiserfeste gefeiert worden sein. Das Amtsgebäude mit der Apsis war wieder benutzbar, am Comitium und an den beiden anderen Amtsgebäuden wurde noch gebaut.

Selbst diese grobe Skizze zeigt, wie sehr sich die Gewichte verschoben hatten. Das geringe Interesse für das politische Zentrum und die Staatskulte und die großen Anstrengungen für Freizeit- und Vergnügungsbauten stehen in eklatantem Kontrast zu den Bauaktivitäten in der frühen Kaiserzeit. Dabei zeigen die engagierten Wahlwerbungen an den Hauswänden ein überaus lebhaftes politisches Leben in den letzten Jahren der Stadt an, aber dieses war eben ganz auf den städtischen Rahmen begrenzt[120]. Kaiser und Reich waren für die sich selbst überlassenen Pompejaner verständlicherweise sehr in die Ferne gerückt. Die großen Familien mit auswärtigem Besitz und Ambitionen in der Reichsverwaltung hatten die Stadt zum Teil schon lange vor dem Erdbeben verlassen und ließen ihren Besitz in der weiterhin gefährdeten Stadt durch ihre Freigelassenen verwalten. Die trotz der erstaunlichen Anstrengung beschränkten Möglichkeiten Pompejis werden vor allem an der noch immer nicht funktionsfähigen Wasserversorgung evident. Wahrscheinlich war der Aquädukt, den einst der Kaiser bezahlt hatte, zerstört, und man hatte eben nicht die Mittel für eine so große Baumaßnahme. Einzelne Reiche wollten aber dennoch nicht auf ihren Springbrunnen verzichten und legten sich private Leitungen in ihre Häuser. (Woher sie wohl das Wasser nahmen?)

Aber trotz der Ausnahmesituation: In der Rang- und Reihenfolge des pompejanischen »Wiederaufbauprogramms« zeichnet sich auch eine allgemeine Tendenz ab. Nachdem die Emphase der Aufbruchsstimmung schon in der späteren Augustuszeit abgeklungen war, wurden Herrscherkult und Staatsideologie schnell zur Routine. Reiche Städte bauten zwar auch später noch immer größer werdende Kaisertempel, aber diese standen häufig auf unbelebten Repräsentationsplätzen. Was wirklich zählte und das Bild der Städte in der hohen Kaiserzeit prägte, war das Interesse an einem genußreichen Leben, sei es in den aufwendigen Häusern mit Portiken aus Marmorsäulen, sei es bei den Spielen in der Arena und im Theater, sei es in den großen Thermenbauten, die sich zu zentralen Freizeitzentren entwickelten.

Zur Wohnkultur der Pompejaner

Die römische Villa ist für die Nachwelt zum Inbegriff eines vornehmen und luxuriösen Refugiums abseits des Alltagsgetriebes geworden. Das Wort umgab schon im Altertum eine Glücksaura, die seit dem 15. Jh. zu immer neuen Villenrenaissancen geführt hat und die selbst in unseren Tagen der Enge spitzgiebeliger Einfamilienhäuser und flacher Bungalows noch einen Hauch erhöhten Lebensgefühls zu geben vermag.

Schon für die römische Gesellschaft der späten Republik und der Kaiserzeit waren Villa und Villenzeit gleichbedeutend mit glücklichem, reichem und von den Tagespflichten befreitem Leben. Das gilt nicht nur für die tatsächlichen Villenbesitzer, sondern auch für breitere Schichten der Bevölkerung. Zumindest läßt sich das von den Einwohnern Pompejis aufgrund der Architektur und Ausstattung ihrer Häuser sagen.

In der weitverzweigten archäologischen Literatur über das pompejanische Haus[1] hat dieses Phänomen bisher indes kaum Beachtung gefunden[2]. Zwar wird bei der Behandlung von Eigenarten einzelner Architektur- und Ausstattungselemente nicht selten auf die Villa als Vorbild hingewiesen. Aber der vor allem in den letzten zwei Jahrzehnten der Stadt zutage tretende ausgeprägte Wohngeschmack ist, soweit ich sehe, nie eingehender analysiert worden. Dabei stellen sich gerade die pompejanischen Häuser unter dieser Fragestellung als einzigartige historische Quelle dar, aus der wesentliche Aufschlüsse über die Wertewelt einer breiteren Bevölkerungsschicht der frühen Kaiserzeit zu gewinnen sind, von der die literarischen und epigraphischen Zeugnisse nur wenig zu berichten wissen.

Es liegt in der Natur einer solchen Studie, daß die Fülle des Materials nur durch die Betrachtung von signifikanten Einzelbeispielen sinnvoll zu veranschaulichen ist und daß dabei auch viel Altbekanntes zur Sprache kommen muß. Wesentlich für Auswahl und Betrachtungsweise war das den verschiedenartigen Einzelphänomenen Gemeinsame.

»GRIECHENLAND IM EIGENEN HAUS« ZUR ENTSTEHUNG DER RÖMISCHEN VILLA

Die komplexe Genese der römischen Villa ist noch wenig erforscht[3]. Sie stellt weit mehr als eine in ihrer Vielfalt faszinierende Architekturgattung dar, ist ein Schlüsselphänomen für die Rezeption der hellenistischen Kultur durch die römische Oberschicht. Dazu nur einige Bemerkungen zur Kennzeichnung meiner Ausgangsposition.

Das Ausgreifen Roms in die westliche und östliche Mittelmeerwelt brachte die zum Teil noch in archaisch einfachen Lebensformen verharrenden römischen Aristokraten in unmittelbare Berührung mit dem Wohn- und Lebensluxus der hellenistischen Welt, wie er vor allem an den Fürstenhöfen blühte. Machtgefühl und Herrschaftsbewußtsein begannen nach einem entsprechend glanzvollen Rahmen zu verlangen. In Rom selbst jedoch verboten oder erschwerten die Traditionen der Adelsrepublik die freie Übernahme und Zurschaustellung hellenistischer *luxuria*. Das Wohnen auf dem Landgut – im ganz privaten Lebensbereich des *otium* – öffnete hier gleichsam ein Ventil. Schon Cato, der Zensor, rät, mit der *villa rustica* eine angenehme *villa urbana* zu verbinden, um die Inspektion des Gutes für den *dominus* attraktiv zu machen (de agr. IIIb). Bald darauf begann man an den landschaftlich reizvollsten Stellen Campaniens und Latiums mit der Errichtung von reinen »Lusthäusern«[4].

Die Öffnung des Hauses zur Landschaft und die Einbeziehung von Gärten und Parks in den Wohnbereich bildeten die konstituierenden Elemente dieses neuen Wohnens. Die Villen entstanden zunächst vorwiegend an beherrschenden und aussichtsreichen Hanglagen[5]. Später, als nach Pompejus' Seeräuberaktionen die Meere von Piraten gesäubert waren, bevorzugte man die unmittelbare Ufernähe (Plut. Luc. 39). So zahlreich die bekannten und ausgegrabenen Ruinen sind, sie vermögen kaum mehr eine Vorstellung von der Weiträumigkeit und vom Ausstattungsreichtum der großen Villen zu geben. Den besten Eindruck von Raumdimensionen und Abfolgen vermitteln heute die Rekonstruktion der in ihrer Entstehungszeit vergleichsweise bescheidenen Villa dei Papiri, die P. Getty in Malibu (Cal.) als Museum errichten ließ[6], und die neue große Villa in Oplontis, die in diesen Jahren ausgegraben wird[7]. Für die Einbettung in die Landschaft sind die zahlreichen Villendarstellungen auf pompejanischen Wänden – oft in Pinaxform – eine anschauliche Quelle[8].

Die bewußte Einbeziehung von Garten und Landschaft in den Wohnbereich ist eine Folge hellenistischen Naturerlebens. Aussichterschließende Säulengänge und Terrassen waren an öffentlichen Bauten (Agora und Heiligtum) in der hellenistischen Architektur keine Seltenheit (Pergamon, Samothrake, Lindos, Rhodos)[9]. Das neueste Beispiel stammt von einem »Wohnbau«, freilich von einem fürstlichen: Schon am makedonischen Palast von Palatitsa, dessen Datierung ins späte 4. Jahrhundert sich immer mehr erhärtet, ist eine zur Ebene hin gerichtete Aussichtsveranda nachzuweisen[10]. Auch für Grundrißkonzeptionen großer Villen könnten hellenistische Baukomplexe anregend gewirkt haben. Man denke z. B. für die Villa marittima an den königlichen Palastbezirk von Alexandrien oder für beherrschend gelegene, kastellartige Villen, wie die eines Marius, Pompejus und Caesar in Baiae (Tac. ann. 14, 9, 3. – Sen. ep. 51, 11), an den Palast von Demetrias[11]. Sowenig hier im Konkreten vorläufig über Vermutungen hinauszukommen ist, sosehr sprechen die beherrschende Rolle der weiten Peristyle und die Umfunktionierung der z.T. griechisch überformten Atrien für sich. Doch wie hoch oder gering man den Einfluß hellenistischer Vorbilder auf die Grundrißgestaltung früher römischer Villen auch einschätzen mag: Die ausgeklügelte Ausrichtung von Portiken, Eß- und Ruheräumen auf bestimmte Landschaftsprospekte zeigt, daß die römischen Bauherren und ihre Architekten die Einbeziehung von Natur und Landschaft zu einer neuen Dimension bewußt inszenierten Genusses gesteigert haben. Diese stellt eine äußerste Zuspitzung hellenistischen Bauens dar.

Die Natur wurde auch noch in anderer Form einbezogen. Die großen Landsitze waren nicht selten mit weitläufigen Ländereien verbunden, in denen der Villenherr Parks und fürstliche Wildgehege anlegen lassen und sich wie ein kleiner König gebärden konnte.

Auch in den repräsentativen Formen der Innenarchitektur verdanken die frühen Villen den hellenistischen Höfen wahrscheinlich das meiste, denn vor allem hier kam es den Bauherren offenbar auf Prachtentfaltung an. Zur wirklich gebauten Architektur der aufwendigen korinthischen, tetrastylen, ägyptischen und kyzikenischen *oeci* (Vitr. VI 3, 143)[12] kamen die Prospektmalereien des zweiten Stils[13]. Sie steigerten die Wirkung durch Ausblicke auf Schaufassaden, Palasthöfe, Heiligtümer und Luxusparks königlichen Zuschnitts. Diese Malereien hatten nicht nur die Funktion, den realen Raum optisch zu erweitern, sondern auch Assoziationsanreize zur Vergegenwärtigung einer glanzvollen Umwelt zu bieten, wobei es den Bauherren bezeichnenderweise nicht darauf ankam, daß die Prospekte »raumlogisch« und inhaltlich zusammenpaßten. Wichtiger waren Reichhaltigkeit und Vielfalt der Bilder. Gerade in kleinen Villen malte man verschiedenartigste Prospekte und Ausblicke oft in engen Räumen nebeneinander. Das *cubiculum* der Villa von Boscoreale ist das beste Beispiel dafür. Daß auf diesen Bildern so häufig heilige Bezirke zu sehen sind, entspricht dem sakralen Charakter der fürstlichen Gärten der hellenistischen Residenzen[14].

Auch für die Ausstattung mit Möbeln und Gerät gab die hellenistische Hofkultur das Vorbild ab. Verres wetteifert darin nicht zufällig mit dem syrischen Thronaspiranten (Cic. Verr. II 4, 61 ff.). Er war auch, wie man schon lange gesehen hat, keine so exzeptionelle Erscheinung, wie es Cicero darzustellen versucht, und übertraf manchen seiner reichen Freunde lediglich im Ausmaß seiner Manie und in seinen extremen Beschaffungspraktiken[14a].

Zum Villenleben gehörte Gesellschaft[15]. Ciceros Briefe geben ein Bild davon, wie sich die Großen in den Gerichtsferien an den Hängen Tivolis und vor allem am Golf von Neapel, jenem *crater delicatus* (Cic. ad Att. II 8,2), in ihren weitläufigen Landsitzen besuchten und in Wohn- und Tafelluxus miteinander konkurrierten (Plut. Cic. 7). Nicht nur um die verschiedenartigen Landschaften und Klimata (Plut. Luc. 39) zu genießen, auch um überall dabeizusein, mußte man mehrere Villen besitzen[16]. Der nicht besonders reiche, aber sehr bemühte Cicero besaß nicht weniger als sieben[17].

Für die Beschäftigung mit Philosophie, Geschichte, Literatur und Kunst war die Villa der geeignetere Ort als das Stadthaus[18]. Denn im *otium procul negotiis* durfte man sich vom zwiespältigen offiziellen Verhältnis zur griechischen Kultur befreit fühlen[19]. Wenn die römischen Aristokraten auf ihren Villen familiären Umgang mit Philosophen und Dichtern pflegten und sich selbst dilettierend mit Literatur und Kunst beschäftigten, so stehen sie auch damit in der Nachfolge hellenistischer Fürsten, deren Bildnisse sie bisweilen in den Portiken neben denen der griechischen Geistesgrößen aufstellten. Die Kulturpflege wurde so sehr als wesentlicher Bestandteil der Villeggiatur empfunden, daß Bibliothe-

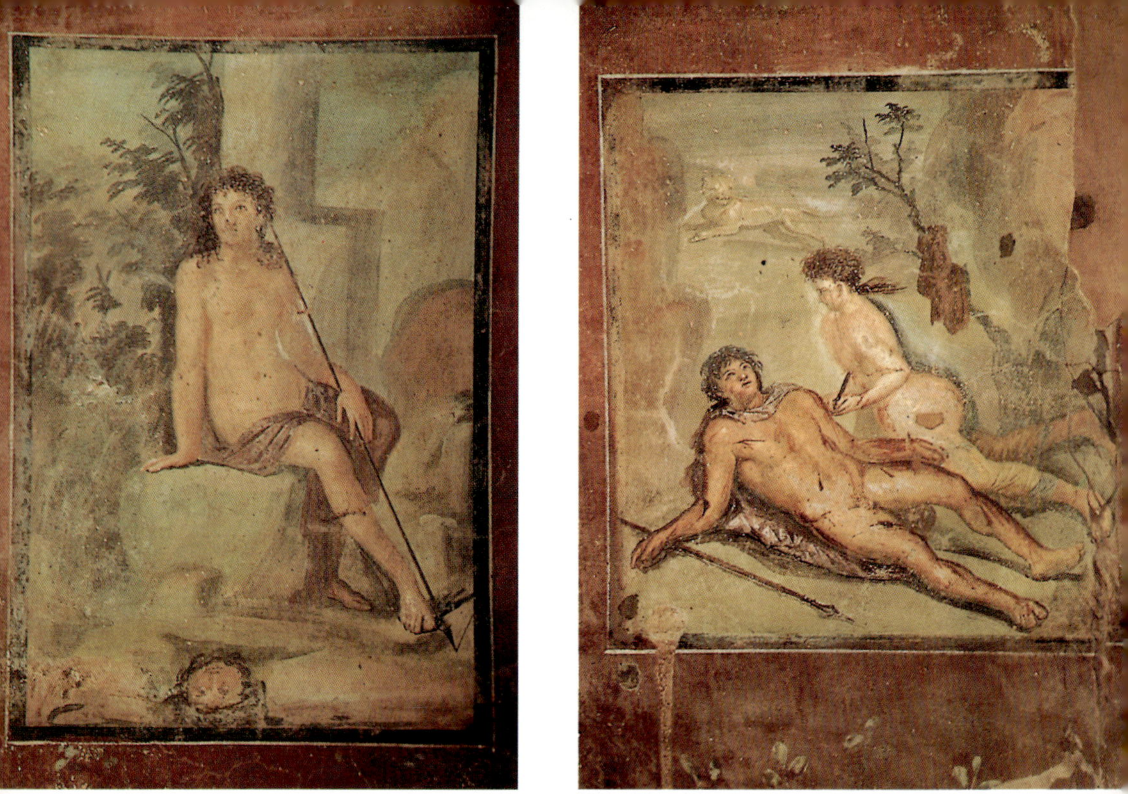

Tafel 10, 1.2 Zwei mythologische »Gemälde« hinter dem Liegeraum *(biclinium)* auf der Gartenterrasse der »Miniaturvilla«. Dargestellt sind der in sich selbst verliebte Narziß und das unglückliche Liebespaar Pyramus und Thisbe. Die Bilder erinnern an griechische Tafelbilder, wie sie in den Villen der Großen hingen, und sollen – unbeschadet ihrer bescheidenen Qualität – das Flair literarischer und ästhetischer Kultur evozieren.

Tafel 9 Blick aus der Tür des zentralen Gesellschaftsraums der »Miniaturvilla« in der Via dell'Abbondanza (vgl. Abb. 73). Die einzelnen Elemente der Gartenarchitektur sind entlang einer Blickachse »aufgefädelt«, so daß sich für den Betrachter ein eindrucksvolleres Bild ergibt, als wenn sie frei im Gelände verteilt wären.

Tafel 11, 1 Casa dell'Ancora nera (VI, 10, 7), Blick auf die Gartenfront. Der Garten des kleinen Hauses war mit aufwendiger Architektur als Miniaturheiligtum ausgestaltet (vgl. Abb. 84).

Tafel 11, 2 Casa di Sallustio (VI, 2, 4), Aquarell von F. Morelli (1809). Die bei der Auffindung noch frischen Fresken an der Abschlußwand des Gartens sind inzwischen völlig zugrunde gegangen. Sie erweiterten das verhältnismäßig kleine Gartenareal in einen von seltenen Vögeln bevölkerten Park. Das Fresko suggeriert einen Blick aus einer mit festlichen Ranken geschmückten Halle.

Tafel 12 Casa della Fontana piccola (VI,8,23–24), Garten. Heutiger Zustand der großflächigen Landschafts bilder zu seiten des Brunnens (vgl. die ehemalige Wirkung Abb. 104).

Tafel 13 Casa della Fontana grande (VI,8,22). Der Brunnen ist vollständig mit Mosaik-Ornament verkleidet Das Wasser plätscherte über die Marmortreppe ins Becken. Auf beiden Seiten waren Theatermasken ange bracht. Eine inzwischen abhanden gekommene Maske stellte einen tragischen Helden dar, die noch vorhanden Herakles mit dem Löwenfell über dem Kopf, also auch hier ein Verweis auf »klassische Bildung«.

In Casa non lungi dalla Porta di Pompei
Parete per lungo di picciolo Atrio
Palmi quattro Napoletani

Tafel 16 Casa di M. Lucretio Fronto (V, 4, 11), Tablinum. Imitation eines kleinformatigen Tafelbildes mit Darstellung einer am Meer gelegenen Villa. Die Luxusvilla ist in den pompejanischen Häusern überall als Symbol eines reichen und kultivierten Lebensstils gegenwärtig. Die ständige Überhöhung der Lebenswelt bleibt während der ganzen Kaiserzeit ein charakteristisches Phänomen der Wohnkultur.

Tafel 14, 1 Casa delle Amazzoni (VI, 2, 14), Aquarell des inzwischen zugrunde gegangenen Freskos von F. Morelli (1812). Der illusionistische Charakter der Wandmalerei wird durch den Hintergrund einer weiten Aussicht auf eine mit Villen durchsetzte Meerlandschaft verstärkt. Im Park selbst sieht man zwischen Palmen eine Aedicula mit Statuen der ägyptischen Götter Isis und Osiris.

Tafel 14, 2 Casa di Orfeo (VI, 14, 20), nach einer die Farben verfälschenden Lithographie von 1875. Der Ausblick in ein Wildgehege ist hier mit der Vorstellung von dem mythischen Sänger Orpheus verbunden, der mit seinem Gesang selbst die wildesten Tiere verzauberte. Die Bildausschnitte an den Seiten stellen Blicke in Villengärten dar. Die unmittelbare Verbindung unterschiedlicher Sujets in einem Bild ist ein charakteristisches Phänomen der späten pompejanischen Wandmalerei. Auch hier ging es weniger um illusionistische Überraschung als um das Aufrufen möglichst vielfältiger Assoziationen beim Betrachter.

Tafel 15 Casa della Venere (II, 3, 3), Fresko im Garten. Ausblick auf einen Park mit Marmorstatue des Mars oder eines kriegerischen Helden.

ken und Pinakotheken zur Normalausstattung eines vornehmen Landsitzes gehörten (Vitr. VI 5, 2), unabhängig von der tatsächlichen Kulturbeflissenheit des jeweiligen Besitzers[20]: Selbst Trimalchio rühmte sich später einer griechischen und lateinischen Bibliothek (Petron. 48). Es war Mode, Säulengänge und Gartenteile *gymnasium* oder *palaestra* zu nennen oder konkret auf den Namen berühmter klassischer Bildungsstätten zu taufen. Selbst kleinere Räume belegte man mit griechischen Namen (Varro rust. II, 2). Statuenausstattungen und anderer Dekor verdeutlichten diese Benennungen und boten zusätzliche Assoziationsanreize zur Vergegenwärtigung der klassischen Kultur. Der durchschnittliche Villenbesitzer hat die Ausstattung aber gewiß nicht so stark auf seine geistige Welt hin ausgerichtet wie Cicero[21], sondern sich offenbar gern eines schnell normierten Marktangebots bedient. Auch die Erinnerung an berühmte Stätten und Touristenorte der griechischen Welt pflegte man durch Benennungen einzelner Villenteile und entsprechende Ausstattung. Die Villa Hadriana ist das späteste und reichhaltigste Beispiel für diese Form einer Erinnerungskultur[22]. Mit Recht hat man von »Bildungslandschaften« gesprochen. Eine äußere Ähnlichkeit war auch hierbei nicht nötig. Ein beliebiger Wasserlauf, gleich ob Teich, Kanal oder Bach, konnte zu einem der beliebten *euripi* oder *nili* werden (Cic. leg. II 2), eine Naturgrotte wie die in Sperlonga zur Höhlenwohnung Polyphems.

Man sieht: In der spätrepublikanischen Villa manifestiert sich die Aneignung griechischer Kultur durch die römische Oberschicht. Das *otium* der Villeggiatur ist ein umfassender neuer Lebensraum, in dem Architektur und Ausstattung untrennbar mit Lebensstil und geistiger Tätigkeit verbunden sind. Die Prospektmalereien müssen in Bezug zu Möbel, Gerät, Tafelsilber und letztlich auch zum raffinierten Tafelluxus gesetzt werden. Die Aristotelesherme im Peristyl weist über den jeweiligen Ort und das eventuelle Ausstattungsprogramm hinaus, kann Bildungserlebnisse mannigfacher und individueller Art anregen, in Erinnerung rufen oder auch nur den modischen Bildungsanspruch repräsentieren.

Der Erfahrung von Architektur und Villenumraum und der Einbindung in ein weitläufiges und aspektreiches Assoziationsgeflecht entsprach das neue zwiespältige Selbstgefühl der Villenherren: Ihr Machtbewußtsein erhielt zwar den ihm adäquaten Rahmen fürstlichen Wohnens, aber gleichzeitig war die übermächtige Kulturtradition der griechischen Welt in jedem Raum gegenwärtig, animierte nicht nur zum Sich-gebildet-Fühlen, sondern auch zum Lernen und zum rückgewandten Sinnieren.

Das für die späte Republik charakteristische zügellose Konkurrieren um Ämter, Reichtum und Ansehen mußte sich natürlich im Bereich des Wohnluxus besonders auswirken. Nach dem Bundesgenossenkrieg konnte sich daran eine sehr breite und vielfach abgestufte Oberschicht beteiligen, zu der außer der römischen Aristokratie auch die Honoratiorenfamilien der italischen Städte und die reichen *negotiatores* gehörten[23]. Reichtum und Bildungsniveau waren entsprechend unterschiedlich, das Repräsentationsbedürfnis bei allen gleich. Größe und Ausstattungsumfang der republikanischen Villa zeigen dementsprechend eine sehr weite Skala, die von riesigen, weit in die Landschaft ausgreifenden und städteähnlichen (Sall. Cat. 12 f.) Baukomplexen bis zu kleinen kompakten Bauten in der Art der Villen vor den Nordmauern Pompejis reicht (vgl. Abb. 71). Die luxuriösen Landsitze waren im 1. Jahrhundert v. Chr. unter dem Decknamen *hortus* bis an die alten Mauern Roms vorgedrungen, die Wohnkultur der Villeggiatur zur maßgebenden der Oberschicht auch in der Stadt geworden, die sich – die Möglichkeiten der Siebenhügelstadt nützend – auch in der *urbs* am Palatin und Aventin Aussichtsvillini baute[24].

Wie sehr die Villa zum Inbegriff von Reichtum und Luxus geworden war, zeigt eine Episode aus der Agitation des Volkstribunen A. Gabinius gegen L. Lucullus. Um ihn unbeliebt zu machen, zeigte man ein Bild von Luculls berühmter Villa in Tusculum auf den Rostra (Cic. pro Sestio 93). Bei Proskriptionen konnte einem eine schöne Villa zum Schicksal werden (Plut. Sulla 31, 4).

Daß die angesehensten und reichsten Adelsfamilien im 2. Jahrhundert v. Chr. mit der Rezeption der griechischen Kultur vorangegangen waren, hatte bei dem in der Konkurrenzsituation herrschenden Imitationszwang die größten Auswirkungen. Deshalb folgten auf die Phase bewußter Auswahl offenbar so schnell normierte »Ausstattungsprogramme«, die sich der finanziellen Leistungskraft der jeweiligen Auftraggeber leicht anpassen ließen.

Vor diesem kulturgeschichtlichen Hintergrund werden wesentliche Eigenarten der römischen Villenkultur verständlich: die Anhäufung

Abb. 71 Hanghäuser im Theaterviertel, Reg. VIII 2 (nach Noack-Lehmann). Die ursprünglich nur zur Straße hin orientierten Atrium-Häuser werden im Laufe des 1. Jhs. v. Chr. mit Anbauten versehen, die eine weite Aussicht über die Ebene zum Meer hin erschließen.

verschiedenartiger Ausstattungselemente, die häufig zu beobachtende Unbekümmertheit um organische Zusammenhänge und Proportionen, die Übersteigerung der Maße und Motive, die Überladung mit wirklichem oder imitiertem kostbaren Material. Das gilt nicht nur für kleinere Villen, selbst die Zusammenstellung der zahlreichen Bronzestatuen in der Villa dei Papiri[25] und die Wandfresken der neuen Villa von Oplontis zeigen solche Eigenarten. Die Villeggiatur erweist sich als ein großartig vitales Mixtum compositum aus Elementen griechischer Kultur, das erst im Lebensgefühl und Kulturhaushalt des jeweiligen Villenherrn zum kulturbestimmenden Amalgam wird.

ZWEI GEGENSÄTZLICHE FORMEN DES WOHNENS

Die samnitischen Agrarproduzenten und Handelsherren[26] hatten mit den Römern, sei es in ihrem Gefolge als *mercatores* oder über das seit dem 2. Jahrhundert für die Hellenismus-Rezeption zentrale Rom[27], die Wohnkultur des Ostens kennengelernt. Im Gegensatz zu den stadtrömischen Aristokraten standen ihnen keine luxusfeindlichen Traditionen entgegen. Der neue Reichtum konnte sich unmittelbar in weiträumigen Stadthäusern niederschlagen. Es ist für das Selbstgefühl der reichsten Familien Pompejis bezeichnend, daß sie sich dabei nicht an Bürgerhäusern, wie wir sie z. B. aus Delos kennen, sondern offenbar am aristokratischen Wohnen orientierten. Überzeugend hat H. Lauter vor kurzem die größte der frühen *domus*, die eine ganze *insula* von ca. 2940 qm einnehmende Casa del Fauno (VI 12), mit den in Pella ausgegrabenen Stadtpalästen des makedonischen Adels in Verbindung gebracht[28]. Das italische Atrium bleibt zwar ähnlich wie bei den frühen Villen in reduzierter Form erhalten, seine ursprüngliche Funktion als zentraler Wohnbereich ist aber meist verlorengegangen. Hier und dort wird das Gesamt der Grundrisse ganz von den Peristylgärten beherrscht. Bezeichnend ist auch bei den großen pompejanischen *domus* das für hellenistisches Bauen charakteristische freie Kombinieren verschieden großer Atrium- und Peristyleinheiten. Im Gegensatz zu den Adelspalästen von Pella, die noch größer als die Casa del Fauno sind, werden die Peristylhöfe in Pompeji nur von wenigen größeren Räumen gesäumt: Der tatsächliche Wohnbedarf der Bauherren der Casa del Fauno war eben wesentlich geringer. Der zweite Peristylhof z. B. hatte keine andere Funktion, als den Eindruck repräsentativen Wohnens zu vermitteln[29].

So enthält schon die Casa del Fauno (Abb. 5. 8. 9) wesentliche Elemente der Villenarchitektur, ohne selbst von Villen abzuhängen: die Peristylgärten mit Brunnen[30], aufwendige und mit kostbaren Mosaiken ausgelegte Ruheräume, wie die Exedra mit dem Alexandermosaik und sogar eine kleine Thermenanlage. Dieses vornehme, nach außen völlig abgeschlossene Haus gewährte seinen Bewohnern nicht anders als die Villen die Weite hellenistischen Raumgefühls und den Reiz wechselnder Durchblicke durch die hintereinander gestaffelten Schatten- und Lichtzonen der Peristyle.

Um 100 v. Chr. oder bald danach entstandene Räume in anderen großen *domus* Pompejis zeigen indes noch reichere Formen hellenistischer Innenarchitektur. Vor allem die aufwendigen *oeci* sind wahrscheinlich schon durch Villen angeregt, also aus zweiter Hand übernommen; dafür spricht auch die aufwendige Prospektmalerei[31]. Im *oecus corinthicus* der Casa del Labirinto (VI 11, 10; Abb. 111b) z. B. sah man auf einen Palasthof, in dessen Mitte ein hellenistisches Rundtempelchen steht[32].

Einen ähnlichen Ausblick hatte einst Ptolemaios IV. in gebauter Form aus dem korinthischen Saal seines Nilschiffes – das seinerseits die Imitation von Palastbauten war – genossen[33]. Die zweistöckige Säulenstellung sprengt die räumlichen Dimensionen des pompejanischen Speiseraums: Eine ursprünglich für einen großen Festsaal geschaffene Innenarchitektur[34] wurde in einer so reduzierten Form wiederholt, daß die eigentliche Raumfunktion als *triclinium* erheblich eingeschränkt wurde.

Während die reiche samnitische Oberschicht im 2. Jahrhundert v. Chr. ihre Häuser noch unter strenger Abschließung nach außen im Stadtinnern angelegt hatte, drängten wohlhabende Bauherren in der ersten Hälfte des 1. Jahrhunderts, nachdem durch die Koloniegründung die Mauern ihre Verteidigungsfunktion verloren hatten, an die Südhänge der Stadt. Von dort konnte man den weiten Blick über den Golf und die gegenüberliegende Halbinsel von Sorrent genießen. Der Stadtplan läßt erkennen, daß die Lage an den Südwesthängen besonders beliebt war. Denn hier entstanden die weitläufigsten Häuser, deren Grundfläche nicht wesentlich kleiner als die der Casa del Fauno ist (Ins. Occ. 19–26; 13 ff.)[35]. Die Baukomplexe zeigen dieselbe Panoramaausrichtung wie die Villen vor dem Herculaner Tor. Der Eingangsbereich bleibt in das Straßensystem eingebunden, der Wohnbereich öffnet sich über aufwendigen Terrassierungen weit zur Landschaft hin. Eine Vorstellung von den Dimensionen einzelner Trakte dieser neuen Art von »Stadtvilla« kann dem modernen Besucher z. B. die Porticus der »Villa Imperiale« neben der Porta Marina unterhalb des modernen Museums geben (VIII 1).

Bescheidenere Häuser überwucherten durch Umbauten und Erweiterungen die Südosthänge zum Theaterviertel hin (VIII 2; Abb. 71). K. Lehmann-Hartleben hat diese Hanghäuser aufgrund der Vorarbeiten von Noack publiziert und in einer auch für ein heutiges sozialgeschichtliches Interesse noch vorbildlichen Weise analysiert[36]. Danach brachte das frühere 1. Jahrhundert v. Chr., die Zeit der Hochblüte des campanischen Villenbaues, auch den Höhepunkt im Umbau dieser Häuser zu kleinen Aussichtsvillen. Lehmann-Hartlebens Rekonstruktionszeichnungen geben eine Vorstellung von den abgetreppt übereinander gestaffelten Portiken und Aussichtsräumen (Abb. 72)[37]. Die umfangreichen Substruktionen lassen zwar auch hier auf wohlhabende Auftraggeber schließen, doch besteht ein deutlicher Unterschied in Dimension und

Anspruch zwischen diesen Hanghäusern und den großen Stadtvillen an den Südwesthängen. Ohne mit den großen, frei in die Landschaft ausgreifenden Villen konkurrieren zu können, boten solche Stadtvillini ihren Besitzern doch wenigstens ein wesentliches Element der neuen Wohnkultur, den Ausblick[38].

Auch in Häusern im Stadtinnern findet man vereinzelt Ein- und Umbauten aus dem späteren 2. und 1. Jahrhundert v. Chr., die zeigen, daß die Villa zum Vorbild der Wohnkultur wird. Dazu gehören z. B. die Baderäume und die Cryptoporticus der Casa del Criptoportico (I 6,2–4)[39], die kleine Thermenanlage und die Exedra mit den beiden Apsiden im Peristyl des Menanderhauses (I 10,4; Abb. 111 c)[40].

EINE MINIATURVILLA INMITTEN DER STADT

Während sich die Nachahmung der Villenarchitektur im 1. Jahrhundert v. Chr. auf die Erschließung der aussichtsreichen Hanglagen durch die dortigen Haus- und Grundbesitzer und auf den vereinzelten Einbau luxuriöser Innenarchitekturen in den reichsten Häusern der Stadt beschränkte, haben Villen, Villenausstattung und Villenleben in den letzten Lebensjahrzehnten der Stadt eine ganz andersartige, jetzt weiteste Kreise erfassende Wirkung ausgeübt. Vor allem in den nach dem Erdbeben von 62 n. Chr.[41] wieder aufgebauten oder umgebauten Häusern[42] findet man zahlreiche neuinstallierte, vielgestaltige Elemente der Villenarchitektur und -ausstattung, die jedoch teilweise auf den ersten Blick nicht ohne weiteres als solche zu erkennen sind.

Wir wollen zunächst die Eigenarten der Architekturimitationen im engeren Sinne nebst zugehöriger Ausstattung an mehreren Beispielen zu erfassen suchen, um uns dann einzelnen Ausstattungselementen zuzuwenden. Es handelt sich in der Regel um An-, Um- und Neubauten im Garten- bzw. Peristylbereich der Häuser. Wir beginnen mit einem bekannten Haus in der Via dell'Abbondanza (II 5, 2), dessen angeblichen Besitzer, Loreius Tiburtinus, es, wie P. Castrén gezeigt hat, nie gegeben hat (Abb. 73. 74)[43]. Das Grundstück erstreckt sich fast über eine ganze *insula*, wobei der Garten auf abfallendem Terrain über zwei Drittel der Fläche einnimmt. Der Wohntrakt selbst liegt – vom Garten aus gesehen –

Abb. 72 Rekonstruktion eines Hanghauses im Theaterviertel (nach Noack – Lehmann). Die Architektur der Anbauten imitiert die Aussichtsterrassen und Ruheräume römischer Villen.

auf einem Sockel, der an eine *basis villae* (Cic. ad Qu. fr. 3, 1, 5) erinnert. Es handelt sich um ein umgebautes altes Atriumhaus mittlerer Größe, in dessen vorderem Teil zuletzt eine Taverne untergebracht war. Das Haus erfuhr in den Jahren nach dem Erdbeben eine gründliche Umgestaltung, die sich vor allem auf die dem Garten zugeordneten Räume und auf dessen Gestaltung konzentrierte. Diese Arbeiten waren bei der Verschüttung der Stadt noch nicht abgeschlossen[44].

An die Stelle des *tablinum* trat dabei eine Art Rumpfperistyl, von dem aus man zur Linken in das große, fast quadratische *triclinium* und zur Rechten in zwei kleinere Räume und in ein *sacellum* gelangen konnte. Die stucküberzogenen Säulen unterschiedlichen Durchmessers stehen in völlig unregelmäßigen Abständen, die sich nach den zugeordneten Räumen richten. Das Rumpfperistyl bindet ein, kollidiert und konkurriert zudem noch mit zwei weiteren Stützenreihen, wodurch der Grundriß völlig unübersichtlich wird. Dem *sacellum* ist ein regelrechter Pro-

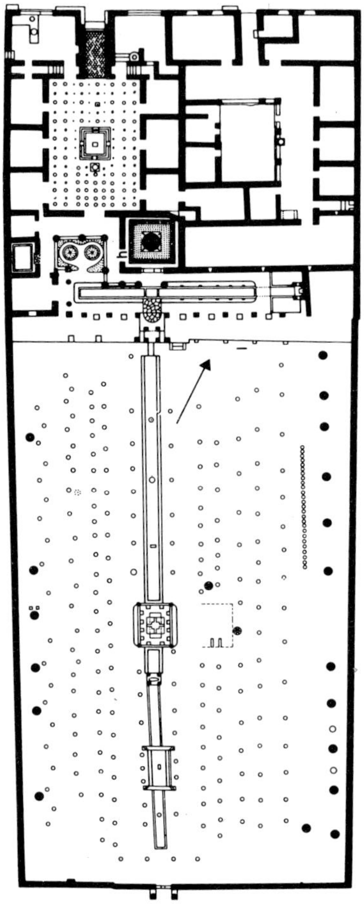

Abb. 73 Grundriß der »Miniaturvilla«, eines Hauses in der Via dell'Abbondanza, Reg. II 2,5. Der Garten des verhältnismäßig kleinen Atriumhauses wurde zu einer Villenlandschaft en miniature mit Pergolen, Brunnen, Portiken etc. umgestaltet.

naos mit zwei Säulen zwischen Halbsäulenpfeilern vorgelagert. Der dem Garten zu gelegene Halbsäulenpfeiler liegt in der Flucht der kräftigen aufgemauerten Pfeiler, die die über 20 m lange Pergola an der Gartenfront des Hauses tragen (Abb. 75). Diese überschattet ein nur 1 m breites Kanälchen, das von zwei brückenähnlichen Übergängen überspannt wird[45]. Es verläuft in der Flucht des *sacellum* und mündet in ein Brunnen-Biclinium am anderen Ende der Terrasse ein. Wir haben es hier auch aufgrund der Statuettenausstattung zweifellos mit einer Miniaturform jener schon zu Ciceros Zeit in den Villen beliebten *euripus* oder

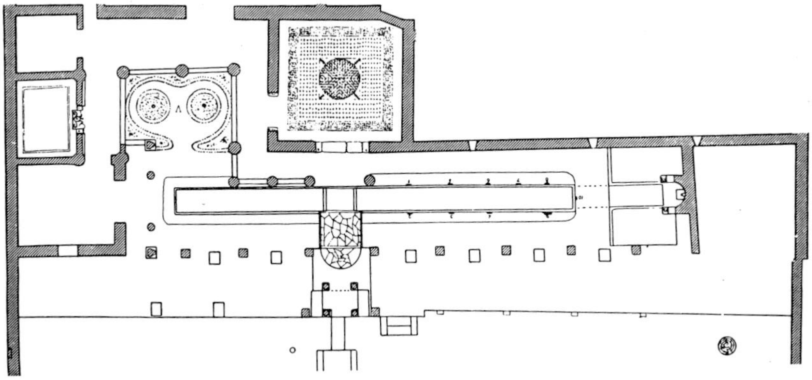

Abb. 74 Grundriß der »Aussichtsterrasse« der »Miniaturvilla«. Mehrere Elemente der Villenarchitektur sind hier auf kleinstem Raum miteinander verbunden und ineinandergeschoben.

nilus genannten Wasserläufe zu tun[46], von denen uns im Canopus der Villa Hadriana ein einzigartiges, monumentales Beispiel erhalten ist[47].

Nicht weniger als fünf solcher aus der Villenarchitektur stammender Architekturelemente sind also auf der insgesamt nur 7 m breiten Terrasse in reduzierter und miniaturhaft verkleinerter Form zu einem Mixtum compositum zusammengedrängt und ineinander verschachtelt: das Rumpfperistyl mit *triclinium* und *diaetae*, das *sacellum*, eine noch zu erläuternde Artemis-Aedicula, die über einem »Nymphaeum« steht (s. u.) und vor der ein Springbrunnen angelegt war, der *euripus* mit der Pergola und das *biclinium* mit der Brunnen-Aedicula (Abb. 76). Das alles sind eigentlich Komponenten einer in lockerer Bauweise in die Landschaft ausgreifenden Villenform, wie sie spätestens seit der Mitte des 1. Jahrhunderts v. Chr. verbreitet war[48]. Neben den ausgegrabenen Resten vor allem in Campanien und den Villendarstellungen auf pompejanischen Wänden bieten die Villen des jüngeren Plinius[49] gute Beispiele dieser Landschaft und Aussicht erschließenden Villenform. Auf der Gartenterrasse unseres Hauses aber sind diese verkleinerten Villenkomponenten so ineinandergeschoben, daß man z. B. unter der Pergola nicht nebeneinander spazieren kann, beim Gehen auf Schritt und Tritt über Springbrunnen, Brückchen und Statuetten im Gras zu stolpern droht

Abb. 75 »Aussichtsterrasse« der »Miniaturvilla« (nach altem Photo mit dem inzwischen verschwundenen Statuetten-Inventar). Entlang eines Wasserlaufes *(euripus)*, der von einem Brückchen überspannt wird, waren Statuetten aufgereiht. Das Ganze liegt unter einer Pergola, die auf der einen Seite von einem kleinen Isisheiligtum, auf der anderen von einem Ruheplatz mit zwei aufgemauerten Liegen begrenzt wird. Für das im Villenleben so wichtige Promenieren zu zweit oder in Gruppen waren die Weglein aber zu schmal.

und durch Pfeiler und Stützen behindert wird: Die Architektur hat teilweise ihre ursprüngliche Funktion verloren.

Noch gedrängter erscheint die Anlage durch die Überfülle des malerischen und statuarischen Schmuckes. In den großen Triklinien sind über einem hohen Sockel, der kostbare und vielfarbige Marmorinkrustationen imitiert, zwei gemalte Friese zu sehen[50]. Ein hochgezogener Vorhang steigert die Illusion, es handele sich bei den Bildern um kostbare griechische Originale, und gibt dem Raum den Anstrich einer Pinakothek (Abb. 77). Auf dem ca. 80 cm hohen oberen Fries konnte man Heraklestaten – wohl im Anschluß an ein hellenistisches Vorbild –, im Predella-Fries darunter Szenen aus der Ilias bewundern. Von diesem durch die anspruchsvollste Dekoration ausgezeichneten Raum aus erschloß sich dem Betrachter durch die Artemis-Aedicula eine Blickachse durch die leichten Gartenarchitekturen in den tiefer gelegenen Teil des Grundstücks (s. u.) und über die Stadt hinweg auf Tal und Berge (Taf. 9). Auch das durch zwei Säulen zwischen Halbsäulenpfeilern hervorgehobene *sacellum* ist mit vorzüglichen Malereien vierten Stils, diesmal einem Wandsystem, ausgemalt. Die Gestalt eines Isispriesters auf einer der Innenwände, das Diana-Aktäon-Diptychon an der Fassade und die im Gärtchen davor gefundenen ägyptischen Terrakotten sprechen für Isis-Diana als Gottheit. Ihr Bild stand wahrscheinlich in der Nische an der Rückwand des *sacellum*[51]. Auf einen Giebel aber mußte man verzichten. Er wäre zu sehr mit der Pergola in Konflikt geraten!

Kleine, manchmal im Garten gelegene Heiligtümer waren in größeren Villen keine Seltenheit, man denke nur an das von Cicero so bewunderte

Abb. 76 Ruhelagen der »Miniaturvilla« mit »Aussicht»« auf den *euripus*. Im Vordergrund zu Seiten des *euripus* sieht man die schrägen Auflager für die Matratzen der beiden Ruhelager. Dahinter eine Aedicula und zwei mythologische Szenen, die »Gemälde« nachahmen wollen.

Abb. 77 Wandmalerei in dem zur Terrasse hin geöffneten Gesellschaftsraum der »Miniaturvilla« (Abb. 74 nach Spinazzola). Der repräsentative Speise- und Gesellschaftsraum *(triclinium)* war der am reichsten ausgestattete Raum des Hauses. Vor allem in den Wandmalereien konnte der Hausherr seinen Geschmack und seine Bildung zeigen. Ein Wandsockel imitiert eine Inkrustation aus teuren vielfarbigen Marmorplatten. Darüber folgt ein Fries mit Szenen aus Homers Ilias. Über diesem in der Hauptzone eine Folge von Heraklestaten. Die Kostbarkeit dieser »Gemälde« wird durch einen ebenfalls gemalten, hochgezogenen Vorhang betont, der die lichtempfindlichen Gemälde, wie heutzutage in einem Museum, schützen soll.

Amaltheion des Atticus auf dessen Landgut in Epirus[52]. Benutzt wurde das *sacellum* hier als Gartenzimmer mit doppeltem Ausblick durch die Tür auf die Terrasse mit dem *euripus* und durchs Fenster auf den tiefer gelegenen Garten.

Die statuarische Ausstattung entlang den »Ufern« des *euripus* war dem Kleinformat der Architektur angepaßt[53]. Der auf Sockeln stehende (und nach deren Anzahl auch ursprünglich nicht vollzählige) Musenchor hat zwar noch geläufiges Statuettenformat (Abb. 78), aber bei den im

Grase sitzenden und liegenden Figürchen handelt es sich um ausgesprochene Miniaturformate zusammengewürfelter Thematik (vgl. S. 154; Abb. 75). Der liegende Flußgott und die Sphinx passen zu einer Euripus-Ausstattung, die Hermen gehören an Gartenwege (vgl. u. S. 177), das sit-

Abb. 78 Musenstatuetten aus der »Miniaturvilla«. Die am *euripus* auf der Terrasse aufgestellten Statuetten kopieren zwei Statuen aus einer berühmten hellenistischen Gruppe der neun Musen. Wie bei den Imitationen von Gemälden geht es bei solchen Ausstattungsstücken auch darum, im Besucher die Assoziationen »griechische Statuen« und »Kunstbesitz« aufzurufen.

zende Satyrknäblein verlangt nach einem dionysischen Park, die beiden Tierkampfgruppen nach einem »Paradeisos« (vgl. u. S. 196), die häufig in Villen zu findenden Musen endlich nach einem »Museion«[54]. Zu dieser Statuenausstattung kommen zumindest noch eine Artemis-Diana als »Kultbild« für die Aedicula, in deren Giebel man das Bild der Jägerin sieht, und der erhaltene kleine Satyr in Atlantenhaltung als Brunnenfigur.

Doch auch an Wandbildern fehlte es nicht. Zu seiten der mit Bimsstein ausgeschlagenen Brunnen-Aedicula sieht man zwei großformatige Mythendarstellungen, Pyramus und Thisbe und den sitzenden Narkissos[55] (Taf. 10, 1.2). Ein gewisser Lucius hat sie, unbeschadet ihrer bescheidenen Qualität, stolz signiert. Man kann sich angesichts dieser auf »Tafelbilder« anspielenden Fresken an den leidenschaftlichen Kunstsammler Hortensius erinnern, der für die »Argonauten« des Kydias *aedem fecit in Tusculano suo* (Plin. n. h. XXXV 130). Zu allem aber war auch noch die Abschlußmauer der Pergola über 7 m Länge hin mit Fresken verschiedener Thematik geschmückt: Orpheus mit den Tieren, eine Jagdszene in einem Paradeisos und eine auf einer Muschel schwebende Venus marina[56]. Durch diese Bilder und die anspruchsvoll gesockelten Musen sollte die luftige Pergola etwas vom Charakter einer mit Gemälden ausgestatteten, repräsentativen Porticus erhalten.

Doch wir haben erst den oberen Teil der Anlage kennengelernt. Über eine Treppe gelangt man in den etwa 1 m tiefer liegenden, 55 m langen und 30 m breiten Garten. Er ist von einer hohen Mauer umschlossen und wird wie die Terrasse von einer Art *euripus* durchschnitten. Parallel zu diesem waren umzäunte Wege mit Pergolen, Busch- und Baumreihen in strenger Ordnung angelegt. Ähnliche Spazierwege zogen sich den Bach entlang, der Varros Villa bei Casinum durchfloß (rust. III 9). Die erhaltenen Reste eines Marmortisches zeugen von einem »Sitzrondell«, ein liegender Hermaphrodit von einer ursprünglich wohl in Pflanzen eingebetteten Skulpturenausstattung[57]. Der *euripus* verläuft – von mehreren Architekturen unterbrochen oder überbrückt – nicht durch die Mitte des Gartens, sondern, wie wir schon sahen, in der Achse des als Pinakothek ausgestatteten großen Speisezimmers. Mittels eines zweistöckigen architektonischen Zwittergebildes, dessen oberen Teil wir in Gestalt der Artemis-Aedicula bereits kennen, ist er in die Terrassen-Pergola eingebunden. Das Untergeschoß beherbergt ein Miniaturnymphaeum[58], dessen Brunnen gleich mit zwei übereinander angeordneten Wasser-

Abb. 79 Aedicula mit »Nymphaeum« im Garten der »Miniaturvilla«. In der von der Aussichtsterrasse aus zugänglichen Aedicula stand einst eine Statuette der Jagdgöttin Artemis, womit u. a. auf die mit den großen Landsitzen verbundenen Jagdgründe angespielt wurde. Das nur vom Garten aus zugängliche »Untergeschoß« der Aedicula ist als Miniaturnymphaeum gestaltet. Das architektonische Mixtum compositum ist charakteristisch für den gesamten Ausstattungsstil des Hauses.

speiern, einer Okeanosmaske und einem über der Wassertreppe sitzenden Eros mit Masken, ausgestattet ist (Abb. 79)[59]. Das obere Becken war zudem mit Fischen ausgemalt. Zu seiten des Brunnens wird eine Kühlung suchende Diana erneut von Aktäon überrascht. Und als ob es mit dieser mythischen Verbrämung des Brünnchens nicht genug wäre, hat der Maler an den Schmalseiten auch noch fensterartig gerahmte Ausblicke auf Landschaften mit Apollo- und Dianaheiligtümern hinzugefügt. Der kleine Raum aber ist keine 3 m breit, nur 1 m tief und bietet nicht einmal den Platz für eine Einzelkline! Etwa zur gleichen Zeit entstand in einem der Hanghäuser am Theaterviertel ein gerade noch funktionsfähiges kleines Grottennymphaeum mit bewußt gewähltem Ausblick auf die gegenüberliegenden Berge (VIII 2, 28)[60]. Das Beispiel zeigt, wie die Rezeption solcher Villenelemente stufenweise erfolgt sein kann und wie sich selbst innerhalb der Stadt Vorbilder boten.

Der anschließende, fast 50 m lange *euripus* ist in mehrere Abschnitte unterteilt. Das Wasser des Nymphaeums sammelt sich zunächst in einem ersten 25 m langen Becken, aus dem drei Springbrunnen aufsteigen. Es folgt eine marmorverkleidete Brunnenanlage mit Wassertreppchen im Zentrum und Sockeln für 12 Statuetten oder Marmorgefäße am Rand (Abb. 80)[61]. Kaum drei Meter weiter wird der *euripus* von einem Baldachin überbrückt, den man aber seiner Miniaturhaftigkeit wegen nicht betreten konnte. Der letzte Teil der Anlage ist zum offensichtlich schon früher vorhandenen unteren Gartentor hin abgeknickt, zweifellos um den zur »Villa« hinaufführenden Gartenweg am *euripus* entlangführen zu können und gleichzeitig dem an der Gartentür Vorbeigehenden einen Einblick zu geben. Auch dieser Abschnitt wird noch einmal unterbrochen, und zwar durch ein verbreitertes Becken, das wohl wie der Brunnen von einer Laube überschattet war.

Der *euripus* war in Wirklichkeit also eine Abfolge von verschieden großen Becken, die durch Trennwände gegeneinander abgeschlossen und lediglich durch Überläufe miteinander verbunden waren[62]. Daraus läßt sich die Funktion dieser Becken unschwer erschließen: Es waren – wahrscheinlich farblich gegeneinander abgesetzte[63] – Fischbecken, wie sie im großen in den Meervillen angelegt zu werden pflegten. Varro und Cicero berichten von den Gewinnen, die sich aus der Fischzucht erzielen ließen, und von den grotesken Auswüchsen, zu denen die Leidenschaft für ihre Lieblingsfische einige dieser *piscinarii*

Abb. 80 Marmorbrunnen am unteren *euripus* der »Miniaturvilla«, vgl. Abb. 74. Dieser Brunnen unterbricht den Lauf des *euripus* und ist im Verhältnis zu den übrigen Elementen der Gartenarchitektur zu groß. Im Hintergrund sieht man eine weitere Aedicula.

hinriß[64]. Auch dieses Element war vom Osten über die Fürstenhöfe in die Villen gekommen[65].

Durch das geschickte Aneinanderreihen der Fischbecken hat unser Villenimitator einen zweiten *euripus* gewonnen! Sein Vorgehen ist charakteristisch. Wir finden im Garten dasselbe Prinzip der Häufung z.T. miniaturhaft reproduzierter Villenelemente wie auf der Terrasse. Wie dort ist das Allzuviele auf zu engem Raum für den Geschmack des Bauherrn charakteristisch. Anstatt die leichten Architekturen über das Grundstück hin zu verteilen, wie es die sich der Landschaft anpassenden Villenvorbilder nahelegten und wie es das ansehnliche Grundstück wohl auch erlaubt hätte, fädelte er Nymphaeum, Marmorbrunnen, Baldachin und Pergola mit dem Fischteich-Euripus gleichsam auf. Das hatte freilich den Vorzug, daß er die ganze Herrlichkeit seiner Gartenarchitektur aus der Tür des Großen Speiseraumes in einem Blick vor Augen führen konnte. Durch den in der neueren Literatur vielleicht zuviel beachteten perspektivischen Durchblick mußte die Anlage aber auch aufwendiger erscheinen, als sie in Wirklichkeit war[66].

Mit vergleichsweise bescheidenen Mitteln ist hier im letzten Jahrzehnt Pompejis eine Landschaftsvilla en miniature inmitten der Stadt entstanden. Die eigentlich für weite Aussichten bestimmten Blickachsen sind geschickt »introvertiert«, die aus dem Bereich der Land- und Seevilla stammenden Architekturelemente zu einer Walt-Disney-Welt zusammengeschoben. Der bescheidene Umfang des eigentlichen Wohnraumes steht in eklatantem Mißverhältnis zum Aufwand im Villengarten. Charakteristisch sind die Kunstlosigkeit eines Teils der späten Ausstattung (im Gegensatz zu den »neronischen« Wänden vierten Stils), die Disproportionen und die Qualitätsunterschiede des Dekors. Möglichst viel Kostbares aus der bewunderten Villenwelt sollte auf kleinstem Raum imitiert werden.

DER GROSSE MARMORBRUNNEN IM HOF

Ein wesentlich kleineres, ebenfalls in den letzten Jahrzehnten der Stadt umgebautes Haus mit ungünstiger und offenbar zufällig zusammengekommener Grundfläche soll zeigen, daß es sich bei dieser Miniaturvilla nicht um einen Einzelfall, sondern lediglich um das reichhaltigste und besterhaltene Beispiel eines weiter verbreiteten Wohngeschmacks handelt. Die zwischen 1810 und 1840 ausgegrabene und heute in deplorablem Zustand befindliche Casa di Apolline[67] liegt unmittelbar vor der Nordmauer (VI 7, 23; Abb. 81). Die ausgegrabene Marmorausstattung ist fast völlig verlorengegangen, und ohne die spärlichen Notizen der Ausgräber wäre das Ganze heute unverständlich. Durch ein kleines Atrium ohne *alae* kommt man in das *tablinum*. Dieses öffnet sich zu einem engen Hof, der fast ganz ausgefüllt war von einem aufwendigen Marmorbrunnen ähnlich dem über dem *euripus* in der Miniaturvilla (Abb. 82)[68]. Wir hören von Marmorgefäßen mit Reliefdekor und von Doppelhermen, die man rund um den mit Wassertreppen versehe-

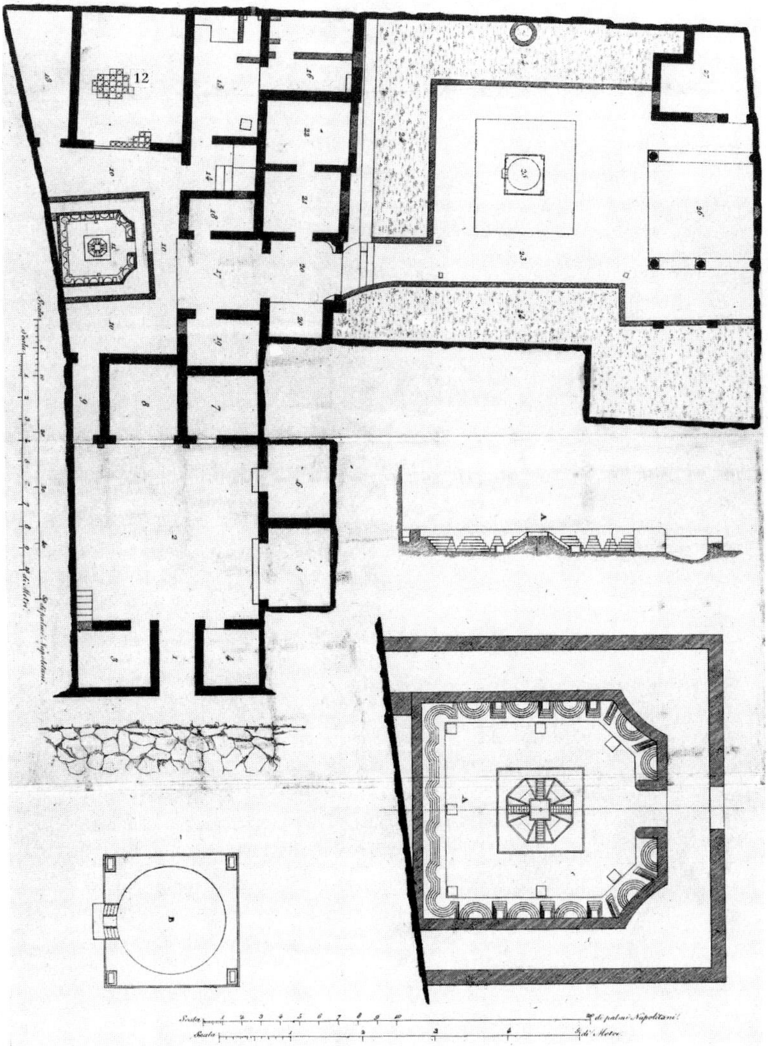

Abb. 81 Casa di Apolline (Reg. VI 7,23). Grundriß des gesamten Hauses und der beiden Brunnen. Auch hier ist ein bescheidenes Atrium-Haus mit einem großen, zum Teil später hinzugekauften Gartenareal verbunden. Der sehr geräumige Gesellschaftsraum im Westen (12) ist auf einen großen Marmorbrunnen ausgerichtet. Der eigentliche Villengarten war von Portiken gesäumt sowie mit einem Nymphaeum und Ruheräumen versehen.

Abb. 82 Marmorbrunnen im Hof der Casa di Apolline. Der Brunnen war ursprünglich mit reliefverzierten Marmorgefäßen und Doppelhermen verziert. Die Mauer zur Linken war mit einer großen Wandmalerei geschmückt, die einen Villengarten darstellte.

nen Brunnen gefunden hat und sich am Brunnenrand aufgestellt denken muß. Die Größe des Brunnens stand in keinem Verhältnis zur Enge des Hofes, auf den sich außer dem *tablinum* noch ein größerer Speiseraum, der Küchentrakt und zwei Zimmer öffneten. Hinter dem Brunnen hatte der Hausbesitzer eine große Gartenmalerei anbringen lassen, die den Blick von der Enge ablenken und der Villenassoziation durch den Ausblick auf einen Park mit vielerlei Vogelgetier, mit Fischteich und Dianastatue aufhelfen sollte[69].

Der eigentliche Villengarten indes ist auf einem nach Norden gelegenen, wahrscheinlich hinzuerworbenen Grundstück von nur 300 qm eingerichtet. Man gelangt an zwei hintereinanderliegenden Gartenräumen vorbei in ein tiefer liegendes Geviert, das auf drei Seiten von einer Art Terrasse umzogen wird. Sie ist etwa 1.20 m hoch, unterschiedlich tief und verbirgt auf der Westseite eine Zisterne unter sich. Aufgrund der an den Wänden angebrachten Malereien[70] und Mosaiken darf man annehmen, daß auf dem Sockel eine Pergola umlief. In der Mitte des »versenkten« Gartens befand sich ein zweiter, diesmal runder Marmorbrunnen. Auch er war mit Marmorhermen eingefaßt. Brunnenfigur und Marmortreppe sind nach Norden hin ausgerichtet. Dort drängte sich ein Konglomerat von nicht weniger als drei ineinander verzahnten Bauten zusammen (Abb. 83)[71]. Der Raum in der Mitte war nach den Seiten zu offen, das Dach, dessen Spuren in der Rückwand noch zu sehen sind, ruhte auf einem von je einer Halbsäule und je zwei Säulen getragenen Architrav. Die Rückwand, mit drei für Statuetten bestimmten Nischen, und die Außenseite des links angrenzenden *cubiculum* waren mit Bimsstein überzogen, der Wandsockel mit Marmor geplättelt, die Säulen aufs aufwendigste mit Muscheln und Mosaik stuckiert. Das Ganze sollte demnach eine Art offenes Nymphaeum vorstellen[72]. Die gefundenen Fragmente lassen auf eine reiche Ausstattung an Marmormobiliar, Hermen etc. schließen. Zur Rechten wird man aufgrund der beiden Pfeiler einen erhöhten Ruheraum unter einer Pergola annehmen dürfen. Zur Linken

Abb. 83 Garten der Casa di Apolline, Blick auf das Nymphaeum und die Ruheräume zur Linken (alte Aufnahme). Das Dach des Nymphaeums zeichnet sich noch in der Mauer ab. Die drei Nischen waren zur Aufstellung von Statuen bestimmt.

führte eine Tür in das von zwei Fenstern erhellte Sommer-*cubiculum*, in dem zwei Betten in Nischen standen. Bei dem reizvollen Raum handelt es sich um die bescheidenere Nachahmung eines jener stillen, fernab vom lauten Treiben der Villa gelegenen Ruheräume, wie sie z. B. der jüngere Plinius schildert (ep. II 17, 20)[73]. Es berührt uns Heutige merkwürdig, daß ausgerechnet dieses *cubiculum* mit den bekannten, in verwirrender Weise alle Dimensionen sprengenden Bühnenprospektmalereien ausgemalt ist[74]: Wie in der Miniaturvilla gehörte griechische Bildung zum normierten Programm. Das bezeugen auch zwei heute verlorene Philosophenporträts, die irgendwo im Garten aufgestellt waren.

EIN HEILIGTUM ALS GARTEN

Die Diskrepanz zwischen dem Anspruch und den realen Möglichkeiten fällt bei einer solchen vielgliedrigen Villenimitation auf allzu beschränktem Raum besonders auf. Ein anderer Besitzer eines Hauses mittlerer Größe erzielte eine weitaus repräsentativere Wirkung, indem er seinem Grundstück nur einen allerdings entsprechend groß und aufwendig gestalteten Villenbaukörper einverleibte. Die Casa dell'Ancora nera (VI 10,7; Abb. 84. 112c)[75] reicht mit ihrem Grundbestand ins 1. Jahrhundert v. Chr. zurück. In der Spätzeit der Stadt ersetzte man Garten oder Hof im tiefer gelegenen Grundstücksteil durch ein hochrepräsentatives, zweistöckiges Garten-Peristyl, das bei der Verschüttung noch nicht vollendet war (Abb. 85. Taf. 11, 1). Man nutzte dabei die ungünstige Abschüssigkeit des Geländes geschickt aus. Vom kleinen Atrium her steigt man auf einer Treppe in einen schmalen, tonnenüberwölbten Arkadengang hinunter, mit dem man den nur 100 qm großen Garten zunächst umzogen hatte. Durch Zumauerung der Bogenöffnungen entstand in einem zweiten Bauvorgang eine Cryptoporticus, die man mit einer unförmigen, doppelgeschossigen Pfeilerstellung »ummantelte«. Im darauf gesetzten oberen Stockwerk alternieren die Pfeiler mit aufgemauerten Säulen, wobei die Schauseite durch eine »reine« Säulenstellung ausgezeichnet wurde. Die beiden Hauptbauphasen scheinen in kurzem Abstand aufeinander gefolgt zu sein[76]. Man sieht es dem Bau an, daß der Hausbesitzer nicht vom besten Baumeister und Architekten beraten war. Gleichwohl legte er es auf den Eindruck einer aufwendigen Reprä-

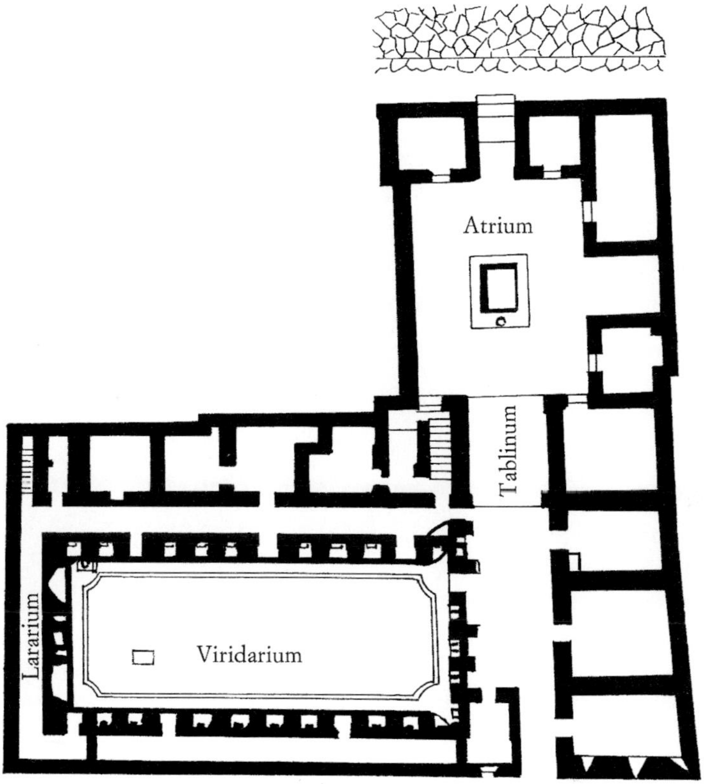

Abb. 84 Casa dell'Ancora nera (Reg. VI 10,7), Grundriß (nach W. Zahn). Hier ist das kleine Atrium-Haus mit einem Villengarten in Form eines heiligen Bezirkes versehen. Die Gesellschaftsräume lagen im Norden, so daß der beste Ausblick auf die Gartenarchitektur gewährleistet war.

sentationsarchitektur an: Postamente weisen darauf hin, daß in den geschlossenen Arkadenbögen Statuen oder Prunkgefäße stehen sollten. Die südliche Schmalseite ist als Schaufront gestaltet. Zwei überdimensionierte Brunnenädikulen[77] flankieren eine zu schmal geratene Fortuna- oder Venus Pompeiana-Aedicula, die von stuckierten Rudern gerahmt wird[78]. Dadurch erhält der Peristylgarten den Charakter eines heiligen Bezirks. Auf diese Schauseite fiel der Blick, wenn man auf der gegenüberliegenden Schmalseite im einzigen größeren Raum des Hauses

Abb. 85 Casa dell'Ancora nera. Blick in den Garten. Das Gartenperistyl bestand aus zwei Stockwerken. Hinter den Pfeilern des Untergeschosses lag eine Cryptoporticus. Von den aufgemauerten und verstuckten Säulen des Obergeschosses sind nur wenige Reste erhalten geblieben.

zusammensaß. Dieses *triclinium* aber befand sich bezeichnenderweise über dem Stall und dem Wagenplatz vor dem Hintertor! Vergleichbar aufwendige Gartenperistyle wird es nur in sehr reichen Villen gegeben haben (vgl. Villa Hadriana). Die Verbindung von doppelgeschossigem Peristyl und Heiligtum hängt nach Ausweis von Prospekten zweiten Stils[79] letztlich wieder mit hellenistischen Palasthöfen zusammen (s. o. S. 42). Die optische Erschließung des Gartens von einem zentralen Wohnraum aus und das »versenkte« Gartenperistyl[80] können dagegen als typische Villenelemente gelten. Als Beispiel möge die nur wenige Minuten entfernte Villa di Diomede vor dem Herculaner Tor[81] dienen, deren freilich wesentlich einfacher gestalteter Gartentrakt auch als Ganzes vergleichbar ist.

Die Größenverhältnisse zwischen dem Gartenperistyl und dem übrigen Haus mit seinen wenigen und äußerst bescheiden proportionierten

Wohnräumen zeigen, welche Bedeutung der Hausbesitzer dem Repräsentationstrakt zumaß und zu welchen finanziellen Anstrengungen er hierfür bereit war.

Wie bei der Miniaturvilla in der Via dell'Abbondanza werden die imitierten Architekturelemente z. T. durch ihre Miniaturhaftigkeit entfunktionalisiert: Die Cryptoporticus war nicht viel breiter als 1 m, und zumindest der Nordostflügel diente bereits vor der Fertigstellung als unterteilter Kellerraum!

»GUTE STUBE« MIT BLICK AUF »HEILIGEN HAIN« DER DIANA

Mit weit weniger Aufwand realisierte ein Weinhändler in der sogenannten Casa del Moralista (III 4, 2; Abb. 86. 87)[82] eine andere Form von Gartenheiligtum. Er gestaltete einen knapp 300 qm großen Hof hinter seinem verwinkelten, aus zwei Häusern zusammengeschlossenen Wohn- und Geschäftshaus zu einer Art *lucus Dianae*. Aus den nach einem zentralen Punkt hin orientierten, noch jungen Resten von Baumwurzeln kann man schließen, daß der Garten noch verhältnismäßig neu war. Zwischen den Baumwurzeln fanden die Ausgräber eine kleine Dianastatue und einen bronzenen Räucherständer (Abb. 87)[83]. Aufgrund von Wandmalereien und literarischen Zeugnissen dürfen wir annehmen, daß solche *silvae* und »heilige Haine« häufig Bestandteile von Villenkomplexen waren[84]. Auch scheint unser Weinhändler nicht der einzige Pompejaner gewesen zu sein, der sich einen *lucus* im kleinen anlegte[85]. Die Rückseite des Hauses öffnete man mittels großfenstriger Ruheräume und Balkons zum Garten hin (Abb. 88). Im Erdgeschoß ist das *triclinium* erhalten geblieben, in dem der Weinhändler seine Gäste bewirtete. Die bekannten, an die Wand gemalten Trinksprüche werfen ein bezeichnendes Licht auf seine und seiner Kunden gutbürgerliche Lebensregeln und Moralgrundsätze[86].

Jedes der bisher betrachteten Häuser zeigte eine völlig andere Form von Villenimitation. Die Auswahl der Architekturkomponenten mußte sich natürlich nach den Möglichkeiten, die Grundstück, bestehender Bau und Finanzen zuließen, richten. Die Vielgestaltigkeit der in unmittelbarer Nähe vor Augen stehenden Vorbilder mag Bauherrn

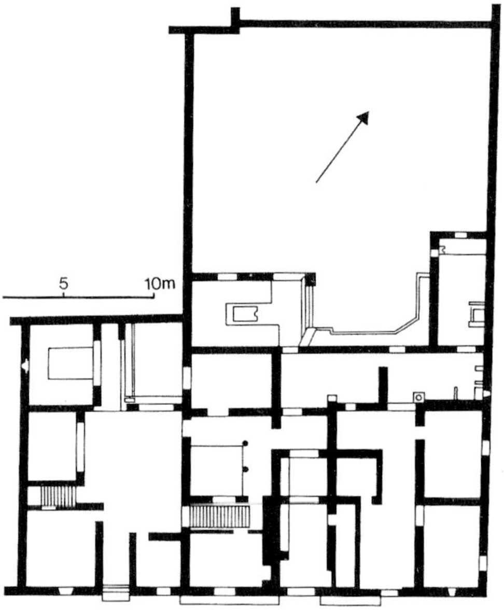

Abb. 86–87 Casa del Moralista (Reg. III 4,3), Grundriß und Blick auf den Garten nach den Ausgrabungen. Dieses Wohn- und Geschäftshaus eines Weinhändlers bestand aus zwei ursprünglich selbständigen Atrium-Häusern und wurde um einen Garten im Stil eines »heiligen Hauses« erweitert. Die Reste der Baumwurzeln geben eine Vorstellung von der einstigen Bepflanzung. Zwischen den Bäumen wurde eine Dianastatue gefunden, sie war die Göttin des kleinen Gartenheiligtums.

Abb. 88 Casa del Moralista. Rekonstruktion der Gartenseite (nach Spinazzola). Die Gesellschaftsräume des Hauses öffneten sich mit großen Fenstern auf den Garten. In den meisten Häusern war ein solcher Ausblick nur als Wunschbild in Form einer Wandmalerei gegenwärtig. Der Weinhändler dagegen konnte seinen Gästen immerhin den Blick auf wirkliche Bäume bieten wie der Besitzer einer Villa.

und »Architekten« inspiriert haben. Das geschickte Adaptionsvermögen bleibt – bedenkt man die kleinen Verhältnisse – erstaunlich. Indes, nur wenigen Hausbesitzern stand eine solche mit neuen Bauteilen gestaltbare Fläche zur Verfügung. Doch das war kein Grund zum Verzicht auf Villenaura.

Porticus und Peristyl stellten schon für sich genommen ein Villenelement dar. Durch die Kombination mit entsprechenden Raumtypen wurde der Villencharakter in den späten Häusern noch hervorgehoben.

Besonders wichtig war ein repräsentatives, großes *triclinium*[87]. Wir finden es in fast jedem der bisher betrachteten Häuser. Wo es möglich war, öffnete man von ihm aus eine Blickachse auf die Gartenanlage. In den großen *domus* werden diese *triclinia* zu wahren Speisesälen, den größten besaß die Casa del Menandro (I 10, 4; Abb. 111c) schon seit augusteischer Zeit. Nach 62 wurden solche Speiseräume z. B. am Haus des Pansa (VI 6, 1), in der Casa dei Dioscuri (VI 9, 6–7), in dem aus mehreren Häusern zusammengewachsenen Komplex der Casa del Citarista (I 4, 5) und in der Casa degli Amorini dorati (VI 16, 7; vgl. hier S. 75 ff.) eingerichtet[88].

Aber auch sommerliche Ruheräume und exedraähnliche Zimmer zum Verweilen gliedert man den Portiken an. Ein besonders charakteristisches Beispiel bietet das »Rumpfperistyl«, das der altehrwürdigen Casa di Sallustio (VI 2, 4; Abb. 89)[89] in der Spätzeit angegliedert wurde. Die beiden seitlichen Portiken enden in zwei kleinen Zimmern, die sich mit überproportioniert großen Fenstern zum kleinen Peristylgarten hin öffnen. Im rechten Raum kann man – trotz der Zerstörungen im Zweiten Weltkrieg – noch zwei Bilder mit mythischen Liebespaaren sehen[90], wie man sie gerne in *cubicula* anbrachte. Offenbar handelt es sich bei

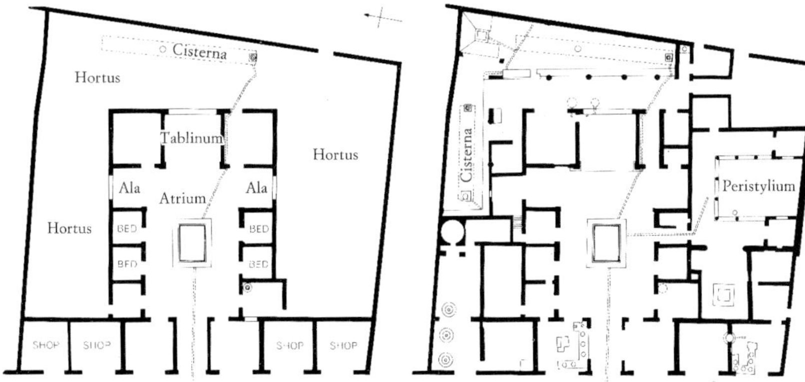

Abb. 89 Casa di Sallustio (Reg. VI 2,4), Grundriß – frühe und späte Phase (nach J. B. Ward Perkins). Das Beispiel zeigt, wie das ursprünglich ganz nach innen gerichtete Atrium-Haus zum Garten hin geöffnet und mit verschiedenen Elementen der Villenarchitektur bereichert worden ist.

Abb. 90 Casa di Sallustio. Blick auf die Gartenmalerei im angebauten »Peristylhof«. Die gemalten Marmorstatuen schaffen einen illusionistischen Übergang vom kleinen Garten zu dem Ausblick in die mythische Landschaft auf der großen Wandmalerei. Dargestellt ist Aktäon, der von den Hunden der Artemis zerrissen wird. Rechts sieht man das Fenster eines der beiden kleinen Ruheräume, *diaetae*.

diesen beiden Zimmerchen um Nachahmungen jener in größeren Villen abseits gelegenen Garten-*diaetae* in aussichtsreicher Position, in die sich z. B. der jüngere Plinius so gerne zurückgezogen hat (ep. II 17, 20 ff.). Dem Format eines Stadtrand-Villino entsprechend findet man zwei vergleichbare Räume in einer flavischen Anlage am Stadtrand von Herculaneum mit weitem Blick auf das Meer[91]. Von den *diaetae* der Casa di Sallustio dagegen konnte man nur auf die Beete des kleinen Gartens und auf eine Wand mit Ausblick auf eine mythische Landschaft blicken (Abb. 90. Taf. 11, 2)! Zu seiten der Ausblicksöffnung hat der Maler denn auch zwei marmorne Nymphenstatuen auf Sockeln dargestellt[92]. So ist ein Villengarten mit einem weitgehend entfunktionalisierten Bauelement entstanden. Denn mit der tatsächlichen Benutzbarkeit der Räumchen kann es nicht weit her gewesen sein, und sie werden bald genug als Abstellräume gedient haben. Ein ganz analog angelegtes Räumchen in der Casa degli Epigrammi (V 1, 18) zeigt, daß wir es auch hier nicht mit einem Einzelfall zu tun haben.

Auch andere Räume werden mittels weiter »Aussichtsfenster« zur Porticus oder auch nur zum Höfchen mit Miniaturgärtchen und Gartenmalerei geöffnet[93]. Hierher gehören auch die zahlreichen *tablina*, die mittels einer Mauerbrüstung zum Gartenzimmer in Villenmanier umfunktioniert werden[94]. Auch dieses Phänomen scheint besonders für späte Häuser charakteristisch zu sein.

GÄRTEN VOLLER SKULPTUREN

Für den Besitzer eines Hauses mit geräumigem Peristylhof lag es nahe, darin einen Garten anzulegen. Ein Teil dieser Gärten erhielt durch großen Aufwand repräsentativen Charakter. Die meisten der mit Brunnen, Pflanzen, Skulpturen und anderem Marmorinventar überladenen Gärtchen waren weniger zum Betreten als zum Betrachten geeignet. Es kann kaum ein Zweifel bestehen, daß sie Villengärten und Parks imitierten, von denen uns die Malereien und literarischen Zeugnisse eine Vorstellung geben. Die merkwürdige Mode, die Interkolumnien durch hüfthohe Mauern zu schließen, die man in zahlreichen späten Häusern beobachten kann, scheint mit dieser Imitation zusammenzuhängen. Auf der

Abb. 91 Casa del Menandro (Reg. I 10,4), Peristyl. In den späteren Häusern wurden die Intercolumnien der Säulenhallen häufig mittels halbhoher Mauern geschlossen, die auf der dem Garten zugewandten Seite mit Gartenmalereien verziert wurden. Dadurch sollte die Wirkung des Gartens als eigenständiges Schmuckelement verstärkt werden. Er soll betrachtet, nicht aber betreten werden.

Gartenseite sind die Mauern dabei immer mit Ausschnitten kleinteiliger Luxusgärten bemalt, erweitern also gleichsam die im Garten selbst gebotenen Assoziationsanreize (Abb. 91)[95]. Da die Villengärten fast ganz verloren sind, stellen die Imitationen in Pompeji und Herculaneum sogar eine zwar bescheidene, aber unverächtliche Quelle für ihre Kenntnis dar.

Wir wollen die Casa degli Amorini dorati (VI 16, 7; Abb. 92)[96] als besonders signifikantes Beispiel eines aufwendigen Peristylgartens herausgreifen. Trotz der Kleinheit des Gartens führt eine breite Treppe aus der erhöhten westlichen Porticus in ihn hinunter. Die repräsentative Fassade des »rhodischen Peristyls« (Vitr. VI 7, 3) wird durch die Kombination mit »Freitreppe« und Giebel noch gesteigert (Abb. 93. 94)[97]. So ent-

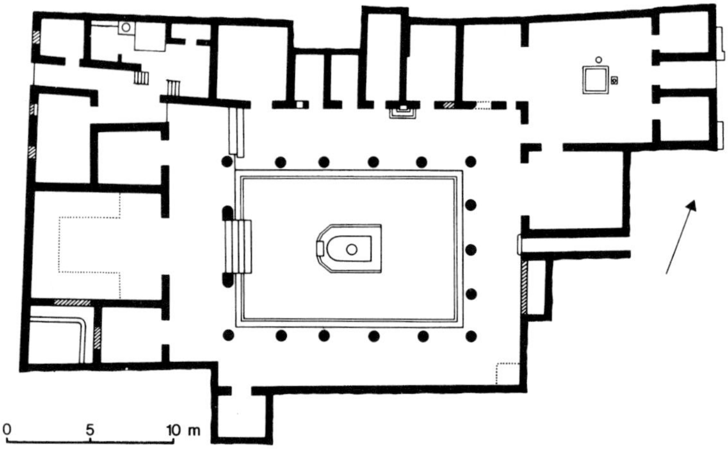

Abb. 92 Casa degli Amorini dorati (Reg. VI 16,7), Grundriß. Das Atrium verliert mit der »Hellenisierung« des römischen Hauses seine ursprüngliche Bedeutung als Zentrum des nach innen orientierten Wohnens. In manchen Häusern wie in diesem hat man es ganz zugunsten eines Säulenperistyls aufgegeben. Alle repräsentativen Räume sind hier zum Garten hin ausgerichtet. Seine Ausstattung entspricht der neuen Funktion als zentraler Bereich der Kommunikation in Nachahmung des Villenlebens.

steht eine auf das dahinterliegende *triclinium* bezogene Schaufront, die in keinem Verhältnis zum kleinen Garten mehr steht. In der Mitte des Gartens ist das – wie häufig zu beobachten – sehr groß proportionierte Wasserbecken angelegt, auf dessen Rand einst eine Brunnenfigur stand. Die Skulpturen und das Marmormobiliar sind so verteilt, daß die Wegchen den Brunnen wie eine Art Rondell einfassen.

Das Bild wird dabei beherrscht von den in lockerer Regelmäßigkeit entlang dem Peristylrand verteilten, hochaufragenden Pfeilern mit Hermen und dionysischen Maskenreliefs (Abb. 94). Auch die meisten Hermen stellen Dionysos oder einen seiner Trabanten einschließlich Eros und einmal auch Jupiter Ammon dar. Die zwischen den Interkolumnien aufgehängten Masken und *oscilla* unterstreichen die dionysische Grundthematik. Doch dazu kommen andere, in den Villen verbreitete Ausstattungsbereiche. Eine neben der Treppe aufgestellte, sehr kleine Omphalestatuette steht für den Bereich »griechisches Kunstwerk« und

Mythos. Kunstsammeln wird vielleicht auch bei den in die Wand des östlichen Peristyls eingelassenen Reliefs, unter denen sich auch ein hellenistisches Weihrelief befindet, imitiert[98]. Eine Herme mit fast unkenntlichem Menanderporträt[99] vertritt die in den Villen so beliebten Galerien griechischer Staatsmänner und Geistesgrößen. Um das Wasserbecken lagern verschiedene Tiere und eine Tierkampfgruppe mit Eber und Jagdhund im Grase, Exzerpte gleichsam eines »Marmor-Paradeisos«. Selbst auf den Palästrabereich findet man eine Anspielung. Es sind also neben dem beherrschenden dionysischen Bereich alle wesentlichen Themen statuarischer Villenausstattung[100], wenn auch u. U. nur durch ein Stück, vertreten. Zwischen alledem stand dann noch kleineres Marmormobiliar: Tische, Brunnenbecken, Reste eines »Kandelabers«, eine Sonnenuhr.

Wie bei den Architekturelementen ist das ganze vielfältige Inventar jedoch auf kleinstem Raum zusammengedrängt, wobei der jeweilige Aufstellungsplatz – wenn überhaupt – nach äußeren Kriterien ausgewählt wurde[101]. Entscheidend war auch hier offenbar die Fülle des Aufgestellten. Starke Proportions- und Qualitätsunterschiede wurden wie bei der statuarischen Ausstattung der Miniaturvilla in der Via dell'Abbondanza (Abb. 75. 78) nicht als störend empfunden. Bezeichnenderweise schreckte man auch nicht davor zurück, eine Dionysosherme in einen Brunnen mit Wasserspeier umzufunktionieren und die teuren, hohen, mit sorgfältigem Relief verzierten Pilaster (die offensichtlich ursprünglich tatsächlich für größere Gärten bestimmt waren!) ohne Rücksicht auf die entsprechenden Reliefdarstellungen entzweizusägen, um so Träger für zwei Reliefs zu gewinnen[102].

Eine ähnlich gemischte Thematik auf engstem Raum war bei der statuarischen Ausstattung am *euripus* der Miniaturvilla der Via dell'Abbondanza (S. 50) zu beobachten. Wirkten dort die Musen noch durch ihre hohen Sockel von den entlang des »Euripus«-Kanälchens aufgestellten Statuetten abgehoben, so sind die Sphinx und der zum Herakliskos umstilisierte Knabe mit der Fuchsgans zwischen den Tierkampfgruppen und Hermen doch rechte Fremdkörper. Das Ganze ist nur als zusammengewürfelte Imitation von mehreren Ausstattungsprogrammen zu verstehen[103]. Was in der größeren Villa durch Aufstellungsort und Kontext ursprünglich einen Sinnbezug gehabt hat, kann reduziert und verkleinert im pompejanischen Garten zu einer Dekoration absinken,

Abb. 93–94 Ausblicke in den kleinen Villengarten der Casa degli Amorini dorati. Eine breite Treppe führt aus der höher gelegenen Halle des »Rhodischen« Peristyls in den Garten. Entlang der Wege waren Marmorhermen, Reliefs und andere Skulp-

die vor allem das Anspruchsvolle und Gehobene der Anlage betonen soll. Oft genug wird die »Auswahl« der Ausstattung sich ganz nach dem zufälligen Angebot beim entsprechenden Händler gerichtet haben. Daß es in der Spätzeit Pompejis in Campanien und auch anderswo Ateliers[104] gab, die speziell für einen solchen Kundenkreis arbeiteten, wäre durch eine entsprechende Materialsammlung m. E. unschwer nachzuweisen. Es scheint aber, daß man bei aller Willkür und Zufälligkeit in der Nachahmung des statuarischen Ausstattungsrepertoires der Villen in Pompeji doch bestimmte thematische Vorlieben hegte. Es fällt z. B. auf, daß Bildnisse berühmter Griechen, darunter auch Herrscher[105], und Themen aus Mythos und Palästra im Gegensatz zum Villendekor nur selten und in kleinstem »Exzerpt« vorkommen, Tiergruppen und vor allem der

turen aufgestellt, zwischen den Säulen hingen die runden *oscilla*. Die Ausstattung von Garten und Säulenhallen soll an ein kleines dionysisches Heiligtum erinnern bzw. den Garten in ein solches verwandeln.

dionysische Kreis dagegen in den meisten Häusern mit statuarischer Ausstattung zu finden sind.

Das trotz mancher Ungereimtheit schönste und einheitlichste Beispiel für diese beiden vom Geschmack der späten Pompejaner bevorzugten Sujets bietet der kleine Garten im Haus des M. Lucretius (IX 3, 5; Abb. 95. 96)[106]. Er ist an zentraler Stelle angelegt und von den Hauptwohnräumen aus sichtbar. Um ein kreisrundes Wasserbecken lagert sich und läuft allerlei Getier einschließlich des ägyptischen Ibis und zweier zum Brunnenbecken gehöriger Delphine und Eroten. Dazwischen sieht man einen jugendlichen Satyr im Gestus des *aposkopein* sich vor der Sonne schützen, während ein anderer dem befreundeten Pan einen Dorn aus dem Fuß zu ziehen versucht. Ein weiterer Satyr – als

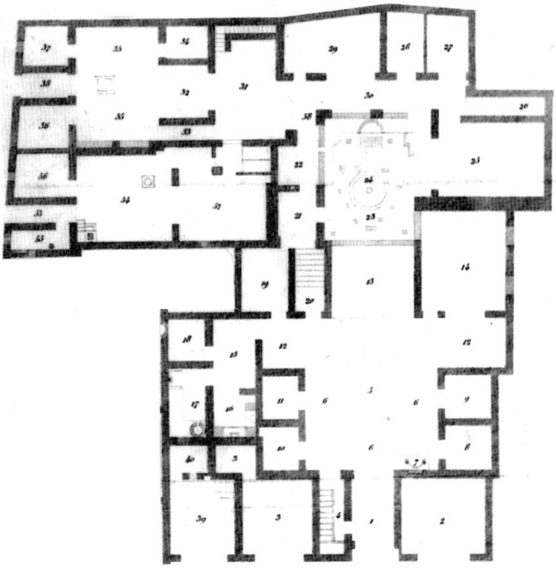

Hüftherme zur Kunst geronnen – wird von einer vor ihm hochspringenden Ziege beschnuppert. Besonders letztere Skulptur zeugt auch noch als bescheidener Reflex vom raffinierten Ineinanderüberführen bzw. Kontrastieren von »lebendig realem« und kunstreich stilisiertem Dekor, das ein besonderer Reiz späthellenistischer Gartenplastik in römischen Villen gewesen sein muß.

Die zentrale Lage des Statuengartens im Haus des M. Lucretius erlaubte noch einen besonderen Effekt. Dank des ansteigenden Terrains konnte der Garten hinter dem *tablinum* dem im Hauseingang stehenden Betrachter wie ein Bühnenbild dargeboten werden (Abb. 97). Der anspruchsvollste Teil der Hausausstattung diente so in eindrucksvoller Weise auch der Repräsentation[107].

NÄCHTLICHE GELAGE IM FREIEN

Bei noch ungünstigeren Raumverhältnissen, besonders bei fehlendem Peristyl, erfreuten sich vor allem zwei uns schon vertraute Ausstattungselemente der größten Beliebtheit: das im Freien aufgemauerte und von einer Pergola überschattete *bi-* oder *triclinium* und der Brunnen. Beide hatten den Vorzug, ihre wohltätige Funktion selbst im engsten Garten nicht zu verlieren und, allein oder miteinander verbunden, auch in dürftiger Umgebung Villenaura zu evozieren.

Es scheint, daß die zahlreichen aufgemauerten und von Pergolen überspannten Ruhelager in pompejanischen Gärten[108] fast alle aus den letzten Jahrzehnten der Stadt stammen. Obwohl in den einfachsten Häusern anzutreffen, sind sie offenbar keine selbstverständliche Einrichtung südländischer Lebensgewohnheit, wie man denken möchte. Dafür

Abb. 95–96 Casa di M. Lucrezio (Reg. IX 3,5), Grundriß mit Blick auf den rekonstruierten Garten (altes Photo). Das kleine Gartenareal liegt hier an der Gelenkstelle zwischen dem vorderen und dem höher gelegenen hinteren Teil des Hauses. Aus allen repräsentativen Räumen konnte man in den Garten blicken. Er ist in der Art einer Krippenszenerie als Skulpturengarten dionysischer Thematik gestaltet. Die Figuren sind um eine Wassertreppe und ein kreisrundes Brunnenbecken angeordnet.

Abb. 97 Casa di M. Lucrezio (Reg. IX 3,5). Blick aus dem Tablinum in den höher gelegenen Garten (altes Photo).

spricht außer ihrem späten Auftreten die enge Verbindung mit anderen Villenelementen, vor allem mit den Brunnen und den auf Villenleben hinweisenden Wandmalereien. Die schon herangezogene Casa di Sallustio (VI 2, 4; Abb. 89. 90) zeigt in dem Grundstückszipfel hinter *tablinum* und *porticus*, wie man mittels dieser beiden Elemente selbst einem sol-

Abb. 98–99 Casa di Sallustio (Reg. VI 2,4). Porticus und Garten hinter dem Haus. Zustand nach den Ausgrabungen im frühen 19. Jh. und Rekonstruktion (nach Gell und Overbeck-Mau). Wandmalerei und Architektur ergänzen sich in dem Bemühen, eine möglichst reiche Vorstellung vom Villenambiente zu erzeugen. Das Ruhelager war an der schmalsten Stelle des Gartens angelegt, so daß der »Ausblick« möglichst eindrucksvoll gestaltet werden konnte (vgl. Abb. 90).

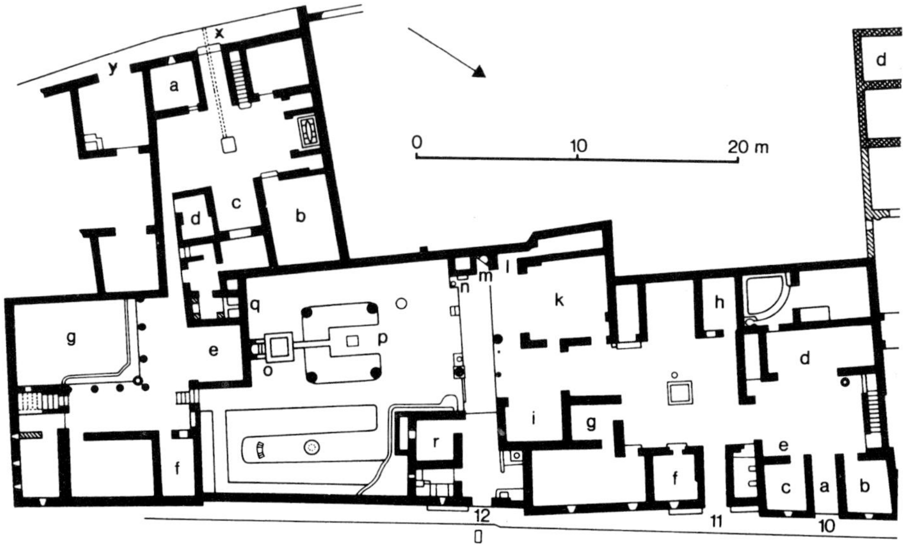

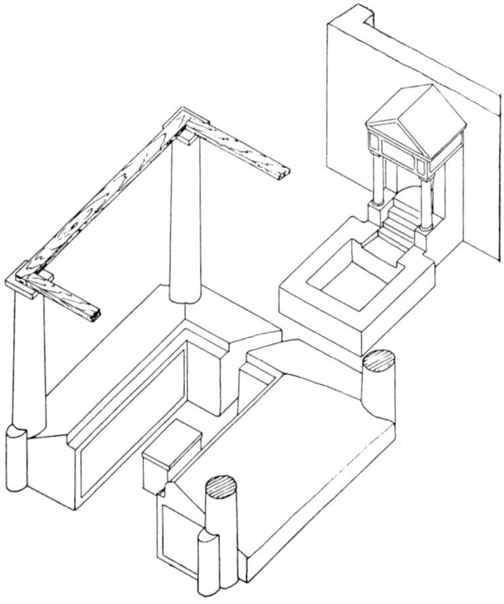

Abb. 100–101 Casa dell'Efebo (Reg. I 7,10–12). Grundriß und Rekonstruktion des Ruhelagers im Garten. Der mutmaßliche Besitzer des Hauses, der Freigelassene Cornelius Tages, kaufte sich mehrere kleine Häuser zusammen und gestaltete den Gartenbereich zum eigentlichen Repräsentationszentrum aus. Das Ruhelager war mit einem Brunnen verbunden. Die Wunschvorstellung, an einem Flüßchen oder auf einer Insel zu liegen, wurde durch entsprechende Malereien verstärkt.

chen »übriggebliebenen« Flächenrest Villenflair verleihen konnte. Das *biclinium* ist an der schmalsten Stelle angelegt. Eine verblichene, illusionistische Malerei auf der Außenmauer erweiterte die reale Architektur der alten Porticus zu einer Art Peristyl und eröffnet zwischen den gemalten Pfeilern Ausblicke in einen von seltenen Vogelarten belebten Park (Abb. 98. 99)[109]. In drei »Interkolumnien« meinte man in eine von einem Gitter begrenzte Nische zu einer Brunnenschale hintreten zu können. Ein vierter Brunnen neben dem *biclinium* rauschte dann wirklich und vermittelte auch hier geschickt zwischen Wirklichkeit und Illusion[110].

In Reg. I 7, 11 (Abb. 100. 101) hat sich Cornelius Tages, offenbar ein Mann aus einer Libertinenfamilie, der wahrscheinlich als Weinhändler schnell zu Geld gekommen ist, ein Konglomerat von nicht weniger als vier Häusern zusammengekauft[111]. Da er über kein repräsentatives Atrium verfügte, ließ er die Gäste durch einen eigenen Eingang (Nr. 12) direkt in den Repräsentationsteil des Hauses treten, den Garten und die auf ihn ausgerichteten Räume. Der Klinensockel (p) ist in der Mitte des verwinkelten Gartens aufgemauert. Vier Säulen trugen das Pergola-Gebälk. Dahinter steht eine Brunnen-Aedicula einst mit bronzener Nymphe als Brunnenfigur[112] und mit einer Wassertreppe. Das Wasser sammelte sich zwischen den Klinen und mag den Lagernden das Gefühl gegeben haben, auf einer kleinen Insel zu liegen (Abb. 101) – eine Möglichkeit, über die ja ein Villenherr wie der von Sperlonga auch tatsächlich verfügte. Die Illusion wurde durch die Malereien am Klinensockel gesteigert: Nillandschaften mit buntestem Architektur- und Personeninventar, das von sog. Sakrallandschaften bis zu Gelagen und erotischen Szenen reichte. Vor dem *triclinium* stand einst auf einem runden Sockel als stolzer Kunstbesitz des Hauses der bekannte klassizistische Bronzeknabe und hielt als stummer Diener seine Leuchterranken[113] (Abb. 102). Zu seinen Füßen konnte man sich bei nächtlichem Gelage an die Ufer des fernen Nil oder des wirklichen Euripus mit seinen luxuriösen Lusthäusern versetzt fühlen. Die tatsächlich vorhandene kostbare Bronzestatue verankerte die Reverien gleichsam als dingliches Unterpfand des Reichtums in der Gegenwart.

Das »ägyptische« Ruhelager war von Park- und Villenimitationen umgeben. Gleich zur Linken trennten vier Marmorhermchen ein kleines Gartenstück ab[114], in dem wahrscheinlich die Marmorstatuetten eines blumenkorbtragenden und eines krupezionttretenden Pan, eines liegenden Satyrn und einer ihr Junges säugenden Hindin ursprünglich aufgestellt waren[115]. Wir gehen sicher nicht fehl, wenn wir uns die abschließende Wand dahinter mit einem Parkausblick bemalt denken. Diesem von den Dionysostrabanten bevölkerten »mythologischen« Garten war ein gemalter Wildpark entgegengesetzt, in den man zu seiten der Brunnen-Aedicula blickte. Wir werden auf das Motiv und seinen Bezug zur Villa gleich zurückkommen. Bezeichnenderweise sieht man vor dem Bilderrahmen wieder gemalte vergoldete Heroen- oder Marsstatuen auf hohen Sockeln stehen[116]. Wir sind solchen gemalten Statuen schon in der Casa di Sallustio begegnet (Abb. 90). Man findet sie häufig zu seiten von solchen Ausblicken in Gärten oder Wildparks. Sie ersetzen die Marmorausstattung des Gartens und sind charakteristisch für die späten Wandfresken im Gartenbereich (vgl. z. B. Abb. 90. 106)[117]. Hier verbinden die gemalten Statuen das Paradeisos-Bild mit einem reich ausgestatteten Villeninnenraum. Die Imitation eines solchen stellt jedenfalls der Speiseraum (k) mit seinem teuren, inkrustierten Bodenemblem[118], dem vergoldeten Schmuck und alexandrinischem Gerät dar[119], aus dem man in den Garten hinausblickte. Eine Treppe führt vom Garten mit dem Brunnen-*triclinium* in das Peristyl (g) eines kleinen, ebenfalls hinzugekauften Hauses, dessen Eingang an der anderen Seite der *insula* liegt (I 7, 19), hinunter. Hier ist das Rumpfperistyl durch gemalte ionische Säulen vervollständigt, zwischen denen man ähnlich wie in der Casa di Sallustio auf einen Park hinausblickt. Diesmal steht neben Marmorgefäß und Brunnenschale eine Venusstatue in den durch Gitter vom Park abge-

Abb. 102 Bronzestatue eines Leuchterträgers aus dem Garten der Casa dell'Efebo, Neapel, Museo Nazionale. Die Statue stand einst als »stummer Diener« auf einer Rundbasis neben dem Ruhelager unter der Pergola und nobilitierte die ganze Szenerie. Die klassischen Formen betonten den Kunstcharakter und erinnerten an den Kunstbesitz in den großen Villen. Die Statue ist das Werk einer eklektischen Werkstatt augusteischer Zeit. Der Künstler benutzte für den Körper eine klassische Jünglingsstatue polykletischen Stils, für den Kopf aber einen frühklassischen Mädchentypus. Der homoerotische Reiz des »stummen Dieners« war vermutlich ein nicht unwesentliches Element des Kunstgenusses. Wahrscheinlich stand das kostbare Werk in einer reichen Villa, bevor es in das eher bescheidene Haus des C. Tages gelangte.

grenzten Nischen[120]. Aus dem winzigen *tablinum* (c) dieses angegliederten Hauses endlich blickte man aus einem großen »Fenster« auf die vielleicht kleinste Gartenimitation Pompejis: In dem engen Lichtschacht sind Reste des typischen Gartengitters und der Bäume erhalten.

Der Aussagewert der ineinandergeschachtelten Häuser des Cornelius Tages besteht einerseits in der unmittelbaren Verbindung von kostbaren Ausstattungsstücken (Bronzestatue, *opus sectile*) mit dürftigen Raum- und Wohnverhältnissen und andererseits in der charakteristischen Verklammerung wirklicher Villenelemente mit den gemalten Ausblicken und Illusionen. Die in Wirklichkeit nie erreichbaren Paradeisoi und Nilufer lagen dem Vorstellungsvermögen wahrscheinlich nicht ferner als die durch Ruhelager, Brunnen und Statuengärtchen in den tatsächlichen Lebensraum hineinragenden Villengärten.

Daß das Brunnen-*triclinium* der Casa dell'Efebo in technischer Anlage wie »künstlerischer« Ausstattung großen Vorbildern aus Villen oder stadtrömischen *horti* nachgebildet ist, zeigt das weit aufwendigere Grotten-*triclinium* im »Clubhaus« der Julia Felix (II 4)[121]. Auch dort sammelte sich das Wasser, nachdem es über eine Wassertreppe herabgerieselt war, in einem Becken zwischen den Gelagerten. Und diese blickten wie die Gäste des Cornelius Tages auf eine Nillandschaft. Im *praedium* der Julia Felix hat die Anlage bereits »Villenformat«. F. Rakob hat auf die Verbreitung dieses Typus und seinen Zusammenhang mit Brunnen- bzw. Grottentriclinien der kaiserlichen *domus aurea* bzw. *transitoria* hingewiesen. An einem solchen Beispiel wird deutlich, wie man sich die Vermittlung der verschiedenen Villenelemente über Zwischenstufen vorzustellen hat. Ein ähnliches Beispiel haben wir in den Aussichtszimmern des Hang-Villino in Herculaneum kennengelernt (o. S. 174).

Wo der Platz für ein festinstalliertes, frei stehendes Ruhelager zu knapp bemessen war, leistete man sich häufig wenigstens einen Brunnen, den man z. B. an der Rückwand des Hauses unterbringen konnte. Wie die aufgemauerten Triclinien scheint auch dieses Ausstattungselement gerade für die späten Häuser charakteristisch[122] zu sein. Die repräsentativste Lösung findet man als Anschluß einer »Rumpfporticus« in der Casa del Toro (V 1, 7)[123]. Sie scheint an städtischen Schaufassaden inspiriert. Am verbreitetsten sind die meist mit Mosaikdekor überzogenen Brunnenkästen in den verschiedensten Größen. Aber selbst die größten unter ihnen scheinen noch Miniaturnachahmungen großer Gar-

Abb. 103 Casa del Granduca (Reg. VII 4,56). Blick auf den Brunnen unter einem Stück »Säulenhalle«. In kleinen Häusern mit wenig Platz für eine Gartengestaltung waren Brunnen mit reichem Mosaikschmuck, umgeben von Landschaftsmalereien, oft die einzigen Villenreminiszenzen.

tenbrunnen in den Luxusparks zu sein. Erst vor kurzem hat man einen bedeutsamen Rest eines solchen auf dem Quirinal gefunden[124].

Zwei der schönsten pompejanischen Mosaikbrünnchen stehen in den nebeneinanderliegenden Case della Fontana grande (Abb. 105. 113b. Taf. 13) und della Fontana piccola (VI 8, 22. 23; Abb. 104. Taf. 12)[125]. Wie kostbare Möbelstücke sind sie in der Achse der Hauseingänge aufgestellt, so daß der Blick der ins Haus Tretenden sogleich auf sie fallen mußte.

Daß auch diese Brünnchen für alles, was die Assoziation Villa umschloß, standen, sieht man an der Art ihrer Einbettung in gemalte Villenillusionen und Glückslandschaften. Ein schönes Beispiel bietet die sehr kleine Casa del Granduca (VII 4, 56)[126]. Sie ist auf einem schmalen, unglücklich proportionierten Grundstücksstreifen errichtet und besteht nur aus wenigen Räumen zu seiten des engen Atriums. Das Mosaikbrünnchen steht auch hier im Hof und in der Blickachse. Dreieinhalb Säulen versuchen dem Raum das Flair eines Peristyls zu geben (Abb. 103). Das *tablinum* ist durch eine breite Öffnung zum »Gartensaal« erweitert, ein Zimmer durch ein großes Fenster ebenfalls zum »Villenteil« hin geöffnet. Das Wasserbecken vor dem Brunnen ist dreigeteilt, wir werden es auch hier wieder mit kleinen Fischbecken zu tun haben wie in der Miniaturvilla. Was aber für den Gesamteindruck am wichtigsten war: Alle Wände waren mit *opus topiarium* verziert. Über ein hüfthohes Gitter blickt man in eine Parklandschaft. Ein Marmortischchen vermittelt auch hier geschickt zwischen Illusion und Wirklichkeit. In der nicht größeren und nicht weniger verwinkelten Casa dell'Orso (VII 2, 45; Abb. 113f. Taf. 14, 2)[127] ist der Hof ganz entsprechend gestaltet; auch hier findet man ein Aussichtszimmer, aber für Säulen blieb kein Platz mehr übrig. Dafür wurden die Wände zu seiten des breiter proportionierten Brunnens noch reicher verziert. Vor dem Gartenausblick sah man einst eine Brunnennymphe (wie in der Casa di Sallustio) und eine Sphinx als Wasserspeier, in der oberen Zone auch noch eine Tiergruppe, und über dem Brunnen erblickte man Venus in der Muschel. Auch auf diese großflächigen Bilder müssen wir kurz eingehen.

GROSSE BILDER FÜR KLEINE TRÄUME

Als Motiv dieser meist ganze Wände füllenden Fresken kehren – offenbar in beliebter Kombination – dieselben Themen immer wieder, denen wir zuerst in der Casa dell'Efebo begegnet sind: reich ausgestattete Gärten mit Pergolen, Brunnen und Statuen; Ausblicke auf Landschaften mit See- und Landvillen; Paradeisoi und sog. Sakral- und Nillandschaften[128]. Besonders reichhaltige Beispiele bieten die Case della Fontana piccola (Abb. 104. Taf. 12) und della Fontana grande (Abb. 105. Taf. 13)[129].

Die großformatigen Bilder wurden besonders in kleinen Häusern, in denen es wenige oder keine gebauten Villenelemente gab, gefunden. Sie dienten hier als billigste Villenimitation. Dabei fällt wieder auf, daß man sie fast ausschließlich im Gartenbereich – sei es als reine Schauwand, sei es als Dekor eines Peristylelements – verwandte.

In der mittelgroßen Casa di Romolo e Remo (VII 7, 10)[130] sah man auf der das kleine »Rumpfperistyl« abschließenden Wand in einen statuen-

Abb. 104 Casa della Fontana piccola (Reg. VI 8,23–24). Rekonstruktion der Portikus mit Brunnen und Malereien (nach Gell 1832). In den letzten Jahrzehnten vor dem Untergang Pompejis kamen großfächige Wandbilder in Mode, die nicht selten die ganzen Wandflächen der kleinen Gärten ausfüllten. Ähnlich modernen Phototapeten mit fernen Landschaften evozieren sie Vorstellungen von reichen Gärten, voll mit seltenen Pflanzen, Vögeln und kostbaren Marmorskulpturen oder von Tiergehegen, wie sie in großen Landsitzen tatsächlich existierten. Solche Gartenmalereien begeisterten das Europa des Neoklassizismus. In den Rekonstruktionen des frühen 19. Jhs. nehmen die bescheidenen Räume festlichen Charakter an.

geschmückten Park mit den schon bekannten Brunnennymphen, einer Silenstatue und einem großen Marmorkrater (Abb. 106). In der anschließenden Porticus öffnet sich die Wand und gibt den Blick auf einen friedlichen Tierpark frei. In der sehr kleinen Casa dei Cei (I 6, 15; Abb. 113e)[131] blieb kein Platz mehr für ein noch so reduziertes Peristylelement im Hof. So schmückte man dessen Wände mit den großen Fresken einer Nillandschaft, einer ägyptisierenden Sakrallandschaft und eines großen Paradeisos. Vor den Gartenmalereien auf dunklem Grund sieht man auch hier gemalte Marmorbrunnen, von Sphingen getragene breite Schalen. Wie unmittelbar man sie mit dem wirklichen Gärtchen im Hof verband, sieht man an einer marmornen Brunnennymphe, die

Abb. 105 Casa della Fontana grande (Reg. VI 8,22). Gartenbereich mit Brunnen und Malereien. Zustand nach den Ausgrabungen (nach Gell 1832).

das Wasser aus einem Becken in das vor ihr endende Kanälchen zu gießen scheint, das den Hof umzieht, praktisch als Ableitung fürs Regenwasser dient, aber offenbar gleichzeitig als Miniatureuripus angesehen wurde! Ein kleines Räumchen in der Hofecke ist als Gartenzimmer mit weitem Fenster zu diesem Villenglück hin geöffnet, aber im letzten Jahr der Stadt diente es bereits als Abstellraum.

Die großen Wandfresken treten, wie K. Schefold richtig gesehen hat, in Pompeji erst in vespasianischer Zeit in Erscheinung. In den Wandsystemen des zweiten bis vierten Stils hat man vergleichbare Sujets lediglich auf Friesen oder als Pinakes dargestellt. Gleichwohl sind die großflächigen Bilder, so gut sie in unsere Vorstellung von flavischem Stil passen mögen, keine Neuerung dieser Zeit. Durch Vitruv (VII 5, 2) wissen wir, daß man in und vor seiner Zeit *ambulationes* wegen ihrer Länge mit Häfen, Vorgebirgen, Gestaden, Flüssen, Quellen, Meerengen, Heiligtümern, Wäldern, Gebirgen, Viehherden und Hirten ausmalte; in augusteischer Zeit fügte nach Plinius (n. h. XXXV 116) vor allem ein gewisser Ludius(?) diesem hellenistischen Repertoire neue, bezeichnenderweise jetzt eng mit der Villeggiatur zusammenhängende Themen hinzu, nämlich *villas et porticus ac topiaria opera, lucos, nemora, colles, piscinas, euripos, amnes, litora, qualia quis optaret, varias ibi obambulantium species aut navigantium terraque villas adeuntium asellis aut vehiculis, iam piscantes, aucupantes, aut venantes aut etiam vindemiantes* – »Villen und Säulenhallen, Gartenanlagen, Haine, Wäldchen, Hügel, Fischteiche, Kanäle, Flüsse, Gestade und was man sich nur wünschte: verschiedenartige Spaziergänger oder Reisende, zu Wasser und zu Lande, die sich auf Eseln oder im Wagen zu ihren Landhäusern begeben, dazu Fischer, Vogelfänger, Jäger, Winzer«. Aus der Textstelle ergibt sich, daß Ludius

Abb. 106 Casa di Romolo e Remo (Reg. VIII 7,10). Malerei im Rumpfperistyl. Zur Linken blickt man in einen Villengarten mit einem Marmorkrater und kostbaren Tieren, zur Rechten in ein »Wildgehege« mit verschiedenen exotischen Tieren, die so kaum miteinander leben könnten. Das unmittelbare Nebeneinander der Bilder zeigt, daß es nicht um illusionistische Ausblicke, sondern um suggestive Vergegenwärtigung schöner und prestigeträchtiger Wunschbilder ging.

Fresken, keine Tafelbilder malte[132]. Solche Darstellungen werden zunächst als »Ausblicke« in Villenportiken selbst angebracht und später dann als Ersatz *blandissimo aspectu minimoque inpendio* »für einen sehr schönen Anblick zu sehr geringen Kosten« (Plin. a.O. 117) auch in bescheideneren Villen und Häusern nachgeahmt worden sein. Daß die Funktion, wirkliche Verhältnisse zu bereichern, *qualia quis optaret*, vom Zeitgenossen der pompejanischen Hausbesitzer berichtet wird, verdient hervorgehoben zu werden. Das späte Auftreten der Bilder in Pompeji läßt sich einmal durch die außerordentlich umfangreiche Bautätigkeit nach dem Erdbeben von 62, zum anderen aber durch den dabei vorherrschenden, an Villenausstattung orientierten Wohngeschmack erklären. Ein Beispiel mehr dafür, wie problematisch es ist, abgeleiteten Kunstprodukten »Stilentwicklungen« ablesen zu wollen.

Den ursprünglichen Ausblickscharakter der Bilder kann man bei einer Reihe von Wänden noch an der Rahmung ablesen. Beispiele haben wir bereits in der Casa dell'Efebo, in der Casa della Fontana piccola und in der Casa dei Cei kennengelernt. Besonders aussagekräftig für unseren Zusammenhang ist eine Wand in der Casa delle Amazzoni (VI 2, 14; Taf. 14, 1)[133]. Jenseits einer marmornen Gartenbalustrade, auf der wieder die beliebten seltenen Vögel sitzen, sieht man – über einen Park hinweg – nicht weniger als drei Inselvillen im Meer liegen. Eine Aedicula mit ägyptischen Göttern im Vordergrund erinnert an den Charakter des Gartens als heiliger Hain. Eine Efeugirlande rahmt den Ausblick.

Den Zusammenhang der Paradeisosbilder mit der Villeggiatur bezeugen Nachrichten über Wildparks auf großen Landsitzen[134]. Dorthin waren sie über das Zwischenglied der königlichen Wildparks hellenistischer Fürsten letztlich aus dem Orient gelangt[135]. Polybios (32, 15) berichtet, wie der junge Scipio in den königlichen Jagdrevieren Makedoniens der Jagdleidenschaft frönte. Ein einst vielleicht zu einer Marmorbalustrade gehöriges Relief im Vatikan[136] gibt eine Vorstellung davon, wie ein römischer Wildpark in einen Paradeisos übergehen konnte (Abb. 107). Jenseits eines von Hermen gesäumten Gartenzaunes, vor dem Erotenstatuen in pflanzenüberwachsenen Nischen stehen, öffnet sich die freie Wildbahn. Selbst die mythologisch überhöhte Paradeisosmalerei in der Casa di Orfeo (VI 14, 20; Taf. 14, 2)[137] läßt sich dank einer Varro-Stelle[138] direkt mit dem Villenleben der Großen verbinden, wobei es gleichgültig ist, ob dem pompejanischen Hausbesitzer ein sol-

Abb. 107 Marmor-Relief, Vatikan Museo Chiaramonti. Dargestellt ist der Ausblick aus einem Villengarten in ein Tiergehege. Hermen mit Bildnissen berühmter Griechen der großen Vergangenheit gehörten zur Standardausstattung von Villengärten. Sie repräsentierten die Werte klassischer Bildung und Kultur. In den Bürgerhäusern von Pompeji waren solche Hermen aber eine große Seltenheit.

cher Zusammenhang bewußt war oder nicht. Q. Hortensius pflegte, wenn er mit Gästen in seinem Wildgehege bei Ostia speiste, einen als Orpheus verkleideten Sklaven auftreten zu lassen, der mit seinem Gesang und Spiel die Tiere um sich versammelte. Das riesige Fresko bedeckt die ganze Rückwand des kleinen pompejanischen Hauses und fällt ähnlich wie die Brunnen schon vom Hauseingang aus ins Auge. Zwei Gartenausblicke – aus Grottennymphäen(!) – sichern auch hier den Assoziationszusammenhang mit der Villa.

Daß ein in solcher Weise als Blickfang angebrachtes Bild eine der neuen Funktion entsprechende, plakatähnlich suggestive Wirkung bekommt, die sich von der ursprünglichen Aneinanderreihung der Bilder in langen *ambulationes* unterscheidet, ist evident und für den neuen Geschmack charakteristisch.

Mit der künstlerischen Qualität ist es bei diesen Fresken denn auch nicht weit her. Die Tiere wiederholen sich stereotyp und sind von den Malern offenbar ad hoc nach Figurentypen in ihren Musterbüchern zusammenkomponiert[139], wobei sich oft genug kein oder ein absurder Handlungszusammenhang ergibt. Man findet, neben friedlichen Tieransammlungen, Jagd- und besonders zahlreich Tierkampfszenen dargestellt. Beides vereint zeigt die Felslandschaft der Casa della Caccia antica (VII 4, 48; Abb. 108)[140]. Wahrscheinlich wurde der Gedanke des Paradeisos bei den Auftraggebern nicht selten von der Vorstellungswelt der Tier- und Gladiatorenkämpfe überlagert. Bezeichnenderweise findet man auch in der »Caserma dei Gladiatori« (V 5, 3) ein Paradeisosfresko[141].

Abb. 108 Casa della Caccia antica (Reg. VII 4,48). Nach anonymer Zeichnung des 19. Jhs. Der Gedanke an die Tiergehege der großen Villen war häufig von der Vorstellung von Jagd und Tierkampf in der Arena überlagert.

Für das Verständnis der Ausblicke in fremdländische, vor allem ägyptische Landschaften haben wir durch die Funktion der Malereien an den Klinensockeln der Casa dell'Efebo einen wichtigen Hinweis bekommen. Er wird bestätigt durch die Tatsache, daß dieses Thema großformatig fast ausschließlich im Zusammenhang mit Brunnen oder Wasserläufen vorkommt. Auch unter den Villenmalereien des Ludius waren ja *euripi* aufgezählt, und in der Miniaturvilla in der Via dell'Abbondanza haben wir den Reflex eines Villen-Euripus mit ägyptischer Statuenausstattung kennengelernt. Der Sinn solcher ägyptischer Landschaftsbilder scheint also vor allem darin zu bestehen, durch Architektur oder Ausstattung verwirklichtes oder nach der nahen Wirklichkeit gemaltes Villenglück durch Hinweise auf berühmte glückliche und für sorglosen Lebensgenuß bekannte Landschaften zu steigern. Nicht umsonst vergleicht

Seneca (ep. 51, 3) Baiae und Canopus miteinander als Inbegriffe von Luxus (und Lasterhaftigkeit)[142].

Mit den Bildern bukolischer, mythischer und sakraler Landschaften im Großformat wird es sich nicht anders verhalten. Auch der Blick in diese Welten konnte von Aura umwobene Fluchtpunkte für die schweifenden Sinne des sein kleines Gartenglück genießenden Hausbesitzers gewähren. Wieder bietet sich die Welt der Großen als Vergleich an. Nero ließ sich Wildpark und bukolische Landschaft um seine *domus aurea* herum realisieren, um »wie ein Mensch« leben zu können[143].

Es ist für den Geschmack der Besitzer der nach dem Erdbeben renovierten pompejanischen Häuser charakteristisch, daß ihnen häufig wenig daran lag, die großflächigen Ausblicke mit einem sinnvollen architektonischen Kontext zu verbinden oder auch nur die Andeutung eines mit dem Raum korrespondierenden Rahmens anbringen zu lassen. Ob die Bilder neben- oder übereinander und in welcher Folge auch immer angeordnet waren, spielte keine Rolle. Wesentlich waren die ins Auge springende Größe und die Vielzahl der gebotenen Assoziationsreize. Die gewünschten Dinge und Welten sollten möglichst handgreiflich »vergegenwärtigt« werden.

Ein charakteristisches Beispiel bildet das Nymphaeum der Casa del Centenario (IX 8, 6; Abb. 109)[144]. Der Wandsockel, in dem ein Gang läuft, ist als Gartenbalustrade verstanden, von der Efeu herabhängt und an deren Fuß Vogelgetier und Eidechsen zu sehen sind. Darüber aber blickt man in Fischteiche mit reichem Inventar hinein[145]. Es folgen an den Seiten Gartenmalereien mit den uns schon vertrauten, von Sphingen getragenen Brunnenschalen. Die Eingangs- und die Rückwand endlich sind wieder mit Wildparkszenen überdeckt. In der Mitte der Rückwand aber steht ein mit Imitationen seltener Marmorsorten bemalter wirklicher Brunnen, dessen Wasser über eine Marmortreppe in ein großes Becken fließt. Das Verbindende von Gebautem und Gemaltem in diesem Brunnenraum ist wieder die Gartenwelt der Luxusvilla. Jedes einzelne Sujet erinnert an ein bestimmtes Element, als Ganzes ist es ein monströses Mixtum compositum. Hier wird es überdeutlich, daß es den Betrachtern einer solchen Ausstattung primär auf vielfältige Imaginationsanreize ankam, die ihnen halfen, sich in jene glückliche Welt zu versetzen. Sie müssen dabei über ein auf schärfste Kontraste zur Wirklichkeit überspringendes Assoziationsvermögen verfügt haben!

Abb. 109 Casa del Centenario (Reg. IX 8,6). Nymphaeum im Garten. Die Malereien an und um diese große Brunnenanlage zeigen keinerlei »realistischen« Zusammenhang. Es ist z. B. charakteristisch, daß die Darstellung von einem Fischteich unmittelbar über einer Gartenmalerei plaziert ist. Das weist darauf hin, daß solche Malereien in ganz beliebiger Folge »gelesen« wurden. Das entspricht ihrer Funktion, vielfältige und unterschiedliche Assoziationen aufzurufen.

Wir müßten jetzt den malerischen Dekor der Repräsentationsräume signifikanter, in den letzten Jahrzehnten modernisierter Häuser unter unserer Fragestellung betrachten. Die Wandsysteme in den pompejanischen Häusern sind ja seit dem 1. Jahrhundert v. Chr. den Wanddekorationen in den Wohnungen der stadtrömischen Oberschicht nachgebildet. Dort wie in Pompeji blieben zumindest in den repräsentativeren Räumen die architektonische Gliederung der Wände und die Prospektdurchblicke bis zum sog. vierten Stil hin besonders beliebt. Auch die späten Wände mit ihrem geschlosseneren Charakter werden mittels ausschnitthafter und unwirklicher Architekturprospekte um eine phantastische Dimension bereichert. Das ursprüngliche Vorbild, die überwältigenden Architekturen der Fürstensitze, wirkte auch hier noch weiter, ohne daß man sich der ursprünglichen Quelle natürlich bewußt gewesen sein wird.

In den spätesten Häusern tritt indes ein Element in den Vordergrund, das in spezifischer Weise mit Villennachahmung in Zusammenhang zu bringen ist. Es sind die von K. Schefold eindringlich als solche beschriebenen »Pinakotheken«[146]. Besonders eindrucksvolle vespasianische Beispiele bietet bekanntlich die zuletzt von einer Libertinenfamilie bewohnte Casa dei Vettii (VI 15, 1; Abb. 110)[147], die auch durch einen »Statuengarten« ein wichtiges Beispiel für Villenimitation darstellt[148], und die Casa del Poeta tragico (VI 8, 3). Wie sehr in solchen »Pinakotheken« Normprogramme gemäß den Musterbüchern der Werkstätten die Auswahl bestimmten, zeigen die entsprechenden Zusammenstellungen[149]. Wie oft man auch hier des Guten zuviel getan hat und selbst noch kleinste Räume in »Pinakotheken«-Art ausgemalt wurden, weiß jeder Pompeji-Besucher. Dieser Steigerung des Anspruchs steht ein anderes Phänomen gegenüber, auf das schon mehrfach hingewiesen wurde. In den spätesten Wanddekorationen ist an vielen Details ein Zerfall der alten architektonischen Gliederung der Wand zu beobachten. Ein eindrucksvolles Beispiel findet man selbst im Vettierhaus. Wie hier ein Fischfries[150], so werden auch sonst häufig einzelne Motive überproportional vergrößert und ohne Rücksicht auf den übrigen Aufbau in die Wand eingefügt. Es kommt den Auftraggebern einerseits auf handgreiflichere Darstellung bestimmter Gegenstände an, andererseits haben sie eine Vorliebe für »Tapetenmuster« mit starken Farbkontrasten[151]. Es sind Eigenarten, die man unmittelbar mit den riesigen Wandfresken in den Gärten und ihrer »Rahmung« verbinden und dem neuen »Geschmack« zurechnen kann. Daß man der Gefahr, die Bedeutung der pompejanischen Malerei aufgrund ihrer einzigartigen Erhaltung zu überschätzen, kaum entgeht, liegt auf der Hand. Das gilt nicht nur für ihre Qualität – vor allem in den späten Häusern und bei figürlichen Darstellungen – und für ihren Zeugniswert für die verlorenen Meisterwerke der griechischen Tafelmalerei; es gilt vor allem für Funktion und Bedeutung dieser Bilderwelt im Gesamtkontext der neronisch-flavischen Kultur in Pompeji, im täglichen »Lebenshaushalt« der Pompejaner. Es wird ihnen beim malerischen Dekor ihrer Innenräume wie beim Statuen- und Brunnenschmuck ihrer Gärten in erster Linie um eine möglichst prächtige, repräsentative Wirkung gegangen sein. Es handelt sich dabei im Grunde um ein ähnliches Phänomen wie schon bei den Prospektmalereien des zweiten Stils in den Villen. Sieht man die pompejanischen Wände zumindest der beiden letzten Jahrzehnte als Bestandteil eines abgeleiteten, aus zweiter und dritter Hand übernommenen Wohngeschmacks, so wird man ihre unmittelbare Aussagekraft für Tiefsinn, Bildung und Religiosität sehr skeptisch beurteilen. Doch wir wollen in dieses weite und schwierige Feld hier nicht weiter eindringen.

WOHNGESCHMACK UND KULTURELLE ZUGEHÖRIGKEIT

Die betrachteten Beispiele haben uns von der vielgliedrigen Miniaturvilla über Häuser, denen ein oder mehrere Villenbauteile inkorporiert waren, zum gebauten »Gartenmobiliar«, zu statuarischen Ausstattungskomplexen und endlich zu den großflächigen Wandbildern und »Pinakotheken« geführt. Dabei haben wir der gebauten Architektur den größten Raum eingeräumt und einen erhöhten Aussagewert zugemessen, denn sie erforderte, was Aufwand, Planung und Identifizierung anlangt, das größte Engagement vom Hausbesitzer. Hier können wir sicher sein, daß wir es nicht nur mit modisch übernommenem Dekor zu tun haben. Zumindest den verschiedenen Baumaßnahmen muß eine bewußte Vorstellungswelt zugrunde liegen. Die enge Verbindung des Gebauten mit den anderen für unseren Aspekt einschlägigen Ausstattungselementen erlaubte, diese in die Analyse einzubeziehen und so Breite und Aussagekraft der Zeugnisse des »Wohngeschmacks« erheblich zu erweitern.

Das gewonnene Bild ist eindeutig: So verschieden die Formen, die angewandten Mittel und der erreichte Illusionsgrad waren, die Hausbesitzer wollten ihrer Wohnung einen Hauch von Villa geben. Allen schwebte dasselbe Glücksideal einer Luxuswelt vor Augen. Und überall findet man dieselben Eigenarten eines abgeleiteten, seine Vorbilder durch Häufung und Vermischung verfremdenden und entfunktionalisierenden Geschmacks. Es ist der Geschmack einer völlig an Wertewelt und Lebensstil der Reichen ausgerichteten, breiten Schicht wohlhabender Pompejaner, deren sehr unterschiedliche finanzielle Möglichkeiten zu reichen Abstufungen der Erscheinungsformen führen.

Das wird deutlich, wenn man die Grundrisse der wichtigsten besprochenen Häuser im gleichen Maßstab nebeneinanderlegt. Die interessan-

Abb. 110 Casa dei Vettii (Reg. VI 15,1). Gesellschaftsraum mit Wandmalereien im sog. Vierten Stil, um 60–70 n. Chr. Die großformatigen mythologischen Bilder sollen von der Bildung des Hausherrn Zeugnis ablegen und gleichzeitig die Vorstellung von wirklichen Pinakotheken mit originalen griechischen Gemälden aufrufen.

testen und »originellsten« architektonischen Formen der Villenimitation waren in Häusern mittlerer Größe zu finden (Abb. 112a–e). Sie weisen entschieden weniger umbauten Raum auf als die großen hellenistischen *domus* der samnitischen Oberschicht und als die größten Häuser des 1. Jahrhunderts v. Chr. (z. B. Ins. occ., Casa del Menandro – Abb. 111c). Das gilt auch für die Miniaturvilla an der Via dell'Abbondanza (Abb. 112a). Sie gehört zur gleichen Größenordnung wie die Case di Apolline, dell'Ancora hera, dell'Efebo, del Moralista, degli Amorini dorati etc. Diesen gegenüber besitzt sie lediglich den Vorzug des großen Gartens, wobei zu bedenken ist, daß die Grundstückspreise in diesem dünner besiedelten Stadtteil auch niedriger waren. Auch die Raumdimensionen dieser

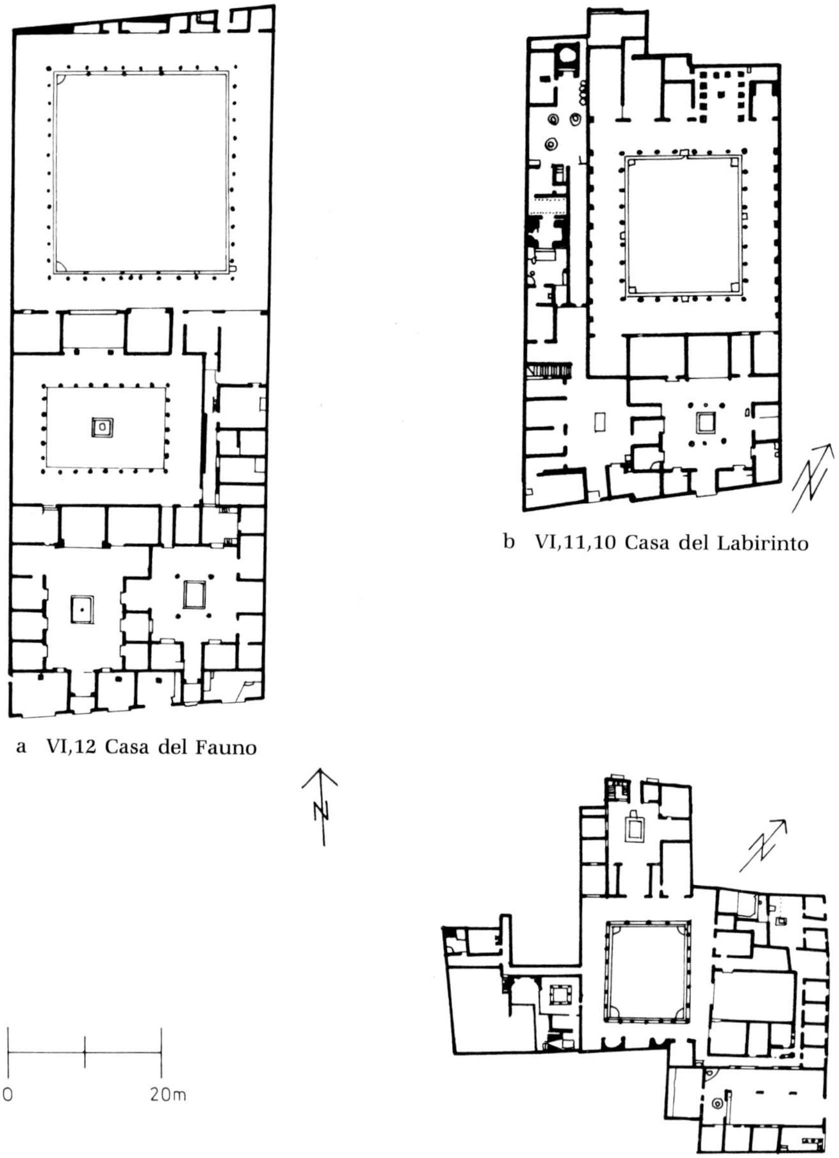

a VI,12 Casa del Fauno

b VI,11,10 Casa del Labirinto

c I,10,4,13–17 Casa del Menandro

Abb. 111a–c Grundrißvergleich I

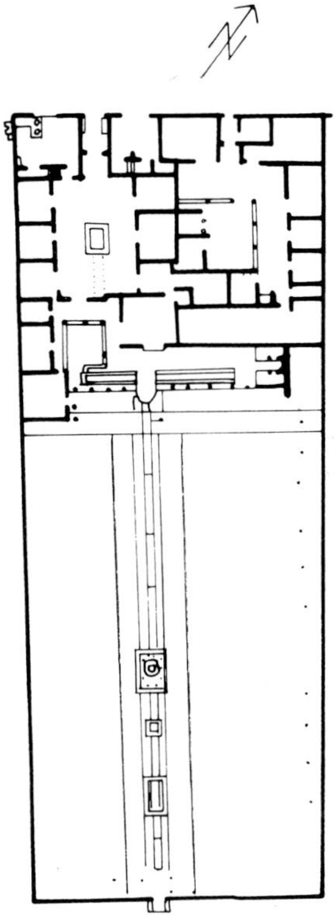

a II,2,5 Casa di »Loreio Tiburtino«

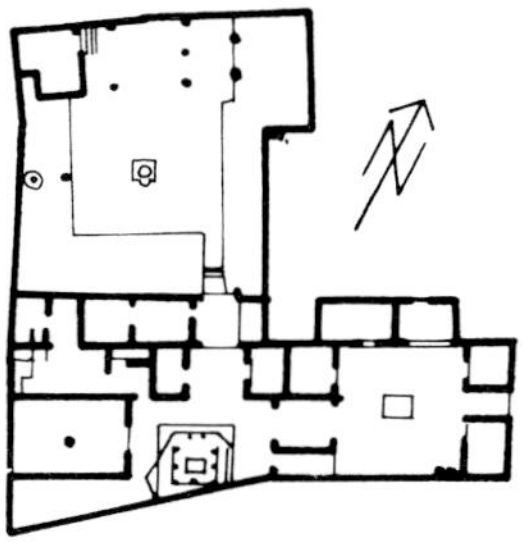

b VI,7,23 Casa di Apolline

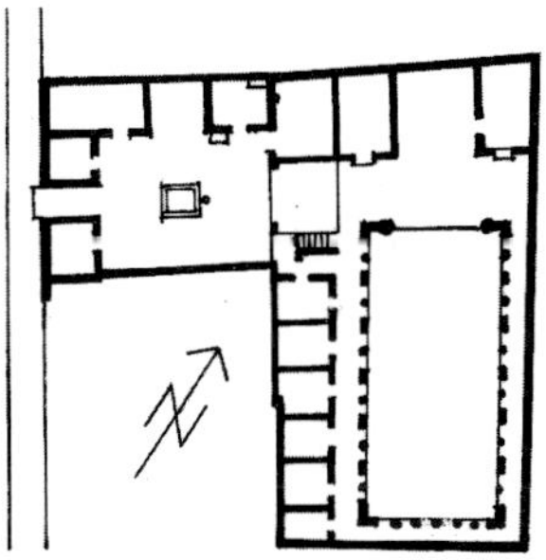

c VI,10,7 Casa dell'Ancora nera Obergeschoß

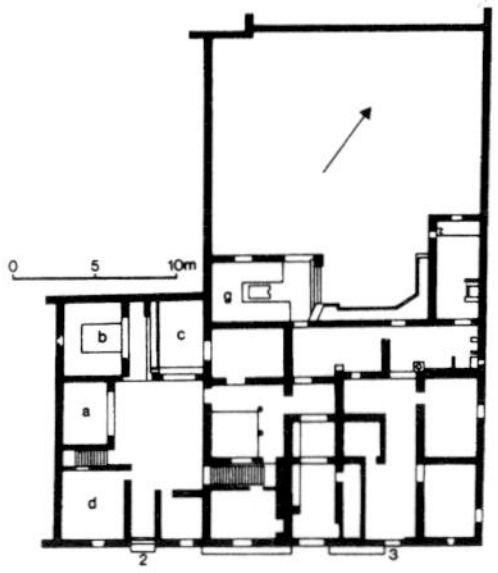

d Casa del Moralista (III 4,3)

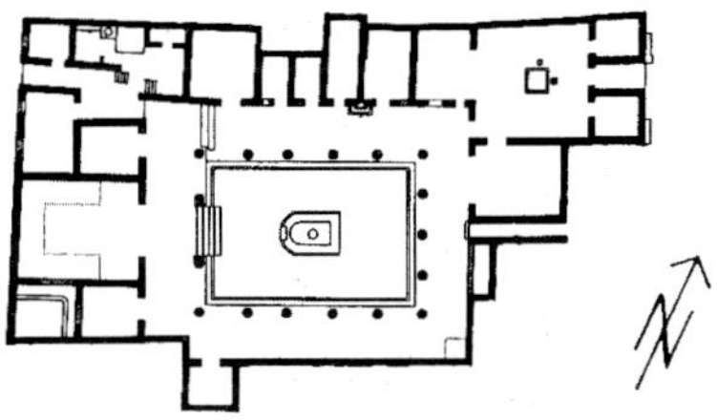

e Casa degli Amorini dorati (VI 16,7)

Abb. 112a–e Grundrißvergleich II

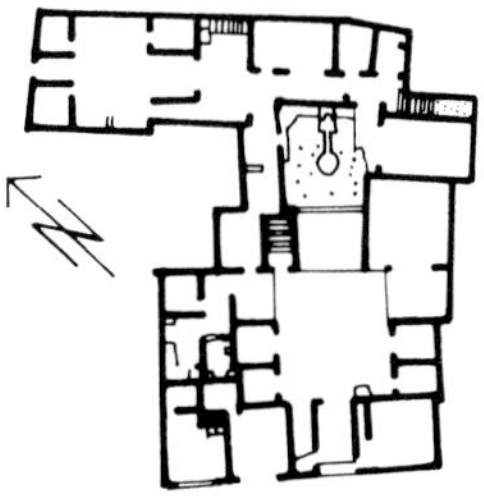

a IX,3 + 24 Casa di M. Lucrezio

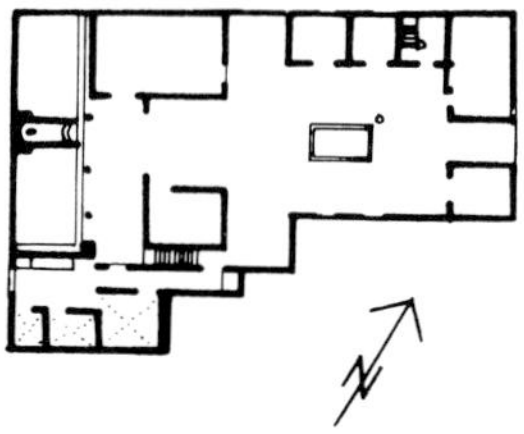

b VI,8,22 Casa della Fontana grande

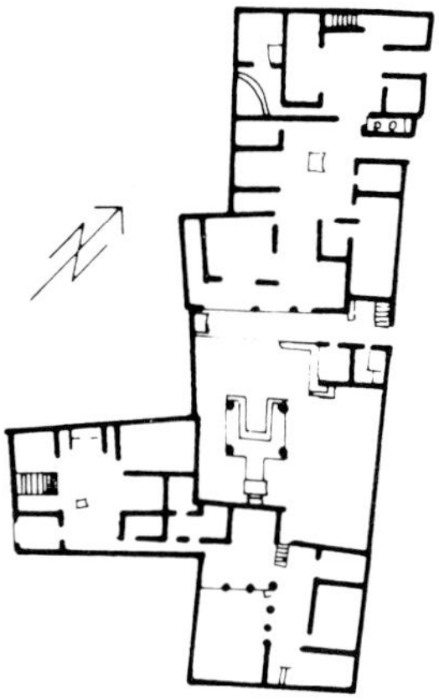

c I,7,10–12,19 Casa del'Efebo

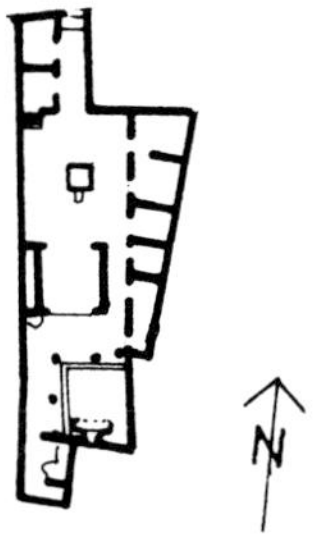

d VII,4,56 Casa del Granduca di Toscana

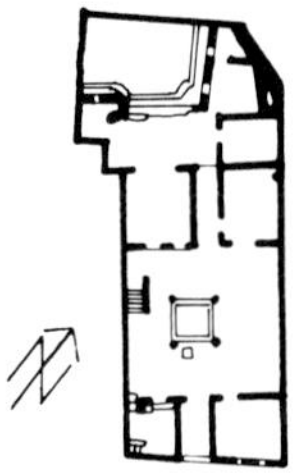

e I,6,15 Casa dei Cei

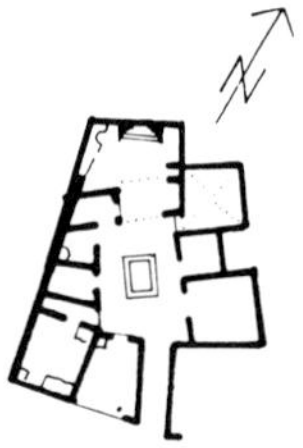

f VII,2,45 Casa dell'Orso

Abb. 113a–g Grundrißvergleich III

mittelgroßen Häuser sind gut vergleichbar. Ihre Eigentümer gehörten offensichtlich zu einer wohlhabenden »Mittelschicht«. Diese scheint sich den auf Villenimitation ausgerichteten Wohngeschmack besonders engagiert zu eigen gemacht zu haben.

Der Wohngeschmack herrscht aber auch in kleinen und kleinsten Häusern, die nicht selten nur aus einem schmalen Atrium mit wenigen engen Kammern und einem nur wenige Quadratmeter umfassenden Hof mit oder ohne reduzierte Porticus-Elemente bestehen. Als Beispiele haben wir die Casa del Granduca, dei Cei und dell'Orso kennengelernt (Abb. 113a–f). Dank der beschriebenen Eigenarten läßt sich der neue Wohngeschmack in fast jeder Raumsituation und jedem Geldbeutel entsprechend zum Ausdruck bringen. Da man sich in den kleinen Häusern jedoch meist auf Wanddekorationen beschränken muß, sind die Erscheinungsformen hier stereotyp, zeigen nicht die Variationsbreite der Häuser mit gebauten Villenelementen.

Indes auch in die großen alten *domus* dringt der neue Geschmack ein. Wir haben Beispiele in der Casa del Centenario (S. 198) und in der Casa di Sallustio (o. S. 172) kennengelernt. Sieht man von gelegentlichen Brunnenanlagen, *piscinae*[152] und großen Triclinien (vgl. o. S. 184, 191) ab, so fällt hier das Fehlen größerer gebauter Elemente auf. Eindeutige Zeugnisse des neuen Geschmacks findet man vor allem in der Ausmalung einzelner Räume. Manche der alten samnitischen *domus*, wie die Casa del Fauno, blieben fast ganz frei von Produkten im neuen Geschmack. Hie und da scheinen die alten Malereien sogar sorgfältig restauriert worden zu sein. Das wiegt nicht schwer, denn wir müssen bedenken, daß der Wiederaufbau nach dem Erdbeben in den mittelgroßen und kleineren Häusern in der Regel mit viel größerer Intensität vorangetrieben worden ist als in den meisten großen alten *domus*. Das hängt damit zusammen, daß ihre Besitzer in Pompeji selbst ihr Geld verdienten und in der Stadt weiterleben mußten, während die reichsten Familien wohl nach 62, soweit sie bis dahin noch in Pompeji wohnten, weggezogen sein werden (vgl. Sen. quaest. nat. VI 1, 1)[153]. Über ihren Wohngeschmack können wir also leider nichts sagen.

Das Bild paßt zu den Ergebnissen der Arbeit von P. Castrén über den *ordo* von Pompeji. Er hat festgestellt, daß sich schon in claudisch-neronischer Zeit tiefgreifende Veränderungen in der Zusammensetzung des *ordo* und bei den Amtsträgern ankündigen, die dann in den Jahren zwischen Erdbeben und Untergang der Stadt ganz manifest werden. Es kommen zahlreiche Pompejaner aus Familien zu politischem Einfluß, die bis dahin entweder ganz unbekannt oder seit Jahrzehnten nicht mehr im *ordo* vertreten waren. Gleichzeitig verschwinden die Namen der Familien, die von frühaugusteischer bis in claudische Zeit unangefochten die politische und gesellschaftliche Führung innegehabt hatten. »The rise of the new families and of the descendants of freedmen is a proof of a gradual replacement of the landed aristocracy in the administration of the municipalities, a development that becomes visible already during the reign of Claudius«[154]. In Pompeji (wie in anderen italischen Städten) gehörten zu dieser »plutocracy« zahlreiche Leute libertiner Herkunft. Die wirtschaftliche und soziale Situation in der langsam wieder erstehenden Stadt, in der die Bauunternehmer, Makler, Handel- und Gewerbetreibenden den Ton angaben[155], muß diese Schicht der »Aufsteiger« noch mehr als anderswo begünstigt haben, und die Eigentümer unserer mittelgroßen, frisch renovierten Häuser müssen zumindest zum Teil in diese Schicht gehört haben. Wir sind auf mehrere Indizien gestoßen, die dafür sprachen, daß die Hausbesitzer ihren Wohlstand durch Handel und Gewerbe und zum Teil in kurzer Zeit gewonnen haben. Das beste Beispiel war das zusammengekaufte Häuserkonglomerat des Cornelius Tages (o. S. 184)[156].

Die direkte Zugehörigkeit zum *ordo* selbst läßt sich dagegen für keinen Eigentümer der von uns besprochenen Häuser nachweisen. Aber auch wenn ihnen der Aufstieg zum *ordo* noch nicht gelungen war, sie gehörten jedenfalls im Wirtschaftsleben der Stadt zu den wichtigen Leuten und arbeiteten, wie auch die Wachstäfelchen des Caecilius Jucundus zeigen, mit diesen eng zusammen[157].

Daß ihre Wunschwelt auch die der neuen Familien im *ordo* war, zeigt das Grab des jungen Aedilen Vestorius Priscus, der in seiner Amtszeit (wahrscheinlich 75/76) gestorben ist[158]. Neben Darstellungen, die den Toten als Beamten zeigen und an die von ihm gegebenen Gladiatorenspiele erinnern, ließ seine Familie bezeichnenderweise den repräsentativen Eingang seines Hauses, sein reiches Tafelsilber(!)[159], einen Luxusgarten und einen Paradeisos an die Wände des Grabmals malen.

Wir haben es also sicher nicht mit einem Geschmack zu tun, der eine spezifische Eigenart einer bestimmten juristisch oder vermögensmäßig definierbaren Bevölkerungsgruppe oder Schicht gewesen wäre. Der neue Wohngeschmack war in ganz Pompeji beliebt. Aber er fand seine signifikantesten Ausprägungen in Häusern, deren Besitzer wohl zu den wohlhabenden, aber nicht zu den altreichen Familien (mit den größten *domus*) gehörten und die durch Handel und Gewerbe nach dem Erdbeben ihr Geld verdienten.

Wir sehen die Wunsch- und Vorstellungswelt der späten Pompejaner gebannt vom Wohnluxus der römischen Oberschicht. Die Gartenarchitekturen, heiligen Haine, Brunnen und Ruhelager, die Pinakotheken, die wirklichen und gemalten Statuen, die Landschaftsausblicke und Paradeisoi, die wirklichen und imitierten teuren Materialien sprechen von einem allgegenwärtigen Bedürfnis nach irgendeiner Form der Teilhabe an diesem Villenluxus. Der ganze Wohnbereich wird von gebauten oder gemalten Imitationen einer Welt beherrscht, mit der die Bewohner in der Regel keinerlei eigene Tradition oder unmittelbare persönliche Erfahrung verband und zu der sie etwa durch eigene griechische literarische Bildung kaum Zugang haben konnten. Kaum etwas spricht in den Wohnräumen von ihrer eigenen Alltagswelt oder – läßt man die Lararien, die ja auch meist in ihrer Unmittelbarkeit wie Fremdkörper wirken, beiseite – von religiöser Bindung oder Haltung. Überall wiederholen sich dieselben Ausstattungselemente, begegnet man einer vor allem in der Freskenauswahl sich manifestierenden Gleichgerichtetheit, die deprimierend wirken kann.

Gleichwohl bezeugen besonders die Architekturelemente, mit welcher Hingabe man sich seiner kleinen Villenausstattung widmete, welche Wichtigkeit sie fürs tägliche Leben hatte. Man begnügte sich bezeichnenderweise nicht mit einer gemalten Phantasieszenerie. Der Körper selbst sollte mit einem Stück *villa* in Berührung kommen. Kein Zweifel, daß dieser Abglanz »glücklicher« machte, die Wirklichkeit überhöhte und mit einem gesteigerten Lebensgefühl verbunden war. Dieses war bezeichnenderweise nicht introvertiert. Wir haben gesehen, wie man sich mit dieser Ausstattung zum Teil demonstrativ an Besucher und Passanten – in den letzten Jahren Pompejis also in erster Linie an seinesgleichen – wandte. Man wollte zeigen, was man sich alles – und sei es nur im Bild – leisten konnte, daß man zu den Arrivierten gehörte.

Gehen diese Interpretationen und Überlegungen in die richtige Richtung, so haben sie Konsequenzen für unser Verständnis der späten pompejanischen Provinzkultur. Man könnte dann in den Gärten und Gärtchen Pompejis keine rührenden Zeugnisse altitalischen Naturgefühls[160] mehr sehen, und es wäre auch kaum mehr möglich, aus Architektur- und Bildausstattung auf eine von religiösem Sinn und griechischer Bildung und Kultur durchdrungene Grundeinstellung der späten Pompejaner zu schließen. Man müßte in den späten Häusern vielmehr vor allem ein Zeugnis für die materialistische Wertewelt der frühkaiserzeitlichen Gesellschaft sehen.

Es fehlen uns sichere archäologische Zeugnisse, die ein Urteil darüber erlauben würden, wie weit dieser Wohngeschmack allgemein verbreitet war. Pompeji lag in einer Villenlandschaft, die unmittelbare Anregungen bot. Die verhältnismäßig lockere Bebauung ermöglichte häufiger als anderswo Um- und Einbauten. Und nicht zuletzt: Die pompejanischen Hausbesitzer kannten die Villenwelt sicher aus eigener Anschauung. Durch die Hangvillen und die großen Häuser waren zudem früh Elemente der Villeggiatur in die Stadt eingedrungen. Den Villencharakter solcher Stadtvillini zeigen besonders die entsprechenden Häuser Herculaneums, wo im übrigen die in Pompeji beobachteten Phänomene zum Teil in aufwendigeren Varianten wiederzufinden sind[161]. Zweifellos darf man diesen repräsentativen Stadtvillini und den unmittelbar vor den Toren gelegenen kleineren Villen eine wichtige lokale Mittlerrolle bei der Ausbildung des späten Wohngeschmacks zuschreiben. Die Städte am Golf von Neapel und im Umkreis anderer Zentren der Villeggiatur nehmen in dieser Hinsicht sicher eine Sonderstellung ein.

Die gesellschaftlichen und wirtschaftlichen Voraussetzungen aber können an anderen Orten des romanisierten Teils des Reiches nicht wesentlich andersartig gewesen sein. Vereinzelte archäologische Zeugnisse etwa aus dem Bereich repräsentativer Grabgärten oder Grabmalereien, die ebenfalls irdische Wunschwelt widerspiegeln, legen die Vermutung nahe, daß es anderenorts zu ähnlichen Ausdrucksformen gekommen ist[162].

P. Veyne hat gezeigt, wie sehr Petrons grandios übersteigerte Gestalt des Trimalchio, was Lebensstil, Vorstellungswelt und Wertordnung anlangt, der Prototyp einer verbreiteten Zeiterscheinung der frühkaiserzeitlichen Gesellschaft ist, des unabhängigen, »freien« *libertus*[163]. Die Hauptfiguren der *cena* sind Freigelassene des gleichen Schlages wie ihr Gastgeber. Wie er hatten sie die Chance, ungehindert von einschränkenden Bindungen an einen *patronus*, ihr Genie und ihr Glück als »Unternehmer« in Handel und Gewerbe versuchen zu können. Trimalchio unterscheidet sich von ihnen nur durch seinen gigantischen Erfolg, den Petron benutzte, um so die fatalen Folgen für Lebensstil und innere Verfassung in karikierender »Reinform« darstellen zu können.

Der schnell erworbene Wohlstand und nicht selten sogar große Reichtum dieser »freien« Libertini einerseits und die ihnen entgegenstehenden unüberwindlichen Barrieren vor Ämterlaufbahn und gesellschaftlicher Anerkennung andererseits schufen Spannungen, die in der ja nicht reglementierten Selbstdarstellung mit all ihren Möglichkeiten Ausdruck finden konnten. Trimalchio legt sein durch Unternehmergeschick und Glück gewonnenes Vermögen in riesigem Landbesitz an, verzichtet auf weitere Investitionen und imitiert das Leben eines untätigen, adeligen Großgrundbesitzers seiner Tage mit allem, was dazugehört – freilich ohne dessen Möglichkeit zu politischer Tätigkeit und Magistratur. Innerhalb der scharf gezogenen sozialen Grenzen ist er der Arrivierteste seiner Schicht, und er versucht sein »Glück« mit Hilfe von Leuten gleicher sozialer Kondition zu genießen.

Der materielle Reichtum und die Möglichkeiten, ihn zu zeigen, schafften einen Ausgleich zur eisernen gesellschaftlichen Rangordnung. Wie sehr diese auch in Pompeji und selbst im Kreis der Libertinen gültig war, hat J. Andreau bei der Analyse der Reihenfolge, in der die Zeugen auf den Wachstäfelchen des Caecilius Jucundus verzeichnet sind, gezeigt[164].

Die wohlhabenden Hausbesitzer im späten Pompeji sind weit entfernt vom Reichtum des Trimalchio, aber sie könnten trotzdem seine Gäste gewesen sein. Wie er imitieren sie – mit ihren Mitteln – die Welt der aristokratischen Oberschicht. Während sie in ihren Häusern wenigstens einen kleinen Zipfel der Wirklichkeit herrenmäßigen Wohnens in Händen zu halten meinen, hat Trimalchio durch seinen Erfolg scheinbar die ganze Herrlichkeit gewonnen. Petrons Satire erweist auch diese »Wirklichkeit« des Glücks als eine große Illusion. Trimalchio bleibt – nicht anders als die pompejanischen Hausbesitzer – das, was er war. Seine Gewohnheiten, sein Denken und Empfinden, sein Lebenshorizont passen nicht zum Rahmen des imitierten Wohn- und Lebensstils.

Trimalchios Freunde waren die idealen Protagonisten eines Wohngeschmacks, wie wir ihn in Trimalchios Haus und im späten Pompeji gefunden haben. Noch einmal: Es handelt sich in Pompeji offensichtlich nicht um einen schichtenspezifischen »Libertinengeschmack«, aber es spricht viel für die Vermutung, daß die in Handel und Gewerbe tätigen Libertinenfamilien als das gesellschaftlich aktivste Element bei der Konstituierung und Verbreitung dieses »Wohngeschmacks« vor allem in den italischen Provinzstädten[165] führend gewesen sind.

Der Wohngeschmack zeugt, wie wir gesehen haben, nicht nur von einem Teilhaben-Wollen, sondern auch von der Illusion eines Sich-teilhabend-Fühlens an der glücklicher machenden Luxuswelt der Großen. Die flavischen Kaiser scheinen diesem Bedürfnis und Bewußtsein breiter Kreise durch entsprechende publikumswirksame Baumaßnahmen und Unterhaltungsprogramme Rechnung getragen zu haben. Man lese unter diesem Aspekt z. B. Statius, silv. I 6 und IV 2, wo sich das Volk bzw. die Geladenen mit dem Kaiser als neuem Jupiter in einem die Vergangenheit in den Schatten stellenden Himmel befinden, der sich durch das Gesehene und Gebotene dinglich manifestiert[166]. Hier wird die Illusion bewußt inszeniert.

Die Villenkultur der römischen Aristokratie der späten Republik eignete sich vorzüglich als Leitbild für den Wohngeschmack einer breiten, auf die Oberschicht fixierten »Mittelschicht«, weil sie sich selbst aus übernommenen und nur lose zusammengefügten Elementen einer anderen Kultur zusammensetzte. Schon in ihr war es zu tiefgehenden Diskrepanzen zwischen Wohnraumgestaltung und -benutzung, zwischen ursprünglicher und neuer Form der Ausstattung bzw. ihrer Elemente gekommen. Ein entscheidender Unterschied zwischen der Wohnkultur der Oberschicht der späten Republik und dem allgemeinen Wohngeschmack im späten Pompeji, dessen Grundelemente in vieler Hinsicht dieselben geblieben sind, besteht indes darin, daß die Protagonisten der Villenkultur im 2. und 1. Jahrhundert v. Chr. griechisch gebildete Aristokraten waren, die die übernommenen Formen in neue Sinnzusammenhänge einbringen konnten.

Man muß den pompejanischen Wohngeschmack künftig mit dem neronisch-flavischen Zeitstil zusammenzusehen versuchen. Der in Pompeji evidente Zusammenhang zwischen Veränderungen in der sozialen Struktur der Einwohnerschaft und neuen Formen der Hausarchitektur und Ausstattung gibt Hinweise für die vor der Tür stehende interessantere Frage nach den Ursachen der tiefgreifenden Stilveränderungen, die sich seit claudischer Zeit in allen Gattungen der Kunst und Architektur vollziehen und die sich nicht aus sich selbst erklären lassen.

Anhang

NACHWORT

Die hier vereinigten Studien sind ursprünglich in Fachzeitschriften erschienen. Den Einleitungsessay habe ich für eine im vorigen Jahr im Verlag Giulio Einaudi in Turin erschienene italienische Ausgabe neu geschrieben. Ich freue mich, daß diese vor allem im Abbildungsteil wesentlich erweiterte und mit zusätzlichen Kommentaren versehene Ausgabe jetzt auch im Rahmen der »Kulturgeschichte der antiken Welt« des Verlages Philipp von Zabern erscheinen kann. Dafür gilt mein besonderer Dank dem Verleger Franz Rutzen. Aber ich möchte hier auch noch einmal denen danken, die mich bei meiner Arbeit unterstützt haben, vor allem J. Bauer, St. De Caro, H. Döhl, H. Eschebach (†), L. Eschebach, H. Heinrich, A. Hoffmann, V. Kockel, M. Pfanner, R. Senff, K. Stemmer. Die Anmerkungen sind um wichtige neue Literatur ergänzt, jedoch habe ich die ursprüngliche Form der Nachweise im wesentlichen beibehalten. Die bibliographische Orientierung ist dank dem vorzüglichen Forschungsbericht von Valentin Kockel im Archäologischen Anzeiger (1985, 495–571; 1986, 443–569) und mit Hilfe der Archäologischen Bibliographie ohnehin einfach. Die Dokumentation der einzelnen Häuser wird durch die seit 1990 erscheinenden, bewunderungswürdigen Bände der Enciclopedia Italiana »Pompei. Pitture e Mosaici« und die von V. M. Strocka herausgegebenen »Häuser in Pompeji« auf eine völlig neue Basis gestellt. Die Literaturliste mit Abkürzungsverzeichnis enthält auch einige wichtige Titel, die nicht im einzelnen zitiert werden. Die Arbeiten von A. Wallace-Hadrill sind jetzt zusammengefaßt als Band erschienen: Houses and Society in Pompeii and Herculaneum (Princeton 1994).

Ein besonderer Dank gilt D. W. von Moock sowie I. Kader und N. Hoesch für ihre Mithilfe bei der Herausgabe dieses Bandes.

ABKÜRZUNGEN UND SIGEL

AA	Archäologischer Anzeiger.
Adamo Muscettola 1991	S. Adamo Muscettola, *La trasformazione della città tra Silla e Augusto*, in Zevi 1991, 75–114.
ADelt	Archaiologikon Deltion.
AJA	American Journal of Archaeology.
AM	Mitteilungen des Deutschen Archäologischen Instituts. Athenische Abteilung.
Andersson 1990	E. B. Andersson, *Fountains and the Roman Dwelling. Casa del Torello in Pompeii*, in JdI 105, 1990, 207–236.
Andreau 1974	J. Andreau, *Les affaires de Monsieur Jucundus*, Rom 1974.
ANRW	Aufstieg und Niedergang der Römischen Welt I ff., Berlin 1972 ff.
AttiPalermo	Atti dell'Accademia di scienze, lettere e arti di Palermo.
Bauer 1988	J. Bauer, *Munificentia Privata Pompeiana*, unveröffentlichte Magisterarbeit Universität München, 1988.
BdA	Bollettino d'arte.
BJb	Bonner Jahrbücher des Rheinischen Landesmuseums in Bonn und des Vereins von Altertumsfreunden im Rheinlande.
BullCom	Bullettino della Commissione archeologica comunale di Roma.
Castrén 1975	P. Castrén, *Ordo populusque Pompeianorum. Polity and Society in Roman Pompeii*, Acta Instituti Romani Finlandiae VIII, Rom 1975.
CIL	*Corpus Inscriptionum Latinarum.*
Clarke 1991	J. R. Clarke, *The Houses of Roman Italy 100 B.C. – A.D. 250. Ritual, Space and Decoration*, Berkeley 1991.
Cristofani 1991	M. Cristofani, *La fase »etrusca« di Pompei*, in Zevi 1991, 9–22.
DArch	Dialoghi di Archeologia.
D'Arms 1970	J. H. d'Arms, *Romans on the bay of Naples. A social and cultural study of the villas and their owners from 150 B.C. to A.D. 400*, Cambridge, Mass. 1970.

D'Arms 1988	J. H. d'Arms, *Pompeii and Rome in the Augustan Age and Beyond. The Eminence of the Gens Holconia*, in R. I. Curtis (Hrsg.), *Studia Pompeiana et Classica in Honor of W. F. Jashemski*, Vol. I, New Rochelle 1988, 51–68.
De Albentiis 1989	E. de Albentiis, *Indagini sull'Insula Arriana Polliana di Pompei*, in DArch, S. 3, 7. 1, 1989, 43–84.
De Albentiis 1990	E. de Albentiis, *La casa dei Romani*, Mailand 1990.
De Caro 1987	S. de Caro, *The Sculptures of the Villa of Poppaea at Oplontis. A Preliminary Report*, in Mace Dougall (Hrsg.), *Ancient Roman Villa Gardens* [Dumbarton Oaks Colloquium on the History of Landscape Architecture 10], Washington (D. C.) 1987, 77–133.
De Caro 1990	S. de Caro, recensione a L. Richardson Jr., *Pompeii. An Architectural History* (1988), in Gnomon 62, 1990, 152–161.
De Caro 1991	S. de Caro, *La città sannitica*, in Zevi 1991, 23–46
De Caro 1992	S. de Caro, *Lo sviluppo urbanistico di Pompei*, in Atti e Memorie della Società Magna Grecia 3. 1, 1992, 67–90.
Della Corte	M. Della Corte, *Case e abitanti di Pompei*, Rom 1965^3.
De Vos	A. de Vos – M. de Vos, *Pompei, Ercolano, Stabia. Guida archeologica Laterza*, Rom 1982.
Dexter 1975	C. E. Dexter, *The Casa di Cecilio Giocondo in Pompeii*, Ann Arbor 1975.
Dickmann 1992	J.-A. Dickmann, *Strukturen des Raumes und repräsentatives Wohnen am Beispiel pompejanischer Stadthäuser*, unveröffentlichte Dissertation, München 1992.
Döhl 1976	H. Döhl, *Plastik aus Pompeji*; unpublizierte Habilitationsschrift, Göttingen 1976.
Döhl – Zanker 1984	H. Döhl – P. Zanker, *La scultura*, in *Pompei 79*, 177–210.
Dwyer 1982	E. Dwyer, *Pompeian Domestic Sculpture. A Study of Five Pompeian Houses and their Contents*, Rom 1982.
EAA	Enciclopedia dell' Arte Antica I ff., Rom 1958 ff.

Erhardt 1988	W. Erhardt, *La Casa dell'Orso* (VII 2, 44–46), München 1988.
Eschebach 1970	H. Eschebach, *Die städtebauliche Entwicklung des antiken Pompeji,* 17. Ergh. RM, 1970.
Etienne 1974	R. Etienne, *Pompeji,* Stuttgart 1974.
Förtsch 1993	R. Förtsch, *Archäologischer Kommentar zu den Villenbriefen des jüngeren Plinius,* Mainz 1993.
Fröhlich 1991	T. Fröhlich, *Lararien und Fassadenbilder in den Vesuvstädten. Untersuchungen zur »volkstümlichen« pompejanischen Malerei,* Mainz 1991.
Gazda 1991	E. K. Gazda (Hrsg.), *Roman Art in the Private Sphere. New Perspectives in the Architecture and Decor of the Domus, Villa and Insula,* Ann Arbor 1991.
Gradel 1992	I. Gradel, *Mammia's Dedication, Emperor and Genius. The Imperial Cult in Italy and the Genius Coloniae in Pompeii,* in Analecta Romana 20, 1992, 43–58.
Grimal 1969	P. Grimal, *Les jardins romains,* Paris 1969[2].
Guida	E. la Rocca – M. u. A. de Vos – F. Coarelli, *Guida archeologica di Pompei,* Rom 1976.
Guida Ruesch	A. Ruesch, *Guida illustrata del Museo Nazionale di Napoli,* Neapel 1908.
Gymnasium	Gymnasium. Zeitschrift für Kultur der Antike und humanistische Bildung.
HBr	P. Hermann, *Denkmäler der Malerei des Altertums.*
Helbig[4]	W. Helbig, *Führer durch die öffentlichen Sammlungen klassischer Altertümer in Rom,* 4. Auflage, hrsg. von H. Speier, I–IV, 1963–72.
HiM	P. Zanker (Hrsg.), *Hellenismus in Mittelitalien,* Vol. I u. II, Abh. Göttingen, Serie III, Nr. 97, 1976.
Hoepfner – Schwandner 1986	W. Hoepfner – E. L. Schwandner, *Haus und Stadt im klassischen Griechenland,* München 1986.
Hoffmann 1978	A. Hoffmann, *Ein Rekonstruktionsproblem der Casa del Fauno in Pompeji,* in *Bericht über die 30. Tagung für Ausgrabungswissenschaft und Bauforschung. Colmar 1978,* Bonn 1980, 35–41.
Hoffmann 1984	A. Hoffmann, *L'Architettura,* in *Pompei 79,* 97–118.

Hoffmann 1988	A. Hoffmann, *Elemente bürgerlicher Repräsentation. Eine späthellenistische Hausfassade in Pompeji*, in *Akten des XII. Internationalen Kongresses für Klassische Archäologie in Berlin 1988*, Berlin 1990, 490 ff.
Hoffmann 1992	A. Hoffmann, Rezension von P. Zanker, *Pompeji. Stadtbilder als Spiegel von Gesellschaft und Herrschaftsform*, 1988, in Gnomon 64, 1992, 426–433.
Jashemski 1990	W. F. Jashemski, *Town and Country Gardens at Pompeii and other Vesuvian Sites*, in W. M. Kelso (Hrsg.), *Earth Patterns. Essays in Landscape Archaeology*, Charlottesville 1990, 211–225.
JdI	Jahrbuch des Deutschen Archäologischen Instituts.
Johnston 1979	D. E. Johnston, *Roman Villas*, Aylesbury 1979.
Jongman 1988	W. Jongman, *The Economy and Society of Pompeji* [Dutch Monographs on Ancient History and Archaeology 4], Amsterdam 1988.
Joyce 1979	H. Joyce, *Form, Function and Technique in the Pavements of Delos and Pompeji*, in AJA 83, 1979, 253–263.
JRS	The Journal of Roman Studies.
Jung 1984	F. Jung, *Gebaute Bilder*, in Antike Kunst 27, 1984, 71–122.
Kockel	V. Kockel, *Archäologische Funde und Forschungen in den Vesuvstädten II*, in AA, 1986, 443–569.
Kraus – von Matt 1973	Th. Kraus – L. von Matt, *Lebendiges Pompeji. Pompeji und Herculaneum*, Köln 1973.
La Rocca	E. La Rocca – M. de Vos – A. de Vos, *Pompeji*, Bergisch Gladbach 1979.
La Rocca 1986	E. La Rocca, *Il lusso come espressione di potere*, in M. Cima – E. La Rocca (Hrsg.), *Le tranquille dimore degli dèi. La residenza imperiale degli Horti Lamiani*, Venedig 1986, 3–36.
Lepore 1989	E. Lepore, *Il quadro storico di Pompei*, in *Origini e strutture della Campania antica. Saggi di storia etno-sociale*, Bologna 1989, 147–173.
Ling 1983	R. Ling, *The insula of Menander at Pompeii. Interim Report*, in Antiquarian Journal 63, 1983, 34–57.
Maiuri 1942	A. Maiuri, *L'ultima fase edilizia di Pompei*, Rom 1942.

MarbWPr	Marburger Winckelmannsprogramm.
Mau	A. Mau, *Pompeji in Leben und Kunst*, Leipzig 1908[2].
MEFRA	Mélanges de l'École française de Rome, Antiquité.
MemAccLincei	Memorie – Atti dell'Accademia nazionale dei Lincei. Classe di scienze morali, storiche e filologiche.
MemAmAc	Memories of the American Academy in Rome.
Michel 1990	D. Michel, *La Casa dei Cei*, München 1990.
Mielsch 1987	H. Mielsch, *Die römische Villa. Architektur und Lebensform*, München 1987.
MonPitt	Monumenti della pittura antica scoperta in Italia, Rom 1970 ff.
Mouritsen 1988	H. Mouritsen, *Elections, Magistrates and Municipal Elite. Studies in Pompeian Epigraphy* [Analecta Romana suppl. 15], Rom 1988.
Mouritsen 1990	H. Mouritsen, *A Note on Pompeian Epigraphy and Social Structure*, in Classica et Mediaevalia 41, 1990, 131–149.
Neudecker 1988	R. Neudecker, *Die Skulpturenausstattung römischer Villen in Italien*, München 1988.
Neudecker 1992	R. Neudecker, *Weitere Prolegomena zur römischen Kunst*, in Journal of Roman Archaeology 5, 1992, 319–330.
Neue Forschungen	B. Andreae – H. Kyrieleis (Hrsg.), *Neue Forschungen in Pompeji*, Recklinghausen 1975.
Neuerburg 1965	N. Neuerburg, *L'architettura delle fontane e dei ninfei nell'Italia antica*, in MemAccNapoli V, 1965.
Noack – Lehmann 1936	F. Noack – K. Lehmann-Hartleben, *Baugeschichtliche Untersuchungen am Stadtrand von Pompeji*, Berlin – Leipzig 1936.
NSc	Notizie degli Scavi di antichità.
ÖJh	Jahreshefte des Österreichischen Archäologischen Institutes in Wien.
OpRom	Opuscula Romana.
Orr 1988	D. G. Orr, *Learning from Lararia. Notes on Household Shrines of Pompeii*, in R. I. Curtis (Hrsg.), *Studia Pompeiana et Classica in Honor of W. F. Jashemski*, Vol. I, New Rochelle 1988, 293–299.
Overbeck	J. Overbeck – A. Mau, *Pompeji*, Leipzig 1884[4].

Pagano 1983	M. Pagano, *L'edificio dell'agro Murecine a Pompei*, in RendAccNap 58, 1983, 325–361.
Perring 1991	D. Perring, *Spacial Organisation and Social Change in Roman Towns*, in J. Rich und A. Wallace-Hadrill 1991, 273–293.
Pompei 79	F. Zevi (Hrsg.), *Pompei 79. Raccolta di studi per il decimonono centenario dell'eruzione Vesuviana*, Neapel 1984².
PP	La Parola del Passato.
PPM	*Pompei. Pitture e mosaici.* Vol. I ff. (Enciclopedia Italiana, Rom 1990 ff.).
PPP	Istituto Centrale per il Catalogo e la Documentazione (Hrsg.), *Repertorio delle fotografie del Gabinetto Fotografico Nazionale. Pitture e pavimenti di Pompei*, Rom 1981 (Vol. I); 1983 (Vol. II); 1986 (Vol. III).
RAC	Reallexikon für Antike und Christentum I ff., Stuttgart 1950 ff.
Raeder 1988	J. Raeder, *Vitruv, De Architectura VI 7 (aedificia Graecorum) und die hellenistischen Wohnhaus- und Palastarchitekturen*, in Gymnasium 95, 1988, 316–368.
RE	*Pauly's Realencyclopädie der classischen Altertumswissenschaft*. Neue Bearbeitung I ff., Stuttgart 1894 ff.
RendAccNap	Rendiconti dell'Accademia di Archeologia, Lettere e Belle arti di Napoli.
Rich – Wallace-Hadrill 1991	J. Rich und A. Wallace-Hadrill (Hrsg.), *City and Country in the Ancient World*, London 1991.
Richardson Jr. 1988	L. Richardson Jr., *Pompeii. An Architectural History*, Baltimore 1988.
RM	Mitteilungen des Deutschen Archäologischen Instituts. Römische Abteilung.
Römische Gräberstraßen 1987	*Römische Gräberstraßen*, Abh. München 96, 1987.
Schefold 1957	K. Schefold, *Die Wände Pompejis*, Berlin 1957.
Sear 1977	F. B. Sear, *Roman Wall and Vault Mosaics*, 23. Ergh. RM, 1977.
Seiler 1992	F. Seiler, *La Casa degli Amorini Dorati* (VI 16, 7.38), München 1992.

Seiler 1992	F. Seiler, *La Casa degli Amorini Dorati* (VI 16, 7.38), München 1992.
Spinazzola	V. Spinazzola, *Pompei alla luce degli scavi nuovi di via dell'Abbondanza*, Vol. I–III, Rom 1953.
Strocka 1984	V. M. Strocka, *La Casa del Principe di Napoli* (VI 15; 7.8), 1984.
Strocka 1991	V. M. Strocka, *La Casa del Labirinto* (VI 11–8–10), München 1991.
Thébert 1985	Y. Thébert, *Vie privée et architecture domestique en Afrique romaine*, in Ph. Ariès und G. Duby (Hrsg.), *L'histoire de la vie privée*, Paris 1985, 301–397.
Trillmich – Zanker 1990	W. Trillmich – P. Zanker (Hrsg.), *Stadtbild und Ideologie. Die Monumentalisierung hispanischer Städte zwischen Republik und Kaiserzeit. Kolloquium Madrid 1987*, Abh. München 103, 1990.
Tybout 1989	R. A. Tybout, *Aedificiorum figurae. Untersuchungen zu den Architekturdarstellungen des frühen zweiten Stils*, Amsterdam 1989, mit der Rezension v. B. Wesenberg, in Gnomon 64, 1992, 433–438.
Wallace-Hadrill 1988	A. Wallace-Hadrill, *The Social Structure of the Roman House*, in Papers of the British School at Rome 56, 1988, 43–97.
Wallace-Hadrill 1990	A. Wallace-Hadrill, *The Social Spread of Roman Luxury. Sampling Pompeii and Herculaneum*, in Papers of the British School at Rome 58, 1990, 145–192.
Wallace-Hadrill 1991	A. Wallace-Hadrill, *Elites and Trade in the Roman Town*, in Rich – Wallace-Hadrill 1991, 241–272.
Wallace-Hadrill 1991a	A. Wallace-Hadrill, *Houses and Households. Sampling Pompeii and Herculaneum*, in B. Rawson (Hrsg.), *Marriage, Divorce, and Children in Ancient Rome*, Oxford 1991, 191–243.
Wirth 1983	T. Wirth, *Zum Bildprogramm der Räume n und p in der Casa dei Vettii*, in RM 90, 1983, 449–455.
YaleClSt	Yale Classical Studies.
Zevi 1991/1992	F. Zevi (Hrsg.), *Pompei I und II*, Neapel 1991/1992
Zevi 1991a	F. Zevi, *La città sannitica. L'edilizia privata e la Casa del Fauno*, in Zevi 1991/1992 I, 47–76.

ANMERKUNGEN

Stadtbild und Wohngeschmack
Zur Einführung
(S. 7–32)

[1] Vgl. jedoch Thébert 1985; Dickmann 1992.

[2] Dazu ausführlicher in: Trillmich – Zanker 1990, 9 ff. und hier S. 33 ff.

[3] Hoepfner – Schwandner 1986; W. Schuller u. a. (Hrsg.), Demokratie und Architektur (München 1989); T. Hölscher, The City of Athens: Space, Symbol, Structure, in: A. Molho u. a., City-States in Classical Antiquity and Medieval Italy (Ann Arbor 1991) 355–380.

[4] P. Gros – M. Torelli, Storia dell'Urbanistica. Il mondo romano (Rom 1988) mit ausführlichen Literaturangaben.

[5] Verf., Augustus und die Macht der Bilder (München 1987) 314 ff.; M. Pfanner, Modelle römischer Stadtentwicklung am Beispiel Hispaniens und der westlichen Provinzen, in Trillmich – Zanker 1990, 59 ff.

[6] Dazu ausführlicher Verf., Veränderungen im öffentlichen Raum der italischen Städte der Kaiserzeit, in L'Italie d'Auguste à Dioclétien, Colloque internationale Roma 1992 (im Druck bei der École Française).

[7] Dazu ausführlich R. Neudecker, Die Pracht der Latrine. Zum Wandel öffentlicher Bedürfnisanstalten in der kaiserzeitlichen Stadt (München 1994).

[8] Förtsch 1993.

[9] Wallace-Hadrill 1988–1991

[10] Th. Veblen, The Theory of the Leisure Class (New York 1899).

[11] Dickmann 1992.

[12] Raeder 1988.

[13] Förtsch 1993.

[14] Overbeck.

[15] Zusammenfassend Mielsch 1987; Neudecker 1988 mit Rezension von R. Förtsch, Gnomon 64, 1992, 520–534.

[16] Wallace-Hadrill 1991.

[17] Vgl. L. Friedländer, Darstellungen aus der Sittengeschichte Roms[10] (Leipzig 1923) II 191 ff., bes. 228.

Viermal Pompeji
Stadtbilder als Spiegel von Gesellschaft und Mentalität
(S. 33–140)

Von der neuesten Literatur ist vor allem die vorzügliche Rezension des Buches von L. Richardson Jr., Pompeii. An Architectural History (Baltimore 1988) von Stefano De Caro im Gnomon 62, 1990, 152 ff. und die ausführliche Diskussion der ursprünglichen Fassung dieser Studie durch Adolf Hoffmann, Gnomon 64, 1992, 426–433 zu erwähnen. Auf die wichtigen Beiträge in Zevi 1991, 1992 wird im einzelnen hingewiesen.

1 Ich kann hier nicht auf die unübersehbare Literatur im traditionellen Sinne urbanistischer Thematik eingehen und nenne nur einige Werke, die für mich anregend waren: K. Lynch, The Image of the City (1960); G. Cullen, The Concise Townscape (1961); L. Mumford, The City in History. Its Origins, its Transformation, and its Prospects (1961); L. Benevolo, Storia della città (1975); W. Braunfels, Abendländische Stadtbaukunst. Herrschaftsform und Baugestalt (1976); ders., Mittelalterliche Stadtbaukunst in der Toskana[4] (1979); M. Gironard, Cities and People. A Social and Architectural History (1985).

2 J. Andreau, Annales. Economies, sociétés, civilisations 28, 1973, 369–395. Zu dem vor allem von K. Schefold (RM 64, 1957, 152 f.) postulierten zweiten Erdbeben gibt es neuere Beobachtungen der Forschergruppe um V. M. Strocka, vgl. Kockel 543.

3 Saggi nell'area dell' tempio di Apollo a Pompei in: Annali dell'Istituto Orientale di Napoli 3, 1986, 19 ff. – Vgl. jetzt die sehr differenzierte Darstellung bei De Caro 1991.

4 Zusammenfassend Castrén 1975, 38 ff.; F. Coarelli – D. Musti – H. Solin (Hrsg.), Delo e l'Italia, OpuscFin 2, 1982.

5 Vgl. Verf., Augustus und die Macht der Bilder (München 1987) 15 ff.; ders. in: HiM 11 ff.

6 Mau 300 ff.; Overbeck 346 ff. Vgl. jetzt Hoffmann 1988. 1992; Zevi 1991. – Zu den Mosaiken Joyce 1979.

7 Hoepfner – Schwandner 1986, 50. 108. 169.

8 H. Lauter in: Neue Forschungen 148. Pella: Ch. Makaronas, ADelt 16, 1960, Meletes 74 Abb. 1 u. Taf. 48 f. 67 ff.

9 D'Arms 1970; Mielsch 1987, 37 ff.

10 E. von Mercklin, Antike Figuralkapitelle (Berlin 1962) 70 ff.; speziell Casa dei Capitelli figurati (VII 4, 57) Nr. 188 a. b. Abb. 351–357.

11 E. Pernice, Pavimente und figürliche Mosaiken. Die Hellenistische Kunst in Pompeji 6 (Berlin 1938); M. E. Blake, The Pavements of the Roman Buildings of the Republic and Early Empire, MemAmAc 8, 1930, 7 ff.; M. de Vos in: Pompei 79, 161–179.

12 B. Andreae, Das Alexandermosaik aus Pompeji (Recklinghausen 1977); T. Hölscher, Griechische Historienbilder (Würzburg 1973) 122–162.

13 H. Lauter in: Neue Forschungen 147 ff.

14 H. Lauter in: HiM 415 ff.; W. Johannowsky, ebenda 272; Kockel 465 f.

15 M. Bieber, The History of the Greek and Roman Theater (Princeton 1961) 108 ff.

16 Vgl. E. Rawson, Papers of the British School at Rome 53, 1985, 97 ff.

17 J. Delorme, Gymnasion. Étude sur les monuments consacrés à l'éducation en Grèce (Paris 1960); ders. in: RAC 13 (1986) 155 ff. s. v. Gymnasium.

18 Sog. Theaterperistyl: Overbeck 193 ff.; Mau 164 ff.; La Rocca 1979, 153 ff.; de Vos 67 ff.

19 Der Vorschlag war bereits von Petersen gemacht worden: RM 14, 1899, 103 f.
20 Overbeck 150 ff.; Mau 171 ff.; La Rocca 159 f.; de Vos 71 ff.; Kockel 464.
21 RAC 13 (1986) 163 ff. s. v. Gymnasium (J. Delorme).
22 H. Eschebach, Die Stabianer Thermen in Pompeji (Berlin 1979) mit Rez. von V. Kockel, Gnomon 54, 1982, 178 f.; zuletzt Kockel 467.
23 A. S. Hunt – C. C. Edgar (Hrsg.), Select Papyri II (1934) 234 ff. Nr. 269.
24 Foro triangolare: Overbeck 75 ff.; Mau 133 ff.; La Rocca 141 ff.; de Vos 60 ff.; Kockel 462.
25 Vgl. Kockel 462 f.
26 Vgl. zuletzt H. Lauter, Die Architektur des Hellenismus (Darmstadt 1986) 64 ff.
27 A. Maiuri, Bicentenario degli scavi di Pompei (Neapel 1948) 28; D. Elia – G. Pugliese Caratelli, Il santuario dionisiaco di Pompei, PP 34, 1979, 442–481; Kockel, AA 1985, 568 f.
28 Isistempel: V. Tran Tam Tinh, Essai sur le culte d'Isis à Pompéi (Paris 1964) 30 ff.; Kockel 464 ff. Zur Datierung des hellenistischen Baues vgl. jetzt: H. Lauter-Bufé, Die Geschichte des sikeliotisch-korinthischen Kapitells (Heidelberg 1987) 36 f. Taf. 26 (bald nach 150 v. Chr.). – Alla Ricerca di Iside. Analisi, Studi e Restauri nell'Iseo pompeiano nel Museo di Napoli, Neapel 1992.
29 Overbeck 110 ff.; Mau 188 ff.; La Rocca 164 ff.; de Vos 78 f. Zu der Kultstatue: H. von Rohden, Die Terracotten von Pompeji (Stuttgart 1880) 20 f. 42 f., A. Levi, Le terrecotte figurate del Museo Nazionale di Napoli (Florenz 1925) 186 Taf. 11; W. Johannowsky in: HiM 287. Die Mauern des Zeus Meilichios-Bezirks könnten später sein. Vielleicht war das Heiligtum ursprünglich breiter, und der Altar wurde erst später quer gestellt.
30 H. Lauter, JdI 94, 1979, 416 ff. Zum Ausbau des Forum vgl. jetzt die zwischen Apollo-Tempel und Basilika durchgeführten Sondagen: P. Arthur, Antiquarian Journal 66, 1986, 29 ff. und Hoffmann 1992, 428.
31 Die Datierung der Erneuerung des Tempels ist umstritten. Mir scheinen die Folgerungen Lauters, der den verschönerten Bau noch in vorrömische Zeit datiert, nicht zwingend zu sein. Skeptisch auch Kockel 454 ff. Zum Kultbild vgl. jetzt H. G. Martin, Römische Tempelkultbilder (Rom 1987) 142 ff. 222 ff.
32 Macellum: H. Lauter, AA 1971, 59 f.; ders., JdI 94, 1979, 429. 434; Kockel 456.
33 K. F. Ohr – J. J. Rausch, Die Basilika in Pompeji (Berlin 1991); H. Lauter, JdI 94, 1979, 430; Kockel 459 f.; Lauter-Bufé a.O. 38.
34 Lauter a.O. 435 f.
35 A. Maiuri, NSc 1941, 371 ff.
36 M. Schede, Die Ruinen von Priene² (Berlin 1964); Hoepfner – Schwandner 1986, 141 ff.
37 Apollotempel in hellenistischer Zeit: De Caro a.O. (s. o. Anm. 3) 25 f. Kapitelle: Lauter-Bufé a.O. 39 (um 110/100 v. Chr.); zur Datierung auch Lauter a.O. 427; Kockel 454 f.
38 F. Zevi in: HiM 84 ff.; A. Degrassi, Inscriptiones Latinae Liberae Rei Publicae II (Rom 1963 [Nachdruck 1972]) 56 f. Nr. 528.
39 F. E. Brown, Cosa. The making of a Roman Town (Ann Arbor 1980).

[40] P. Gros, Architecture et Société (Brüssel 1978) 51. 88; F. Coarelli in: Les »Bourgeoisies« municipales italiennes aux IIe et Ier siècles av. J.-C. (Neapel/Paris 1983) 217 ff.

[41] Zur Gründung und Gemeindeverfassung der römischen *colonia* Pompeji zuletzt mit früherer Literatur: H.-J. Gehrke, Hermes 111, 1983, 471–490. Konkret zur Frage des kulturellen Gewichtes der sullanischen Kolonisten: V. Kockel in: Römische Gräberstraßen 185 ff. Zu den wirtschaftlichen Folgen: J. Andreau, Revue des Études Anciennes 82, 1980, 183 ff. – Vgl. Adamo Muscettola 1991.

[42] Lauter a.O. 430 ff.; La Rocca 127. Zum Kultbild: Martin a.O. (s. o. Anm. 31) 142 f. Taf. 21 f.; Kockel 455 ff.

[43] Venustempel: Mau 120 f.; ders., RM 15, 1900, 270–308 Taf. 7 f.; A. Maiuri, Saggi di varia antichità (Neapel 1954) 241 ff.; ders., BdA 45, 1960, 173 f.; A. Hoffmann in: Pompei 79, 102 f.; de Vos 26 f.; Kockel 461 f. Venus in der Wahlpropaganda der ersten Zeit nach Gründung der Kolonie: Castrén 1975, 86.

[44] De Caro a.O. (s. o. Anm. 3) 25; CIL X 800; Degrassi a.O. II 107 Nr. 644.

[45] *Theatrum tectum*: Overbeck 171 ff.; Mau 160 ff.; de Vos 69 f.; R. Meinel, Das Odeion (Frankfurt/M. 1980) 36 ff. 180 ff. 205 ff.; Kockel 466; M. Fuchs, Untersuchungen zur Ausstattung römischer Theater (Mainz 1987) 46 f. Inschriften: Bauer 1988 15 f. 40 f.

[46] Vgl. F. Kolb, Agora und Theater. Volks- und Festversammlung (Berlin 1979).

[47] Zu den beiden Stiftern: Castrén 209 f. 212.

[48] Vgl. H. Lauter, Die Architektur des Hellenismus (Darmstadt 1986) 173.

[49] Forumsthermen: Overbeck 200 ff.; Mau 20 ff.; de Vos 49 ff.; Kockel 467; ders. a. O. (s. o. Anm. 41) 185; L. Eschebach, Antike Welt 22, 1991, 257–287.

[50] Degrassi a.O. (s.o. Anm. 38) II 105 f. Nr. 641.

[51] CIL X 829; Degrassi, a.O. II 108 f. Nr. 648; H. Eschebach u. a., Die Stabianer Thermen in Pompeji (Berlin 1979); ders., RM 80, 1973, 235 ff.; Bauer 1988, 40 mit neuer Interpretation.

[52] Amphitheater: Overbeck 176 ff.; Mau 216 ff.; de Vos 150 f. 362; R. Graefe, Vela erunt (Mainz 1976) 67 ff. 104 ff. Taf. 77 ff.; Kockel 466; ders. a. O. (s. o. Anm. 41) 185.

[53] Castrén 1975, 88 f.; Gehrke a.O. (s. o. Anm. 41) 488 Anm. 87; Bauer 1988, 59 f. Zu Aeclanum: Degrassi a.O. (s. o. Anm. 38) II 54 f. Nr. 523 mit Kommentar.

[54] V. Kockel, Die Grabbauten vor dem Herkulaner Tor in Pompeji (Mainz 1983) 53 ff.

[55] Zu den sullanischen Koloniegründungen: E. Gabba, Athenaeum Pavia 29, 1951, 270 f.

[56] Degrassi a.O. (s. o. Anm. 38) II 107 f. Nr. 645. Zur Interpretation zuletzt Gehrke a.O. (s. o. Anm. 41) 488.

[57] A. Hoffmann in: Wohnungsbau im Altertum. Diskussionen zur Archäologischen Bauforschung 3 (Berlin 1978) 162; ders., Architectura 10, 1980, 1–14; ders. in: Pompei 79, 97 ff. – Vgl. zuletzt: Hoffmann 1992, 430.

[58] H. Lauter in: Neue Forschungen 151. Lauter teilte mir freundlicherweise mit, daß seine Datierung von Haus IX, 1, 20 zu revidieren sei.

59 Vgl. hier S. 149 f.
60 Neue Ausgrabungen in Insula Occidentalis: Kockel 507 ff.
61 Kockel 508 ff.
62 Spinazzola I 437 ff.; II 869 ff. – PPM I 193 ff.
63 Kockel a.O. (s.o. Anm. 54) 9 f. Anm. 77. 11; ders. in: Römische Gräberstraßen 187 f.
64 Zuletzt Kockel 556 f.; ders. in: Römische Gräberstraßen 192.
65 Vgl. H. von Hesberg – P. Zanker in: Römische Gräberstraßen 9 ff.
66 Vgl. den anders gewichteten Überblick über die Bautätigkeit der »Kolonisten« von Kockel in: Römische Gräberstraßen 183 ff., bes. die sehr interessante Übernahme spezifischer, bislang nur in Pompeji nachweisbarer Bestattungsformen durch die Neubürger.
67 Zum folgenden allgemein: vgl. Verf., Augustus (s.o. Anm. 5), bes. 294 ff.
68 De Caro a.O. (s.o. Anm. 3) 25; Etienne 1974, 402 f.
69 Vgl. S. R. F. Price, Rituals and Power (Cambridge 1984); M. Wörrle, Stadt und Fest im kaiserzeitlichen Kleinasien (München 1988).
70 Tempel der Fortuna Augusta: Overbeck 114 ff.; Mau 129 ff.; La Rocca 136 ff.; de Vos 52 f. Zuletzt mit weiterer Literatur: H. Hänlein-Schäfer, *Veneratio Augusti.* Eine Studie zu den Tempeln des ersten römischen Kaisers (Rom 1985) 105 f. Inschrift: CIL X 820. *Ministri Fortunae Augustae*: Castrén 1975, 76 f.
71 M. Tullius M. f.: Castrén 1975, 96 f. 231 Nr. 420, 4.
72 So H. Heinrich in seiner ungedruckten Münchner Dissertation über Kapitellserien in Campanien.
73 P. Gros, Aurea Templa (Rom 1976); Rez. H. von Hesberg, Göttingische Gelehrte Anzeigen 223, 1981, 218 ff.
74 Statuen im Fortunatempel: G. Fiorelli, Pompeianarum Antiquitatum Historia III (Neapel 1864) 48 f.; Guida Ruesch 260 Nr. 1095; A. De Franciscis, Il ritratto romano a Pompei (Neapel 1951) 34 Abb. 21.
75 Macellum: Mau 90 ff.; Overbeck 120 ff.; La Rocca 123 ff.; de Vos 43 ff.; Kockel 456.
76 Zu den beiden Statuen im Macellum (Neapel, Mus. Naz. Inv. 6044. 6041): De Franciscis a.O. 70–73; Verf. in: Pompei 79, 194.
77 Sog. Larentempel: Mau 98 ff.; Overbeck 128 ff.; La Rocca 120 ff.; de Vos 43 ff.; Kockel 456. Zu den Statuengalerien des Kaiserhauses demnächst ausführlich D. Boschung. – Zur Datierung dieses Gebäudes des Kaiserkultes vgl. demnächst J. J. Dobbins im AJA.
78 Sog. Vespasianstempel: Mau 102 ff.; Overbeck 117 f.; La Rocca 118 ff.; de Vos 41 ff.; Kockel 457 (der bereits die augusteische Datierung vertritt).
79 B. M. Felletti Maj, La tradizione italica nell'arte Romana (Rom 1977) 337 ff.
80 CIL X 816; Hänlein-Schäfer a.O. (s.o. Anm. 70) 133 ff. Taf. 9 a (mit früherer Literatur). – Vgl. Gradel 1992.
81 Castrén 1975, 71. 96. 188 Nr. 237,1; Kockel, Grabbauten a.O. (s.o. Anm. 54) 59.
82 Eumachia-Bau: Mau 106 f.; Overbeck 131 f.; La Rocca 113 f.; de Vos 39 f.; Kockel 457 f.; Verf., Augustus a.O. (s.o. Anm. 5) 316 f.; Bauer 1988, 47 ff. 63 ff.

[83] Zuletzt: J. Ganzert – V. Kockel in: Kaiser Augustus und die verlorene Republik (Ausstellungskatalog Berlin 1988) 149 ff. Zum Zusammenhang von Augustusforum und der Ausstattung des *chalcidicum*: H. Döhl in: Pompei 79, 185 f.

[84] Vgl. zuletzt Verf., Augustus a.O. (s. o. Anm. 5) 141 ff.; H. von Hesberg in: Kaiser Augustus a.O. (s. o. Anm. 83) 93 ff.

[85] So schon Kockel 458.

[86] De Franciscis a.O. (s. o. Anm. 74) 53 Abb. 52–54. Gutes Detailfoto: Kraus – von Matt 1973, 40 f.

[87] Verf., Augustus a.O. (s. o. Anm. 5) 240 ff.

[88] Vgl. Hänlein-Schäfer a.O. (s. o. Anm. 70) passim; Verf., Augustus a.O. (s. o. Anm. 5) 304.

[89] H. Döhl in: Pompei 79, 185 ff.; J. Bergemann, Römische Reiterstatuen (Mainz 1990) 17, 19, 37.

[90] A. Mau, RM 11, 1896, 150–156.

[91] Ausführliche Interpretation: Maiuri 1942, 10 ff.; gute Abbildungen in: Pompei 79, 40 f.

[92] Maiuri 1942, 27 f.

[93] Kockel 465 f.; Graefe a.O. (s. o. Anm. 52) 36 ff.; Fuchs a.O. (s. o. Anm. 45) 44 ff.

[94] Vgl. Fuchs a.O. passim.

[95] Castrén 1975, 176 Nr. 197, 9. 15; D'Arms 1988. Gute Beobachtungen zum *cursus* bei Bauer 1988, 66 ff.

[96] So einleuchtend Bauer 1988, 52 f.

[97] Verf., AA 1981, 349 ff.

[98] Verf., Augustus a.O. (s. o. Anm. 5) 151.

[99] E. Rawson, *Discrimina ordinum*: The *lex Julia theatralis*, Papers of the British School at Rome 55, 1987, 83 ff.

[100] Campus: A. Maiuri, NSc 1939, 165–238; Etienne 1974, 375 ff.; La Rocca 254 ff.; de Vos 147 ff.

[101] Literatur zur *iuventus* in augusteischer Zeit: D. Kienast, Augustus (Darmstadt 1982) 153 f. Zu Bautypus und Funktionen des *campus*: H. Devijver – F. van Wouterghem, Acta Archaeologica Lovaniensia 20, 1981, 33–68; dies. a. O. 21, 1982, 93 ff.

[102] W. F. Jashemski, The Gardens of Pompeii (New Rochelle 1979) 160 f.

[103] Sonnenuhr im Apollotempel: CIL X 802. *Schola* mit Sonnenuhr beim alten Tempel: CIL X 831.

[104] Odeion: Marmorfußboden CIL X 845. Eine weitere Stiftung desselben Bauherrn CIL X 955; O. Puchstein, AA 1906, 302 f.; Bauer 1988, 41.

[105] Sitzreihen im Amphitheater: CIL X 853–857 d; Bauer 1988, 30 ff.

[106] *Labrum* in den Forumsthermen: CIL X 817; vgl. Castrén 102.

[107] CIL X 1064; Bauer 1988, 34.

[108] Wasserversorgung: RE XXI 2 (1952) 2030 ff. s. v. Pompeji (van Buren); H. Eschebach, Cronache Pompeiane 5, 1979, 24–60; ders., Antike Welt 10, 2, 1979, 3 ff.; Kockel 551 f.

[109] J. Dybkjaer Larsen, Analecta Romana Instituti Danici 11, 1982, 41 ff.

110 H. Eschebach – Th. Schäfer, Pompeii Herculaneum Stabiae. Bollettino 1, 1983, 11–40.

111 Zum Aquäduktbau in augusteischer Zeit: W. Eck in: Die Wasserversorgung antiker Städte (Mainz 1987) 72.

112 Kockel, Grabbauten a.O. (s. o. Anm. 54) 18 ff.; ders. in: Römische Gräberstraßen (s. o. Anm. 41) 188.

113 Vgl. Trillmich – Zanker.

114 Grundlegend: Maiuri 1942; Castrén 1975, 108 ff.

115 Verf., JdI 94, 1979, 460 ff.

116 Maiuri 1942, 68 ff. Inschrift: CIL X 846; Pompei 79, 42 f. (Abbildung). Statuenausstattung: H. Döhl in: Pompei 79, 183 f. Stifter: Castrén 1975, 114. 208 Nr. 318, 11. 12.

117 Döhl a.O. 182.

118 CIL X 858–9; Maiuri 1942, 86.

119 Neue Thermen: Mau 212 ff.; Overbeck 233 ff.; La Rocca 306 f.; de Vos 206 f. Vgl. I. Nielsen, Thermae et balnea. The Architecture and Cultural History of Roman Public Baths (Kopenhagen 1991).

120 J. L. Franklin Jr., Pompeii. The Electoral Programmata Campaigns and Politics, AD 71–79 (Rom 1980) mit Rezensionen von Th. Pekary, H.-J. Gehrke u. H. Galsterer (s. Kockel 537).

Zur Wohnkultur der Pompejaner
(S. 141–210)

Zur Problematik von Wohnen und sozialer Repräsentation vgl. jetzt generell die Arbeiten von Wallace-Hadrill 1988. 1990; zur speziellen Situation im Pompeji der frühen Kaiserzeit Mouritsen 1988, der die von mir benutzten Ergebnisse von Castrén 1975 (hier S. 205) zum Teil revidiert. Der ›späte pompejanische Wohngeschmack‹ muß danach, aber auch aufgrund der Arbeit von Dickmann 1992 als ein allgemeineres Phänomen angesehen werden und sollte nicht so direkt auf die Mentalität der Freigelassenen bezogen werden, wie ich es in meinem Text getan habe. Vgl. auch S. 27 f.

1 Außer den bekannten älteren Werken von Overbeck, L. Crema, L'architettura romana (Turin 1959) und der u. Anm. 3 verzeichneten Literatur vgl. von neueren Arbeiten Kraus – von Matt 1973; Etienne 1974, 260 ff.; Guida 28; J. B. Ward-Perkins in: Pompeii AD 79 (Ausstellung London 1976) 47 ff.; B. Tamm, OpRom 9, 1973, 53 ff.; Clarke 1991.

2 Besonders verweisen möchte ich jedoch für die gesamte Problematik auf die verschiedenen Arbeiten von K. Schefold, denen ich bei allen Divergenzen in der Interpretation und Wertung der Phänomene – die von ihm oft zum erstenmal beobachtet wurden – viel verdanke, vgl. besonders: Neue Beiträge zur klass. Altertumswissenschaft. Festschrift B. Schweitzer (Stuttgart 1954) 297 ff.; Pompejanische Malerei (Basel 1952); RM 60/61, 1953/54, 107 ff.; Neue Forschungen 53 ff.; ANRW I 4 (1974) 945 ff.

3 Vgl. die aufs Wesentliche gerichteten Bemerkungen bei H. Drerup, MarbWPr 1959, 1 ff. mit der wichtigsten früheren Literatur. Von den später erschienenen Arbeiten: D'Arms 1970; A. Boethius – J. B. Ward-Perkins, Etruscan and Roman Architecture (Harmondsworth 1970); Grimal 1969, 219 ff.; A. G. McKay, Houses, Villas and Palaces in the Roman World (London 1975); Mielsch 1987.

4 Von Villenluxus bereits um 152 v. Chr. spricht ein Cato-Fragment: E. Malcovati, Oratorum Rom. Fragm.[2] (Turin 1955) fr. 185. Vgl. D'Arms 1970, 10 f.

5 Vgl. die antiken Quellen und die archäologische Evidenz bei Noack – Lehmann 1936, 193 ff.

6 Vgl. z. B. Guidebook. The J. Paul Getty Museum (Malibu 1975).

7 A. de Franciscis in: Neue Forschungen 9 ff.; Ders., Die pompejanischen Wandmalereien in der Villa von Oplontis (1975).

8 M. Rostowzew, JdI 19, 1904, 103 ff.; Ders., RM 26, 1911, 1 ff.; G. D'Anneo, Atti Acad. Palermo 18, 1940, 236 ff.; W. J. P. Peters, Landscape in Romano-Camp. Mural Painting (Assen 1963).

9 Zum Problem zuletzt: B. Fehr, MarbWPr 1969, 31 ff.

10 D. Pandermalis in: HiM II 387 ff.

11 Vgl. die ungedruckte Freiburger Dissertation von M. Leppert über röm. Kaiservillen (1974); Verf. in: HiM 377 f. Zu Demetrias jetzt V. Milojcic – D. Theocharis, Demetrias I (Bonn 1976) 75 ff.

12 Vitruv VI 3, 8–10; F. Mazois, Le palais de Scaurus[3] (Paris 1859); L. Crema, L'architettura Romana (Turin 1959) 115 f. Abb. 106–109; A. Boethius – J. B. Ward-Perkins, Etruscan and Roman Architecture (Harmondsworth 1970) 156. Vgl. F. Rakob in: HiM 369.

13 Zu dem hier verfolgten Gesichtspunkt vgl. zuletzt K. Fittschen in: HiM 539 ff. und G.-Ch. Picard, Revue Archéologique 1977, 231 ff., der leider Fittschens Arbeit nicht kannte. Auch er lehnt die Herleitung von den Theaterprospekten ab. Seiner metaphysischen Deutung der »leeren« Räume auf den Prospekten vermag ich indes nicht zu folgen. Dagegen scheint mir die Argumentation von Ph. Williams-Lehmann (Roman Wall Paintings from Boscoreale in the Metrop. Museum [New York 1953] 82 ff.) mehr Beachtung zu verdienen. Als Vorbild scheint mir aber in erster Linie nicht die Villa, sondern der hellenistische Palast in Frage zu kommen. Auch die neuen Fresken aus Oplontis (s. o. Anm. 7) sprechen dafür. Zum 2. Stil vgl. jetzt auch B. Wesenberg, Gymnasium 99, 1992 und Gnomon 57, 1985, 470–488; Dickmann 1992.

14 Zum vergleichsweise bescheidenen Palast von Pergamon gehörte der Athenabezirk mit seinen Säulenhallen, seiner Bibliothek und den Kunstwerken. Das hellenistische Vorbild »Palast« setzte sich nur zum kleineren Teil aus der fürstlichen Wohnung, zum größeren aus heiligen Bezirken zusammen. Vgl. K. Schefold, Pompejanische Malerei (Basel 1952) 21. A. Boethius, The Golden House of Nero (Ann Arbor 1960) 96 ff. Zu hellenistischen Palastgärten vgl. Grimal 1969, 76 f.

14a G. Zimmer, Gymnasium 96, 1989, 493–520.

15 Zum folgenden vgl. G. Hahn, Der Villenbesitz der röm. Großen in Italien zur Zeit der Republik (Diss. Bonn 1922);W. Kroll, Die Kultur der ciceronischen Zeit (Leipzig 1933). Vgl. jetzt J. H. D'Arms in: I Campi Flegrei nell'archeologia e nella storia (Acc. Linc. Atti Convegni Nr. 33, 1977) 347 ff.; Neudecker 1988; Mielsch 1987.

16 Ein schönes Bild der Rastlosigkeit der hin- und herfahrenden Villenbesitzer entwirft Lucrez III 1060 ff.

17 O. E. Schmidt, Neue Jahrbücher für Antike und deutsche Bildung 2, 1899, 328 ff. 466 ff. (Ciceros Villen), wieder abgedruckt und hrsg. von H. G. Niemeyer und E. Thomas in der Reihe ›Libelli‹ Bd. 324 (Darmstadt 1972) der Wiss. Buchgesellschaft. Vgl. M. A. Sollmann in: Studies D. M. Robinson II (1953) 1238 ff.; Wallace-Hadrill 1988.

18 Vgl. die Gesellschaft, die schon Cornelia, die Mutter der Gracchen, auf ihrem Villenbesitz um sich versammelte: Plut. C. Gracch. 19, 1. 2.

19 Unter archäologischem Aspekt vgl. dazu vor allem die Arbeit von H. Jucker, Das Verhältnis der Römer zur bildenden Kunst der Griechen (Frankfurt/M. 1950); J. M. André, L'otium dans la vie morale et intellectuelle romaine (Paris 1966); vgl. jetzt Mielsch 1987.

20 Vgl. Hahn a.O. 12. Eine der ersten Bibliotheken wird die von Perseus V. von Makedonien gewesen sein, die Aemilius Paullus seinen Söhnen schenkte (Plut. Aem. Paull. 28).

21 Cic. ad Att. I 1, 5; 4, 3; 5, 6; 6, 2; 7, 1; 8, 2; 9, 2; 10, 3; 11, 3; 16, 15. 18; ad fam. VII 23, 2. 3. Vgl. jetzt Neudecker 1988.

22 SHA (Spartian), Vita Hadriani 26. Vgl. Jucker a.O. 37 f.; B. Kapossy, Gymnasium 74, 1967, 38 ff.; Verf. in: Helbig[4] IV 155 f.; Ch. S. Sweet, AJA 77, 1973, 229. – Zu den griechischen Begriffen vgl. jetzt Förtsch 1993.

23 Vgl. F. Coarelli, DArch 4/5, 1970/71, 476 ff.

24 De Ruggiero, Diz. Epigr. s. v. horti (Lugli); S. Platner-Ashby, A Topogr. Dict. of Anc. Rome (Oxford 1929) 264 ff.; vgl. Noack – Lehmann 1936, 202 ff.; Grimal 1969, 107 ff.

25 D. Pandermalis, AM 86, 1971, 173 ff.; W. Trillmich, JdI 88, 1973, 256 ff.

26 Zu den Quellen ihres Reichtums: Castrén 1975, 37 ff.

27 Zur Problematik vgl. HiM 14 ff. und passim. Vgl. zum Folgenden auch K. Schefold in: Neue Beiträge zur Altertumswissenschaft. Festschrift B. Schweitzer (Stuttgart 1954) 297 ff.

28 H. Lauter in: Neue Forschungen 148. Vgl. dazu H. Gabelmann, BJb 176, 1976, 468 f., wo richtig darauf hingewiesen wird, daß die Insula-Breiten das erweiterte Atriumhaus bereits voraussetzen.

29 Zur Casa del Fauno vgl. jetzt die Ergebnisse der Untersuchungen von Hoffmann, referiert bei Kockel; leider ist das seit Jahren abgeschlossene Manuskript noch nicht publiziert, vgl. Hoffmann 1978, 1988, 1992.

30 Auch diese sind von hellenistischen Vorbildern übernommen: H. Lauter-Bufé in: Neue Forschungen 169. K. Fittschen in: HiM 547.

31 Fittschen, ebenda 545 ff. Dort S. 543 auch zur Problematik der Datierung von Prospekt-Wänden zweiten Stils. Selbst wenn die späten Datierungen für Pompeji zutreffen sollten, kann dieser Stil auch schon vor der sullanischen Zeit in Italien beliebt gewesen sein. Vgl. jetzt Tybout 1989 mit Rezension B. Wesenberg, Gnomon 64, 1992, 433 ff.

32 Farbtafel bei K. Schefold, Vergessenes Pompeji (Basel 1962) 36 f. 41 ff. Taf. 3, 2; 20.

33 F. Studniczka, Das Symposion Ptolemaios' II. (Abh. Leipzig 30, 2, [1914]) 31 f. – F. Caspari, JdI 31, 1916, 42 ff.

[34] Man denke an den Palazzo delle Colonne: H. Lauter, JdI 86, 1971, 149 ff. Zum Zusammenhang mit Palastarchitektur (Nilschiffe der Ptolemäer): M. Nowicka, Bibl. Antiqua 9, 1969, 154 ff.

[35] Eschebach 1970, Falttaf. 2. 3. Guida 326.

[36] Noack – Lehmann 1936, passim.

[37] Vgl. A. Boethius – J. B. Ward-Perkins, Etruscan and Roman Architecture (Harmondsworth 1970) 157 Abb. 82.

[38] Schon Noack – Lehmann 1936, 202 ff. haben auf die entsprechenden Hanghäuser in Rom hingewiesen.

[39] Spinazzola I 435 ff.; Schefold 1957, 17 ff.; Guida 199 ff.

[40] A. Maiuri, La casa del Menandro (Rom 1933). Schefold 1957, 38 ff.; Guida 175 ff. – Das Phänomen ist im späteren 1. Jh. v. Chr. auch anderswo zu belegen. Vgl. die gut ausgegrabene *domus* III in Bolsena (A. Balland u. a., Bolsena II. Les architectures [Rom/Paris 1971] 234 f. Taf. 9). – Loggia im SUNY-House in Cosa (V. J. Bruno, Archaeology 23, 1970, 233 ff.). Vgl. Ling 1983.

[41] Zum Erdbeben und seinem Datum vgl. zuletzt Etienne 1974, 9 ff. mit Lit.; J. P. Adam in: F. Guidoboni (Hrsg.), I terremoti prima del Mille in Italia e nell'area mediterranea (Bologna 1989) 460–474.

[42] Für Datierung Maiuri 1942 passim. Vgl. aber die Kritik von J. Andreau, Annales. Economies, sociétés, civilisations 28, 1973, 369 ff.

[43] Publikation: Spinazzola I 369 ff.; A. Maiuri – R. Pane, La casa di Loreio Tiburtino e la villa di Diomede in Pompei. MonPitt Pompei II 1 (1947); PPM III 42 ff. – Von der zahlreichen Literatur vgl. E. D. van Buren, MemAmAc 12, 1935, 151 f.; H. Jucker, Vom Verhältnis der Römer zur bildenden Kunst der Griechen (Frankfurt/M. 1950) 28 ff.; Schefold 1957, 50 ff.; H. Drerup, RM 66, 1959, 164 f.; Ders., MarbWPr 1959, 14; H. Kähler, Rom und seine Welt (München 1960) 217 ff.; F. Rakob in: Th. Kraus, Das röm. Weltreich (Berlin 1967) 184 f. Nr. 85; A. Boethius – J. B. Ward-Perkins, Etruscan and Roman Architecture (Harmondsworth 1970) 315 f.; A. G. McKay, Houses, Villas and Palaces in the Roman World (London 1975) 44 f.; Castrén 1975, 184; Guida 240 f. Nach dem im 1. Cubiculum links vom Eingang gefundenen Siegel (Spinazzola I 369 Abb. 414) könnte das Haus einem D. Octavius Quartio gehört haben, von dem sonst nichts bekannt ist (Della Corte 370 f. Nr. 800 mit phantastischen Kombinationen aufgrund der Wandinschriften. Castrén 1975, 199 Nr. 285). Sear 1977, 93. – Vgl. ausführlich Jung 1984, 106 ff.

[44] Maiuri 1942, 152 ff.

[45] Nach Ausweis der Villendarstellungen waren solche Brückchen in Villenlandschaften äußerst beliebt. Fast in Villendimensionen findet man sie am *euripus* im *praedium* der Julia Felix (II 4, 3). Schefold 1957, 53 f.; Guida 244 ff. mit Plan; Döhl 1976, 101.

[46] Cic. ad Qu. fr. 3, 7, 7 und de leg. 2, 2. Grimal 1969, 296 ff. – Zwei Beispiele bietet die sog. Villa der Pisonen (L. Crema, L'architettura romana [Turin 1959] 232 Abb. 251; D. Mustilli, RendAccNapoli N. S. 31, 1956, 77 ff.; H. Drerup, MarbWPr 1959, 3. Weitere Beispiele: F. Rakob, RM 71, 1964, 182 ff. bes. Abb. 9).

[47] S. Aurigemma, Villa Adriana (Rom 1961) 100 ff.; Rakob in: Th. Kraus, Das röm. Weltreich (Berlin 1967) 190 ff. zu Abb. 30.

[48] Noack – Lehmann 1936, 205 f.; D. Mustilli, RendAccNapoli 31, 1956, 91 ff.; Drerup a.O. 9, wo jedoch die typologische »Entwicklung« m. E. zu stark betont ist. Vgl. HiM II 377 f.

[49] Plin. ep. II 17; V 6. Vgl. Plinio il Giovane, Lettere scelte con commento archeologico di K. Lehmann-Hartleben (Florenz 1936) 42 ff.

[50] Spinazzola I 390 Abb. 443; II 973 ff. Taf. 90–96. Vgl. Jucker a.O. (s. o. Anm. 19) 28.

[51] Spinazzola I 383 Abb. 432 ff.

[52] Cic. ad Att. I, 16, 15. 17; I, 13, 1. Cic. de leg. 2, 3, 7. – Vgl. Herculesheiligtum in der Villa des Pollius Felix bei Sorrent: Stat. silv. III 1. Von den ausgegrabenen Villen vgl. z. B. die Villa auf Brioni: A. Gnirs, ÖJh 18, 1915, Beibl. 99 ff. – Zur Verwendung eines *sacellum* als *diaeta* vgl. Ph. Williams-Lehmann, Roman Wall Paintings from Boscoreale (New York 1953) 107. Ebenda 123 weitere Beispiele für »Heiligtümer« in Villen.

[53] Spinazzola I 396 ff. Abb. 454–457. 461; Döhl 1976, 149 f. – Der zum Herakliskos umgebildete ›Knabe mit der Fuchsgans‹ (Spinazzola I Abb. 456) ist ein interessantes Beispiel für eine Umwandlung im Geschmack des Hausbesitzers. Der bekannte und eingängige Mythos ermöglichte einen inhaltlichen Zugang zu dem hellenistischen Meisterwerk. – Auch der als Wasserspeier gedachte Bronzekopf zwischen den Tatzen der Sphinx eröffnet einen mythischen Erzählzusammenhang. Vgl. Aquileia e Milano. Antichità Altoadriatiche IV (Udine 1973) 105 ff. Abb. 7; Arte e civiltà rom. nell'Italia settentrionale I (Bologna 1964) Taf. 28 Nr. 62; II (Bologna 1965) 146 Nr. 224 (Hinweise H. Pflug).

[54] Vgl. das Museum in Varros Villenpark bei Casinum, unter dem man sich wahrscheinlich nicht mehr als eine entsprechend mit Statuen ausgestattete Porticus vorzustellen braucht: Varro rust. III 5, 8. Vgl. K. Schefold, Pompejanische Malerei (Basel 1952), wo der Begriff allerdings sehr weit gefaßt ist. – R. Neudecker macht mich auf ein kleines Gedicht aufmerksam, das – auf einem Hermenschaft angebracht – das Ausstattungsprogramm eines solchen Gartenmuseions einer Villa an der via Appia ankündigt (R. Paribeni, NSc 1926, 284).

[55] Spinazzola I 402 ff. Abb. 458 ff.

[56] Spinazzola I 391 Abb. 444. 445; Schefold 1957, 53 Nr. 1. Vgl. zur Thematik unten S. 97 ff.

[57] Spinazzola I 411 Abb. 470. 478. (Auf unserer Abb. 80 ist die Skulptur von den Ausgräbern ›dekorativ‹, aber falsch plaziert.) Das erinnert an die wie Gärtner wirkenden, von Efeu umrankten Statuen in der Villa von Ciceros Bruder (Cic. ad Qu. fr. 3, 1, 5). Vgl. Jucker a.O. (s. o. Anm. 19) 43; M. Kunze in: Hellenistische Poleis III (Berlin 1974) 1611.

[58] Spinazzola I 409 Abb. 467. 468.

[59] Zu den Brunnenfiguren vgl. B. Kapossy, Brunnenfiguren der hellenist. und röm. Zeit (Zürich 1969) 40. 60. – Zur Verbreitung der ›Nymphäen‹ in den Villen vgl. u. a. Grimal 1969, 304 ff.

[60] Noack – Lehmann 1936, 70 ff. 186. 221 ff.; Neuerburg 1965, 131 Nr. 35 Abb. 49.

[61] Spinazzola I 410 ff.

[62] Spinazzola I 412 Abb. 472.

63 Vgl. das mit Fischen ausgemalte Becken in der casa del Epidio Sabino IX 1, 22 (Schefold 1957, 237).

64 Vgl. die Stellen in RE XX 2 (1950) 1783 ff. s. v. piscina (K. Schneider). Archäologische Beispiele: G. Schmidt, Il livello antico del Mar Tirreno (Rom 1972).

65 D'Arms 1970, 41.

66 Drerup und Rakob (s. o. Anm. 43) überbewerten m. E. die ästhetische Aussagekraft der Anlage, indem sie die starre Perspektivflucht als stilistisches Phänomen interpretieren. Wenn man sich in der Aedicula eine Statue oder auch nur eine Statuette vom Format der beiden Musen aufgestellt denkt, müßte diese zumindest die weiter entfernten Elemente der Flucht verstellt haben. Auch der abgeknickte untere Teil des *euripus* stimmt bedenklich.

67 Die einzige ausführlichere Beschreibung des Hauses befindet sich in dem ungedruckten Manuskript von T. Warscher, Key to the ›Topographischer Index für Pompeji‹ of Helbig Vol. I (1954) 68–83, das in der Bibliothek des Deutschen Archäologischen Instituts in Rom steht (Ib Pompeji 5269). Dort sind auch die wichtigsten früheren Beschreibungen zitiert: E. Breton, Pompeia décrite et dessiné² (Neapel 1855) 271; G. Fiorelli, Descrizione di Pompei (Neapel 1875) 115 f.; Mau 368; Schefold 1957, 102 ff.; Guida 287 f.; Döhl 1976, 104 ff. (mit Auswertung der Fundberichte für die Marmorausstattung). Vgl. jetzt die umfassende Dokumentation in PPM IV, 470 ff. – Die alte, zuerst von Fiorelli vorgeschlagene Identifizierung des Hauses als das eines A. Herennuleius Communis, der auf den Wachstäfelchen des Caecilius Jucundus firmiert (Castrén 1975, 175 Nr. 192; Andreau 1974, 191. 217), beruht, wie Döhl zeigen konnte, auf einer Verwechslung. Im Haus wurden chirurgische Instrumente gefunden. – Andersson 1990, 234.

68 Abbildung der heute ganz verrotteten Anlage bei A. Ippel, Pompeji (Leipzig 1925) 110 Abb. 103.

69 W. Helbig, Die Wandgemälde der vom Vesuv verschütteten Städte Campaniens (Leipzig 1868) 68 Nr. 240.

70 Breton a. O. 272: »Les murailles de la terrasse étaient couvertes de peintures peu soignées représentant des arbustes, des oiseaux et plusieurs figures qui semblent être des esclaves apportant des plats«. Vgl. Döhl 1976, 111 f.

71 Vgl. die Raumanordnung an der Rückwand des Hauses III 2, 1 (›Trebius Valens‹), Spinazzola I 281 ff.; Schefold 1957, 56 f.; F. Rakob, RM 71, 1964, 183. Auch der Brunnen mit *piscina* entspricht der Anordnung in der Casa di Apolline. Sear 1977, 68 f.

72 Döhl 1976, 109 hat mit Recht an die Casa del mosaico di Nettuno e Anfitrite in Herculaneum erinnert (V 6, 7: A. Maiuri, Ercolano I [Rom 1958] 393 ff.). Solche künstlichen Grottenelemente sind in der Spätzeit Pompejis häufiger zu beobachten. Über ihren Zusammenhang mit den Villen vgl. F. Rakob, RM 71, 1964, 185.

73 Für weitere Verweise zu Villen-*diaetae* vgl. Noack – Lehmann 1936, 205 f. Anm. 4.

74 HBr Taf. 224–228, weitere Lit. bei Schefold 1957, 103.

75 G. Fiorelli in: Pompeianarum Antiquitatum Historia II (Neapel 1860–64) 237 ff.; Ders., Descrizione di Pompei (Neapel 1875) 142 f.; Mau 368 f. mit ›Anhang‹ (1913) 49; T. Warscher, Codex top. Reg. VI 10, 1 (1936) Nr. 90–120 a; Dies., Key Helbig

Vol. IV (s. o. Anm. 67) Nr. 409–418 (beide Arbeiten als ungedruckte Manuskripte im Deutschen Archäologischen Institut Rom); K. Schefold, RM 60/61, 1953/54, 111 f. (»Konkretisierung der Illusionsarchitektur«); Ders. 1957, 123; Grimal 1969, 227; Sear 1977, 56 f. – Vgl. jetzt PPM IV, 1050 ff.

76 Eine zuverlässige Deutung der verschiedenen Bauphasen ist ohne eine eingehende Untersuchung nicht möglich. Ob das Haus im 1. Jh. v. Chr. schon einfache Gartenarkadengänge besaß oder nicht: die für unsere Betrachtung entscheidende letzte Bauphase stammt in jedem Fall aus dem letzten Jahrzehnt der Stadt. Vgl. jetzt Sear 1977, 58.

77 Grimal 1969, 241 Taf. 16, 2; Neuerburg 1965, 62. 75. 125 f. Taf. 132; H. Lauter-Bufé in: Neue Forschungen 171.

78 Zur Venus Pompejana mit dem Steuerruder vgl. Spinazzola I 191 Abb. 222; 215 Abb. 243.

79 Vgl. jetzt auch den entsprechenden »heiligen Bezirk« auf den Fresken von Oplontis (A. de Franciscis in: Neue Forschungen Abb. 23 ff.; Ders., Die pompejanischen Wandmalereien in der Villa von Oplontis [Recklinghausen 1975]).

80 Noack – Lehmann 198.

81 Overbeck – Mau 369 ff.; Mau 376 ff.; Sogliano, RendAccNapoli 8, 1924, 136 ff.; A. Maiuri – R. Pane, La casa di Loreio Tiburtino e la villa di Diomede in Pompei (Rom 1947); Maiuri 1942, 157; H. Drerup, MarbWPr 1959, 12 f.; vgl. auch Ph. Williams-Lehmann, Roman Wall Paintings from Boscoreale (Cambridge Mass. 1953) 104 f.

82 Spinazzola II 727 ff.; Schefold 1957, 58; PPM III 406 ff. – Zum Besitzer: Della Corte 358; Andreau 1974, 244 f. 268; Castrén 1975, 165; Guida 236 ff.

83 Spinazzola II 759 f. Abb. 740. 741.

84 Vitruv VI 5, 2 ff.; Cic. ad Quint. frat. III 1, 3; Horaz carm. III 22; ep. I 10, 12; Plin. n. h. XXXI, 6. Vgl. Williams-Lehmann a.O. 98 ff. F.-M. Pairault, MEFRA 81, 1969, 425 ff.

85 I 2, 17–19: Kleiner Garten mit Aedicula mit Aphroditestatuette (Döhl 68 ff.). Ähnliche Aediculen kommen häufiger vor.
II 8, 6: Großer Garten mit Herculesverehrung im gewerblich genutzten Blumengarten (W. F. Jashemski, Antike Welt 8, 4, 1977, 7 ff.).
VII 6, 28: Baum und Altar im Peristyl. Schöne Gartenmalereien an der Nordwand des Peristyls (NSc 1910, 467 Abb. 9; 9 a).
VIII 3, 14: G. Fiorelli, Descrizione di Pompei (1875) 326 spricht von »una statua di Diana ed innanzi un thymiaterion entrambi di marmo«.

86 CIL IV Suppl. 3 Nr. 6798; Spinazzola II 754 ff.

87 Noack – Lehmann 1936, 222.

88 Etienne 1974, 264.

89 Mau 294 ff.; Lit. im Anhang zur 2. Aufl. (1913) 46; Maiuri 1942, 98 f.; Ders., MemAccLinc 8, 5, 1954, 450 f.; Schefold 1957, 93 f;. Guida 326 f.; J. B. Ward-Perkins in: Pompei AD 79 (Ausstellung London 1976) 47 mit dem hier abgebildeten Plan. – PPM IV 87 ff.

90 Die Malereien sind nach Schefold 1957, 93 f. »wohl vespasianisch«.

91 A. Maiuri, Ercolano I (1958) 302 ff. – F. Rakob in: Th. Kraus, Das röm. Weltreich (Berlin 1967) 185 Nr. 86.

92 Ch. M. Dawson, YaleClSt 9, 1944, 96 f. Nr. 35 Taf. 13; K. Schefold, RM 60/61, 1953/54, 117 f. Taf. 48; Schefold 1957, 93.

93 Vgl. z. B. Spinazzola II 688.

94 Vgl. z. B. Casa di M. Lucrezio u. S. 179, Casa dell'Efebo u. S. 185. Spinazzola I 281 ff.

95 Gute Beispiele in Casa del Menandro (A. Maiuri, La casa del Menandro [Rom 1933]). Diese Gartenbildchen, meist auf dunklem Grund, findet man auch häufig als »Sockel« in anderen Räumen. Ein besonders schönes Beispiel im *tablinum* der Casa di Lucrezio Fronto (V 4, 11); Schefold 1957, 85; A. Sogliano, NSc 1901, 153.

96 Sogliano, NSc 1907, 549 ff.; Mau 371 f.; Maiuri 1942, 113 f.; Schefold 1957, 153 f.; Guida 282 ff.; Döhl 1976, Kat. 26 ff. Die Argumente reichen für eine Verbindung des Hauses mit der Familie der Kaiserin Poppaea nicht aus, die noch weiter gehenden Deutungen Della Cortes sind reine Phantasie (Della Corte 76 ff. Vgl. Castrén 1975, 209). Vgl. jetzt die umfassende Dokumentation der gesamten Skulpturen-Ausstattung bei Seiler 1992 Abb. 529 ff.

97 K. Schefold, RM 60/61, 1953/54, 111.

98 Kraus – von Matt 1973, 74 Abb. 82. 83. Vgl. das klassische griech. Weihrelief in V 3, 10: Kraus – von Matt 1973, 193 Nr. 266.

99 G. Richter, The Portraits of the Greeks II (Oxford 1965) 230 Nr. 14 Abb. 1561. 1563. – Vgl. jetzt Neudecker 1988 und E. Bartman in Gazda 1991, 71 ff.

100 Neudecker 1988.

101 So standen z. B. an den Enden der Südporticus je ein Brunnen, an denen der Nordporticus je eine Kinder(Eros?)-Herme.

102 NSc 1907, 568 ff.

103 Vgl. Döhl 1976, 150.

104 Interessant sind in diesem Zusammenhang z. B. die entsprechenden, aber qualitätvolleren Statuetten in Ostia, die von der Isola sacra stammen (R. Calza – M. F. Squarciapino, Museo Ostiense [Rom 1962] 38 Abb. 21. 22; Helbig^4 IV 3037. 3038). Einen Teil des Materials hat B. Kapossy, Brunnenfiguren der hellenistischen und römischen Zeit (Zürich 1969) zusammengetragen.

105 VI 14, 43. Döhl 1976, Kat. 71.

106 Overbeck 314; Mau 372 f., dazu Anhang zur 2. Auflage (1913) 50 mit früherer Lit.; Maiuri 1942, 128; Schefold 1957, 246 ff.; Zum Garten: Neuerburg 1965, 131 Nr. 36; Kapossy a. O. 59. 77 f.; Döhl 1976, 141 ff., Kat. 52 f. Zum Besitzer: J. Day, YaleClSt 3, 1932, 206 ff.; M. Della Corte, RM 57, 1942, 33 f.; Della Corte 161 f.; Andreau 1974, 226. 230 hält die Bestimmung des Besitzers als Weinhändler mit Recht für unbeweisbar. Ob der Name des M. Lucretius *flamen Martis*, der als Adressat eines Briefes in einem Fresko mit einem *instrumentum scriptorium* auftaucht (Castrén 1975, 69. 185), der des Hausbesitzers war, ist leider nicht zu beweisen. Die Priesterschaft ist sonst in Pompeji nicht bezeugt. Sear 1977, 93. – Vgl. jetzt E. Dwyer in Gazda 1991, 36 ff.

107 Dasselbe Phänomen der »Inszenierung« von Wohnausstattung haben wir bereits bei der gebauten Architektur in der Miniaturvilla in der Via dell'Abbondanza (o. S. 150) kennengelernt. Wir werden es bei den Mosaikbrunnen und Klinen (u. S. 190 ff.) und bei den großflächigen Wandfresken wiederfinden.

108 P. Soprano in: Pompeiana. Raccolta di studi per il secondo centenario degli scavi di Pompei (Neapel 1950) 288–310 (I triclini all'aperto di Pompei).

109 Zeichnungen der Gartenmalereien: F. Mazois, Les ruines de Pompei II (Paris 1824 ff.) Taf. 37; W. Gell, Pompeiana (London 1832) Taf. 32. Zum Typus der Gartenmalerei vgl. etwa die Fresken im Auditorium des Mäzenas (BullCom 2, 1874, Taf. 14–16). Daraus kann man jedoch keine frühe Datierung erschließen. In zahlreichen Häusern Pompejis ergibt sich aus dem Zusammenhang, daß diese im Peristyl- oder Hofbereich angebrachten großflächigen Gartenmalereien fast ausschließlich der spätesten Zeit der Stadt angehören und im Zusammenhang mit der Ausstattung der Häuser zu Miniatur-Villen entstanden sind.

110 Vgl. Overbeck 301 Abb. 165 (Grundriß); S. 304 Abb. 167 (Rekonstruktion); F. Rakob, RM 71, 1964, 182 Taf. 51, 2.

111 A. Maiuri, NSc 1927, 52 ff.; 1929, 365 ff.; Ders. in: MonPitt Pompei II (1938) 13 ff.; Ders., MemAccLinc 8, 5, 1954, 459 f.; Schefold 1957, 31 f.; vgl. jetzt PPM I 619 ff.; F. Rakob, RM 71, 1964, 182 f.; Neuerburg 1965, 117 Nr. 18; Grimal 1969, 444 f.; Guida 212 ff. (mit dem hier abgebildeten Grundriß). Zum Besitzer, seinen Geschäften und seinem sozialen Rang: Della Corte 1974, 315 ff. Nr. 647. Vgl. jetzt aber vor allem Andreau 1974, bes. 259. 158 Nr. 129. 41.

112 Zum Typus, der an verschiedensten Orten als Brunnenfigur verwendet wurde, vgl. Kapossy a.O. (s.o. Anm. 104) 12 f.

113 Zuletzt H. Sichtermann in: Th. Kraus, Das röm. Weltreich (Berlin 1967) 246 Nr. 261; Verf., Klassizistische Statuen (Mainz 1974) 77. 87.

114 Zum Hermenzaun vgl. H. Wrede, Die spätantike Hermengalerie von Welschbillig (Berlin 1972) 126 Nr. 3.

115 Döhl 1976, Kat. 4 f.

116 A. Maiuri in: MonPitt Pompei I (1936) Abb. 20.

117 Vgl. K. Schefold, RM 60/61, 1953/54, 122.

118 Guida 214 mit farbiger Abbildung.

119 Vgl. NSc 1927, 75 ff.

120 MonPitt Pompei I (1936) Abb. 27. NSc 1929, 354 ff. Taf. 20. Schefold 1957, 36 datiert m. E. unrichtig: »früher 3. Stil«. – Zu solchen »Rumpfperistylen« mit Gartenmalerei Grimal 1969, 209 mit Appendix I S. 457.

121 F. Rakob, RM 71, 1964, 182 f. Wie beliebt die wasserumspielten Triclinien waren, zeigt auch das Vereinshaus des *pagus maritimus*: O. Elia, BdA 46, 1931, 200 ff.; K. Schauenburg, Gymnasium 69, 1962, 521 ff.

122 Zur Datierung zuletzt: H. Lauter-Bufé in: Neue Forschungen 170. Der hier vertretene »Entwicklungsgedanke« der Brunnenarchitektur läßt sich m. E. zumindest für Pompeji nicht aufrechterhalten. Die Nachahmung in einer zweitrangigen Stadt dieser Zeit scheint mir weitgehend auf Zufall zu beruhen, die verschiedenen »Typen« standen wohl nebeneinander zur Auswahl. – Andersson 1990.

123 PPM III 481 ff.; Lauter-Bufé a.O. 171 mit Abb. Maiuri 1942, 45; Neuerburg 1965, 121 f. Nr. 23 Abb. 153; Sear 1977, 60 f. – Andersson 1990, 208 f.

124 Rom, Reg. VI, unter der Caserma dei Corazzieri an der via XX Settembre: EAA Suppl. (1970) 662 s. v. Roma, Reg. VI (Coarelli); W. v. Sydow, AA 1973, 554 f. Vgl. auch die unter der Bibliotheca Hertziana gefundenen Nymphäumsreste; W. v. Sydow, AA 1973, 557 ff.; Sear 1977, 79. 81.

125 Neuerburg 1965, 123 ff. Nr. 25. 26; Sear 1977, 73. 75.

[126] Neuerburg 1965, 129 f. Nr. 32 Abb. 115; Schefold 1957, 185 f.; Sear 1977, 67.

[127] Neuerburg 1965, 128 f. Nr. 31 Abb. 117; Schefold 1957, 174 f.; Maiuri 1942, 126; Sear 1977, 77.

[128] K. Schefold, RM 60/61, 1953/54, 117 f.; Ders., Vergessenes Pompeji (Bern 1962) 146 f. Eine Zusammenstellung von Paradeisoi und Nillandschaften im Index von Schefold 1957. Eine Zusammenstellung der »topia«-Malerei bei Grimal 1969, 457 ff. – Vgl. jetzt Michel 1990 und M. Th. Andreae, Tiermegalographien in pompeianischen Gärten, in: Rivista di Studi Pompeiani 4, 1990, 45–124.

[129] Die beiden in Abb. 104 und 105 wiedergegebenen Stiche stammen aus W. Gell, Pompeiana I (London 1832) 194 Taf. 53; II 4 Taf. 56. Ebenda 125 bemerkt Gell zu den Wänden in der Casa della Fontana grande: »The high wall was, at the time of its excavation, perfect; and this drawing is, probably now the only record of its existence, the author having been fortunate enough to copy it before the painting fell.«

[130] Schefold 1957, 194 f.; Ders., Vergessenes Pompeji (Bern 1962) Abb. 151, 2.

[131] Spinazzola I 257 ff.; Schefold 1957, 26 ff.; Guida 189 ff. mit farbiger Abb. des Paradeisos und Plan. – Vgl. jetzt die sorgfältige Publikation des Hauses von Michel 1990.

[132] Zu der vieldiskutierten Stelle vgl. zuletzt Grimal 1969, 92 f.; R. Ling, JRS 67, 1977, 1 ff.

[133] PPM IV 168. Grimal 1969, 485 Taf. 3. 2; V. Tran Tam Tinh, Essai sur le culte d'Isis à Pompéi (Paris 1964) 51.

[134] z. B. Varro rust. III 13, 2. 3; Appian bell. civ. I 104 (Sulla).

[135] RE VII (1912) 838 s. v. Gartenbau (Olek); EAA III (1960) 883 s. v. giardino (L. Guerrini); Grimal 1969, 79 ff.; J. Borchhardt, Istanbuler Mitteilungen 18, 1968, 166 ff.; J. Aymard, Essai sur les chasses romaines des origines à la fin du siècle des Antonins (Cynegetica) (Paris 1951).

[136] Vatikan, Museo Chiaramonti. Amelung, Vat. Kat. I 679 f. Nr. 550 Taf. 73; Helbig[4] I 252 Nr. 327 (E. Simon); H. Wrede, Die spätantike Hermengalerie von Welschbillig (Berlin 1972) 139 Taf. 78, 1.

[137] Das Fresko hat seit seiner Entdeckung sehr gelitten. Vgl. E. Presuhn, Die pompejanischen Wanddekorationen (Leipzig 1882) Taf. 23 (hier Farbtaf. 14 mit der zeitgenössischen Kolorierung!); HBr Taf. 240 Text II 61 ff. Abb. 21; Schefold 1957, 132. Dasselbe Thema ebenfalls großformatig in der Miniaturvilla (II 5, 2–5) an der Terrassenwand. Schefold 1957, 53.

[138] Varro rust. III 13, 2. 3: Ich habe noch einen besseren Auftritt dieser Art gesehen, als ich mich einst bei Q. Hortensius auf dem Lande bei Laurentum aufhielt. Hier war ein von einer Mauer eingefaßtes Wildgehege, das nach seiner Angabe über 50 Morgen groß war und das er nicht Hasenkobel *(leporarium)* nannte, sondern eine Wildtierzucht *(therotrophium)*; in diesem war ein erhöhter Ort, auf welchem Liegebänke *(triclinia)* standen, auf denen wir zu Abend speisten. Quintus ließ dabei seinen ›Orpheus‹ rufen. Dieser erschien im Gewand der Sänger und mit der Kithara. Als er aufgefordert wurde zu singen, stieß er ins Horn. Und sogleich waren wir von einer solchen Menge von Hirschen, Wildschweinen und anderen Vierfüßern umgeben, daß mir dieses Schauspiel nicht weniger gefiel als jene Jagden, welche die Aedilen im Circus Maximus veranstalten ... (Übersetzung frei nach G. Große 1788).

139 Die Typen der Einzelfiguren stammen letztlich vielleicht von hellenistischen Vorbildern, vermutlich kleinen Formats (Pinakes?), von denen die bekannten Mosaiken aus der Villa Hadriana einen bescheidenen Reflex darstellen könnten (vgl. Helbig^4 I 106. 203 [Parlasca]).

140 Schefold 1957, 180 ff.; Guida 268.

141 Schefold 1957, 89.

142 Zu Ägypten als bevorzugtem Touristenland und dem Wohlleben in Alexandrien und Umgebung vgl. L. Friedländer, Darstellungen aus der Sittengeschichte Roms^{10} (1922) 423 ff.

143 Suet. Nero 31: Ferner befand sich darin ein Teich, der wie ein Meer mit Gebäuden umgeben war, die Städte vorstellten, dazu verschiedene Ländereien mit Feldern, Rebbergen, Weiden und Wäldern mit einer Menge Vieh und Wildtieren aller Art. Vgl. Tac. ann. 15, 42.

144 Overbeck 355; Mau 39 Abb. 6; K. Schefold, RM 60/61, 1953/54, 117 f. Taf. 50,2; Schefold 1957, 277 (vespasianisch); Neuerburg 1965, 133 f. Abb. 116 (mit Lit.); Sear 1977, 84.

145 Einen ähnlichen Fries, ebenfalls ohne jeden Bezug zum übrigen Wandsystem, findet man sogar im Vettierhaus: K. Schefold, Vergessenes Pompeji (Bern 1962) Abb. 138.

146 K. Schefold, Pompejanische Malerei (Basel 1952) 32 ff. Lit. und ant. Quellen ebenda 180 Anm. 32; Ders., La peinture pompéienne (Coll. Latomus 108, 1972) 50 ff.; H. Jucker, Vom Verhältnis der Römer zur bildenden Kunst der Griechen (Frankfurt/M. 1950) 29. 35 f.

147 HBr I 29 ff. Taf. 20–48. Lit. bei Schefold 1957, 139; Kraus – von Matt 1973, 70 ff.; Guida 269 ff. – Zum mutmaßlichen letzten Besitzer, dem Augustalis A. Vettius Conviva, vgl. Andreau 1974, 172. 190. 194. 205. 267. 277 und Castrén 1975, 239 f. – An der Zugehörigkeit des Augustalen A. Vettius Conviva zu einer Libertinenfamilie braucht nach allem, was wir über die Augustalen wissen, nicht gezweifelt zu werden. Sie bildeten bekanntlich die Spitze der »zweiten« lokalen Oligarchie. – Vgl. Wirth 1983.

148 Vgl. die ausführliche Analyse bei Döhl 1976, Bemerkungen 123 ff.

149 K. Schefold, Vergessenes Pompeji (Bern 1962) 186 ff.

150 Ebenda Taf. 138.

151 Vgl. zu diesen »Verfallserscheinungen« O. Elia, NSc 1934, 278 ff.; K. Schefold, RM 60/61, 1953/54, 113 ff.

152 Vgl. die Casa di Meleagro (VI 9, 2; zuletzt Guida 268 f.), die Casa del Citarista (I 4, 5, 25, 28; Guida 167; Döhl 1976, 77 ff.) und auch eines der Hanghäuser am Theaterviertel (Noack – Lehmann 1936, 224 f.).

153 Zu den wirtschaftlichen Folgen des Erdbebens J. Andreau, Annales. Économies, sociétés, civilisations 28, 1973, 369 ff.

154 Castrén 1975, 121. Die Ergebnisse müssen jetzt z. T. im Sinne der Ausführungen von Mouritsen 1988 und auch Jongman 1988 revidiert werden; vgl. hier S. 27.

155 s. o. Anm. 153. Vgl. auch Andreau 1974, 163 ff.

156 Vgl. aber auch den Weinhändler der Casa del Moralista (o. S. 169) und die Wirtschaft in der »Miniaturvilla« (o. S. 150). – Vgl. zur gesellschaftlichen und wirtschaftlichen Lage dieser Schicht in Pompeji Andreau 1974, 223 ff.

[157] Andreau 1974, passim.

[158] G. Spano, NSc 1910, 400 Abb. 11 (Plan); 402 (Inschrift); M. Della Corte, MemAcc-Napoli 2 II, 1913, 185–188 (datiert vespasianisch); G. Spano, MemAccLinc 7. Ser. 3, 1943, 237–315; J.-M. Dentzer, MEFRA 74, 1962, 533–594; V. Weber, Historia 18, 1969, 377–380 (vor 62, aber nach Claudius [Münze]); Castrén 1975, 239 Nr. 453, 1 (Aedil 75/76, stirbt während der Aedilität [?]); H. Mielsch, 21. Ergh. RM (1975) 55 f. 139, K 50 Taf. 44 f. (zum Stuck, vespasianisch). – Der archäologische Befund spricht eindeutig gegen eine frühere Datierung, wie sie Weber vermutet. V. Kockel nimmt zwei Bauphasen an, wie er sie an Gräbern vor der Porta di Ercolano beobachtet hat. – Der Zusammenhang mit dem späten Wohngeschmack schließt m. E. eine allegorische Deutung mit Jenseitsbezügen weitgehend aus.

[159] Farbige Abbildung bei R. Bianchi-Bandinelli, Roma. L'arte romana nel centro del potere (Rom 1969) 42.

[160] Wie das vor allem unter Berufung auf Grimal 1969 häufig geschieht, der jedoch selbst die Phänomene sehr differenziert darstellt und der Hellenismus-Rezeption große Bedeutung beigemessen hat.

[161] A. Maiuri, I nuovi scavi di Ercolano I (Rom 1958).

[162] Zu Cepotaphien vgl. RE III (Rom 1899) 1966 ff. s. v. Cepotaphium (Sauter); J. M. C. Toynbee, Death and Burial in the Roman World (London 1971) mit früherer Lit.; H. Wrede, RM 78, 1971, 127. Vgl. H. Wrede, Consecratio in formam deorum (Mainz 1981); W. F. Jashemski, Classical Journal 66, 1970, 97 ff. Vgl. auch die schon o. Anm. 104 genannten Statuetten aus den Grabbezirken in Ostia. Auch zum Hateriergrab gehörte ein bukolisches Statueninventar (A. Giuliano, MemAccLinc 8. Ser. 13, 6, 1968, Taf. 1 Abb. 21). – Ausblicke auf Luxusgärten spielen auch in späten Gräbern noch eine Rolle (H. Wrede, Die spätantike Hermengalerie von Welschbillig [Berlin 1972] 132 f. Taf. 76. 77).
Das Weiterleben der Villenelemente in der späteren Hausarchitektur wäre einer Untersuchung wert; als Beispiel denke man nur an die gut erhaltenen Häuser von Bulla Regia mit ihren Peristyl- und Brunnenanlagen und den entsprechenden Triclinien, Ruhe- und Aufenthaltsräumen: A. Beschaouch, Les ruines de Bulla Regia (Rom 1977). Vgl. ebenda 78 Abb. 74 auch die kleine *piscina* mit der Inschrift *venantiorum Baiae*.

[163] P. Veyne, Annales. Économies, sociétés, civilisations 16, 1961, 213 ff. Vgl. zum folgenden auch Andreau 1979, 165 ff. mit Lit. – Zum folgenden vgl. meine Bemerkungen hier S. 27. Die Darstellung hier engt das Phänomen zu sehr als Geschmack der Freigelassenen ein.

[164] Andreau 1974, 170 ff.

[165] Wie sehr man zwischen Rom und Provinz und vor allem zwischen kaiserlichen und den übrigen Libertini differenzieren muß, ist bekannt. Zum eigenen Selbstverständnis der kaiserlichen Liberti, die als Beamtenfunktionäre in der Reichsverwaltung tätig waren, vgl. jetzt den gedankenreichen Beitrag von G. Lotito, DArch 8, 1974/75, 275 ff. Daß Geschmack und Wertewelt der Pompejaner auch in breiteren Schichten Roms nicht unbekannt waren, zeigt m. E. die Ikonographie der zahlreichen flavischen Marmorurnen. F. Sinn, Stadtrömische Marmorurnen (Mainz 1987).

[166] Vgl. A. Cancik, Spudasmata 13, 1965, 65 ff. 100 ff. (Untersuchungen zur lyrischen Kunst des P. Papinius Statius).

ABBILDUNGSNACHWEIS

Foto Alinari: 1. 9. 14. 34. 44. 76. 80. 91. 96; Foto Anderson: 20. 83. 90. 94. 109; Foto Deutsches Archäologisches Institut. InstNegRom: 3. 6. 7. 35. 39. 40. 50. 54. 93. 102. 106. 108; Foto L. Eschebach: 17; Foto Fotocielo: 28; Foto H. Heinrich: 47; Foto Istituto Centrale per il Catalogo e la Documentazione: 31. 85; Foto Museum für Abgüsse Klassischer Bildwerke, München: 38. 43. 97; Foto R. Senff: 57; Foto K. Stemmer: 103; Foto Vatikan, Museo Chiaramonti: 107; Zeichnung A. Hoffmann: 5. 8; Zeichnung P. Zanker – M. Pfanner: 19. 37; Zeichnung P. Zanker – von Harsdorf: 24. 30. 66.

O. Brendel, Introduzione all'arte romana (Turin 1982): 110; A. Degrassi, Imagines (Berlin 1965): 26; Eschebach (1970): 11. 12. 25. 92; H. Eschebach, Pompeji (Leipzig 1978): 27. 29. 58; H. Eschebach, Antike Welt 10, 1979: 62; H. Eschebach, Die Stabianer Thermen (1979): 16; W. Gell, Pompejana (London 1832): 98. 104. 105; R. Graefe, Vela erunt (Mainz 1979): 56; A. Ippel, Pompeji (Leipzig 1925): 82; V. Kockel, Die Grabbauten vor dem Herculaner Tor (Mainz 1983): 64. 65. 111. 112. 113; F. Krischen, Die griechische Stadt (Berlin 1938): 4; La Rocca: 35. 55. 73. 100; A. Maiuri, NSc 17, 1939: 59. 60; Maiuri 1942: 68; Maiuri, Pompei (Neapel 1956): 46. 49. 61; Mau: 42; Ders., RM 11, 1896: 51. 67; F. Mazois, Les ruines de Pompéi dessinées et mésurées (1838) III: 18. 41. 45. 63; IV: 10. 32; MemAmAc 5, 1925: 23; Neue Forschungen: 2; I. Nielsen, Thermae et Balnea II (Aarhus 1990): 70; Noack – Lehmann 1936: 71. 72; K. Ohr, Die Basilika in Pompeji (Berlin 1991): 21; Overbeck: 13. 99; Pompei 79, 40: 54a; Real Museo Borbonico (Neapel 1824–57): 81. 95; D. Scagliarini Corlaita, Studi sull'arco onorario romano (Rimini 1977): 52; M. Schede, Die Ruinen von Priene (Berlin 1960): 22; P. Soprano, Pompeiana (Neapel 1950): 101; Spinazzola: 69. 74. 77. 79. 86. 87. 88; V. Tran Tam Tinh, Le culte d'Isis à Pompei (Paris 1964): 75. 78; J. B. Ward-Perkins in: Pompei AD 79 (Ausstellungskatalog London 1976): 89; C. Weichhardt, Pompei vor der Zerstörung (1896): 15. 36. 53; W. Zahn, Die schönsten Ornamente (Berlin 1828): 84; P. Zanker, Augustus und die Macht der Bilder (München 1987): 48.

Farbtafeln:
Foto V. Kockel: 3,1. 4. 5. 8,1. 12. 15. 16; Foto P. Zanker: 7. 8,2. 10,1.2. 11,1. 13.
P. u. D. R. Brothwell, Manna und Hirse (Mainz 1994): 2; M. Carroll-Spillecke, Der Garten von der Antike bis zum Mittelalter (Mainz 1992): 9; F. P. Maulucci, Pompei (Neapel 1987): 3,2; E. Preshuhn, Pompeji. Die neuesten Ausgrabungen von 1874–1881 (Leipzig 1882): 14,2; PPM IV, 1: 11,2. 14,1; P. Quignard, Le sexe et l'effroi (1994): 1; Zevi 1991/92, I: 6.

Umschlag: Foto M. Siebler
Vorsatz vorne: Foto M. Siebler
Vorsatz hinten: M. Carroll-Spillecke
Der Garten von der Antike bis zum Mittelalter (Mainz 1992), Taf. 25; Foto: S. Jashemski

KULTURGESCHICHTE DER ANTIKEN WELT

Band 1:
John Boardman
Schwarzfigurige Vasen aus Athen
Einführung und Handbuch
278 Seiten; 321 Abbildungen

Band 2: *vergriffen*
Maria Alföldi
Antike Numismatik
Teil 1: Theorie und Praxis

Band 3: *vergriffen*
Maria Alföldi
Antike Numismatik
Teil 2: Bibliographie

Band 4:
John Boardman
Rotfigurige Vasen aus Athen
Die archaische Zeit
285 Seiten; 528 Abbildungen

Band 5:
John Boardman
Griechische Plastik · Die archaische Zeit
297 Seiten; 481 Abbildungen

Band 6:
Karl-Theodor Zauzich
Hieroglyphen ohne Geheimnis
Eine Einführung in die altägyptische Schrift
125 Seiten; 8 Farb- und 6 Schwarzweißabbildungen

Band 7:
Friedrich Karl Dörner
Vom Bosporus zum Ararat
Reise- und Fundberichte aus Kleinasien
XII, 362 Seiten mit 27 Textillustrationen; 5 doppelseitige Farbtafeln mit 8 Abbildungen; 64 Schwarzweißabbildungen;
2. Auflage, erweitert um 8 doppelseitige Farbtafeln

Band 8: *vergriffen*
Friedrich Richter / Wilhelm Hornbostel
Unser tägliches Griechisch

Band 9: *vergriffen*
Sybille Haynes
Die Tochter des Augurs

Band 10: *vergriffen*
Volkert Haas
Hethitische Berggötter und hurritische Steindämonen
Riten, Kulte und Mythen

Band 11: *vergriffen*
Labib Habachi
Die unsterblichen Obelisken Ägyptens

Band 12: *vergriffen*
Gerd Hagenow
Aus dem Weingarten der Antike

Band 13: *vergriffen*
Denys Haynes
Griechische Kunst und die Entdeckung der Freiheit

Band 14: *vergriffen*
W. K. Lacey
Die Familie im antiken Griechenland

Band 15: *vergriffen*
Jost Perfahl
Wiedersehen mit Argos und andere Nachrichten über Hunde in der Antike

Band 16: *vergriffen*
Karl Schefold
Die Bedeutung der griechischen Kunst für das Verständnis des Evangeliums

Band 17: *vergriffen*
J. M. C. Toynbee
Tierwelt der Antike

Band 18: *vergriffen*
Hilde Rühfel
Das Kind in der griechischen Kunst

Band 19: *vergriffen*
Hilde Rühfel
Kinderleben im klassischen Athen

Band 20: *vergriffen*
A. M. Snodgrass
Wehr und Waffen im antiken Griechenland

VERLAG PHILIPP VON ZABERN · MAINZ

KULTURGESCHICHTE DER ANTIKEN WELT

Band 21: *vergriffen*
Patricia und Don R. Brothwell
Manna und Hirse

Band 22: *vergriffen*
Roland Hampe
Antikes und modernes Griechenland

Band 23: *vergriffen*
Donna C. Kurtz / John Boardman
Thanatos
Tod und Jenseits bei den Griechen

Band 24: *vergriffen*
Alison Burford
Künstler und Handwerker
in Griechenland und Rom

Band 25: *vergriffen*
Howard Hayes Scullard
Römische Feste · Kalender und Kult

Band 26: *vergriffen*
Hermann Müller-Karpe
Frauen des 13. Jahrhunderts v. Chr.

Band 27: *vergriffen*
Barbara Deppert-Lippitz
Griechischer Goldschmuck

Band 28/1: *vergriffen*
Werner Ekschmitt
Kunst und Kultur der Kykladen
Teil I: Neolithikum und Bronzezeit

Band 28/2: *vergriffen*
Werner Ekschmitt
Kunst und Kultur der Kykladen
Teil II: Geometrische und Archaische Zeit

Band 29: *vergriffen*
Theodor Wiegand
Halbmond im letzten Viertel

Band 30:
Rainer Stadelmann
Die ägyptischen Pyramiden
Vom Ziegelbau zum Weltwunder
313 Seiten; 94 Textabbildungen; 23 Farb- und
54 Schwarzweißtafeln
2., erweiterte Auflage

Band 31: *vergriffen*
Claude Bérard, Jean Pierre Vernant u. a.
Die Bilderwelt der Griechen

Band 32: *vergriffen*
Frédéric L. Bastet
Hinter den Kulissen der Antike

Band 33:
Marcus Junkelmann
Die Legionen des Augustus
Der römische Soldat im archäologischen Experiment
313 Seiten mit 24 Textabbildungen; 80 Tafeln mit
31 Farb- und 126 Schwarzweißabbildungen

Band 34: *vergriffen*
Erika Simon
Die konstantinischen Deckengemälde in Trier

Band 35:
John Boardman
Griechische Plastik
Die klassische Zeit
323 Seiten mit 412 Abbildungen; 8 Farbtafeln

Band 36: *vergriffen*
Thomas Hägg
Eros und Tyche

Band 37:
Anne Johnson
Römische Kastelle
370 Seiten mit 229 Textabbildungen; 8 Farbtafeln
mit 15 Abbildungen

Band 38: *vergriffen*
Herbert W. Parke
Athenische Feste

VERLAG PHILIPP VON ZABERN · MAINZ